남성이 만들어내고 여성이 활용해온

요부,
그 이미지의 역사

Temptress © Jane Billinghurst, 2003
First Published by Greystone Books,
a division of Douglas & McIntyre Ltd.
2323 Quebec Street, Suite 201, Vancouver, BC, V5T 4S7, Canada

No part of this book may be used or reproduced in any manner whatever without written permission except in the case of brief quotations embodied in critical articles or reviews.

Korean Translation Copyright © 2005 by Imago Publishers, Inc.
Korean edition is published by arrangement with Greystone Books, through BookCosmos, Seoul Korea.

이 책의 한국어판 저작권은 북코스모스를 통한 저작권자와의 독점 계약으로 이마고에 있습니다. 신저작권법에 의해 한국 내에서 보호를 받는 저작물이므로 무단 전재와 복제를 금합니다.

남성이 만들어내고 여성이 활용해온
요부, 그 이미지의 역사

초판 1쇄 인쇄일 • 2005년 7월 4일
초판 1쇄 발행일 • 2005년 7월 11일

지은이 • 제인 빌링허스트
옮긴이 • 석기용
펴낸이 • 김미숙
편 집 • 여문주, 권효정
디자인 • 엄애리
마케팅 • 김남권
관 리 • 박민자
펴낸곳 • 이마고

121- 838 서울시 마포구 서교동 368-12 2층
전화 (02)337-5660 | 팩스 (02)337-5501
E-mail : imagopub@chollian.net
출판등록 2001년 8월 31일 제10-2206호
ISBN 89-90429-36-6   03900

● 값은 뒤표지에 있습니다.

● 잘못된 책은 바꿔드립니다.

남성이 만들어내고 여성이 활용해온

요부,
그 이미지의 역사

제인 빌링허스트 지음 | 석기용 옮김

이마고

옮긴이의 글

"여자에게 가는가? 그렇다면 회초리를 잊지 말게"

이것은 19세기의 저명한 독일 철학자인 니체의 주저 《차라투스트라는 이렇게 말했다》에 등장하는 유명한 구절이다. 흔히 여성 혐오주의자로 널리 알려져 있는 니체는 아마도 여성이란 남자를 타락시키는 위험한 존재이며 그렇기 때문에 마땅히 통제되어야 하는, 다시 말해 적절하게 '회초리'로 다스려야 하는 경계의 대상으로 생각했던 것 같다. 이와 유사한 맥락에서, 베토벤이 죽은 집을 찾아 들어가 스물세 살의 젊은 나이에 자살하여 세상을 놀라게 했던 오스트리아의 천재적인 사상가 오토 바이닝거는 죽기 직전인 1903년에 출간한 자신의 주저 《성(性)과 성격》에서 남성이 여성에게 그렇듯 '회초리'를 들어야 하는 이유가 무엇인지를 노골적으로 웅변한다. 바이닝거에 따르면, 완벽한 합리성과 창조성의 구현인 남성상과는 대조적으로 성적인 희열을 갈구하는 충족될 수 없는 매우 음탕한 충동의 화신이 바로 여성(좀더 정확하게 말하자면 '여성성')이다. 그리고 예술, 문학, 법률 등등 인간이 이룩한 모든 긍정적인 성과는 그러한 남성적인 원리로 인해 가능했던 반면에 여성적인 원리란 파괴적이고 무정부적인 혼돈의 원리에 지나지 않는다는 것이다.

비단 이들에게서 뿐만 아니라, 실은 동서고금을 막론하고 인류의 역사에서 심심치 않게 발견되는 여성에 대한 이러한 왜곡된 시각은 도대체 언제부터, 어떠한 연유에서 비롯된 것일까? 이 책의 저자 제인 빌링허스트는 서구 사회에 여성에 관한 이러한 부정적인 이미지를 제공한 원형적인 여성상을 고대 그리스의 신화와 성서에 등장하는 여러 여성들에게서 찾는다. 그리고 그녀는 그러한 이미지가 탄생하게 된 주된 원인은 바로 남성들의 성적인 욕망과, 조금 거창하게 말하자면, 반대쪽 성(性)을 배제하는 배타적 권력 독점의 의지에서 비롯된 정치적 역학 관계에 있다고 말한다.

정상체위의 성생활에 권태를 느끼며 남편을 성적으로 농락하고 좀더 자극적인 성적 유희를 즐기기 위해 지상의 낙원도 마다한 채 악마적인 쾌락의 땅을 찾아간 릴리트, 지엄한 하나님 '아버지'의 명령도 무시한 채 사악한 뱀과 공모하여 금단의 열매를 맛봄으로써 인류에게 원죄를 심어주고 죽음의 고통을 겪게 만든 씻을 수 없는 죄악을 저지른 이브, 신들의 농간을 물리치며 굳건한 인간적 의지로 결코 포기하지 않고 자신의 목표인 고향과 아내를 찾아 항해해 나아가는 고독한 인류의 영웅 오디세우스 앞에 등장하여 그의 앞길을 가로막는 여성 요괴 사이렌과 키르케, 그리고 그밖에도 서양의 신화들 속에 등장하는 불가사의한 여인들인 스핑크스, 판도라, 메두사, 옴팔레 등, 이들 원형적인 서구 여성의 이미지들 속에서 우리는 이런 이야기들을 지어내 이리저리 옮기고 다닌 남성 이야기꾼들의 불순한 속내를 읽어내게 된다. 즉, 절대로 포기할 수 없는 남성의 영원한 성적 욕망의 대상이자, 동시에 혹시 그러한 남성들의 욕망을 거꾸로 이용하여 남성의 권위를 무너뜨리겠다고 나설지도 모를 잠재적 권력 찬탈자라는 상반된 이중적 이미지의 소유자인 여성 앞에서 위험한 줄타기를 해야 하는 남성이 이 딜레마를 벗어나기 위해 마련한 묘수는 바로 여성에게 소위 '요사스런 여인'의 이미지를 덧씌우는 것이었고, 그 결과로 탄생하게 된 것이 바로 그들 원형적인 '요부들'이었던 것이다.

이렇게 해서 이제 신화의 세계 속이 아니라 현실 세계에서 전형적인 요부의 이미지로 포장되어 남성에게 지극히 자극적인 성적 환상과 사려 깊은 경계심을 함께 불러일으키는 신비의 화신이 된 최초의 여인이 바로 클레오파트라라고 할 수 있겠다. 그녀는 천하절색의 미모와 왕족다운 기품으로 남성의 성적 호기심을 극적으로 자극하면서, 다른 한 편으로는 감히 남성들의 세계에 끼어들어 희대의 영웅들을 유혹하여 결국은 그들을 파멸로 이끌어간 간악한 여인으로 묘사되어 지금까지 우리에게 전해지고 있다. 당시 지중해 세계의 절대 강자였던 로마에 맞서 이집트의 안위를 도모하고자 한 탁월한 정치 감각과 수완의 소유자였던 강인한 여성의 실제 모습은 간데없이, 후세의 사람들에게는 어느 역사가의 언급 이후로 단연 그녀의 코, 그 높낮이만이 화제의 중심이 되어버린 것이다.

그리고 그녀 이후로 역사에 등장한 전형적인 여성들의 모습은 사회 내부에서 남성의 성욕과 권력욕의 충돌이 빚어내는 그때그때의 역학 관계에 따라서 클레오파트라가 지닌 양면성이 번갈아 강조되는 형국이 되었다. 야비한 선전선동가인 남성들은 사회가 남성들에 의해 안정적으로 통제되고 있다고 여겨질 때에는 남성의 애간장을 녹이는 성애의 주인공들을 주로 등장시키고, 반면 사회가 불안정하고 여성들이 권력의 분점을 시도한다고 판단될 때에는 남성의 경각심을 일깨워줄 수 있는 악녀들을 전면에 출현시켰던 것이다.

20세기 중반에 이르기까지 그간 등장했던 수많은 전형적인 유형의 여성들 역시 따지고 보면 바로 그러한 사회적인 역학 구조의 산물들이다. 남성들이 두려움 없이 마음껏 성적 환상의 나래를 펼치고 싶어하는 시기에는 그러한 남성들의 욕망을 채워주는 일에 전념하는 정부(情婦), 밤쉘, 섹스 키튼, 님펫 등과 같은 성적인 요부들이 등장하였고, 반대로 남성들이 여성들의 모반이 두려워 그들을 제어할 필요가 있다고 느껴질 때는 사악한 여성 스파이, 뱀프, 팜므 파탈 등 치명적인 악당 요부들이 나타나 뭇 남성들의 간담을 서늘케 하면서 그들의 경계심을 한층 강화시켜주는 역할을 수행하였다.

사실이 그렇다면, 〈원초적 본능〉의 캐더린 트루멜, 〈보디히트〉의 매티 워커, 〈위험한 정사〉의 알렉스 포레스트 등 위험하기 짝이 없는 궁극의 악녀들이 수없이 등장했던 20세기 후반기의 우리 시대는 결국 뒤집어 생각해보면 남성들이 여성들에게 권력을 빼앗길지도 모른다고 느끼는 불안감이 최고조에 달해 있다는 사실을 역설적으로 증명해주고 있다고도 할 수 있을 것이다. 그리고 여기서 이제 우리에게는 흥미롭게 추이를 지켜보아야 할 한 가지 문제가 주어졌다. 주변의 여러 가지 사정을 살피건대, 남성들이 제아무리 급박하게 경고 사이렌을 울리며 위기상황의 심각성을 전파하고 권력을 유지하겠다고 애를 써보아도 정말로 이제는 역사의 흐름을 더는 막아서기 어려울 것처럼 보이지 않는가? 오늘날의 여성은 이제 더 이상 남성들이 만들어낸 요부의 이미지에 희생되거나 혹은 기껏해야 남성들의 공작에 소극적으로 편승하여 그들의 틈새에서 조그마한 이익을 챙기려드는 그런 존재들이 아닌 것 같다. 그렇다면 이제 '요부'를 다스리는 '회초리'는 부러져버린 것인가? 아니면 남성의 마르지 않는 권력욕은 또 다른 극적인 반격을 만들어낼 힘을 아직은 비축해두고 있는 것일까?

어쩌면 사랑스러운 연약한 소녀의 이미지에서 거친 전사의 모습으로 돌변한 우리나라의 어떤 한 여가수의 신보 제목이 지금의 모든 상황을 한마디로 말해주는 것일지도 모른다. '걸스 온 탑!(Girls on Top!)'.

2005년 6월
석기용

차 례

옮긴이의 글 "여자에게 가는가? 그렇다면 회초리를 잊지 말게" 4
머리말 남성의 욕망이 빚어낸 산물, 요부 11

Chapter 1 태초의 악녀들 31
아담의 첫번째 여자: 릴리트 33 | 금단에 맞선 유혹의 피조물: 이브 37
∽ 필리스와 아리스토텔레스 38

Chapter 2 신화 속의 여인들 49
신은 세상을 벌하기 위해 그녀를 만들었다: 판도라 51 | 욕망의 근원을 건드리는 매혹: 사이렌 55 | 화해와 파괴의 양면적 존재: 메두사 63
∽ 중세의 인어들 66

Chapter 3 클레오파트라 73
역사가 만든 요부: 클레오파트라 75
∽ 헤라클레스와 옴팔레 95

Chapter 4 권력과 쾌락의 거래, 정부(情婦) 101
앳된 정부에서 상류사회 여걸로: 엠마 해밀턴 부인 105 | 국왕의 진정한 사랑으로 남은 정열의 무희: 롤라 몬테즈 118
∽ 비비안 119

Chapter 5 파멸의 씨앗 131
죽음을 집행한 베일 뒤의 관능: 살로메 134 | 시대의 덫에 걸린 희대의 요부: 마타 하리 141
∽ 델릴라 142

Chapter 6 흡혈 본능, 뱀프 161
억압된 여성상의 반격: 테다 바라 166 | 약한 남성들의 포식자: 블루 엔젤 171
∽ 빅토리아시대 그림 속 여인들 172

Chapter 7 쾌활한 섹스심벌, 밤쉘 179
  ∽ 클라라 보우 188

Chapter 8 길들여진 악녀, 팜므 파탈 195
교활한 요부의 위험한 게임: 디트리히슨 부인 198
  ∽ 스핑크스 207
팜므 파탈 이미지의 전형: 질다 208

Chapter 9 백치미의 유혹, 섹스 키튼 215
  ∽ 그리고 신은 여성을 창조했다 220

Chapter 10 완숙과 조숙, 극단의 미혹 229
쾌락을 위한 노련한 게임: 로빈슨 부인 231 | 욕망의 시선이 만들어낸 환상: 롤리타 240
  ∽ 제임스 본드의 여인들 245

Chapter 11 진실 외에 모든 것을 가진 악녀 249
  ∽ 위험한 정사 262

Chapter 12 성적 권능의 정상에서 265
성적 독립을 보여준 시대 아이콘: 매 웨스트 267 | 스스로 선택하라, 맘껏 변신하라: 마돈나 281 | 일상까지 파고든 요부의 힘 286
  ∽ 브리트니 스피어스 287

참고문헌 295
그림 및 사진 저작권 298
찾아보기 300

머리말

Temptress 남성의 욕망이 빚어낸 산물, 요부

하얀 원피스를 걸친 늘씬한 몸매의 매력적인 금발 여인이 어두침침한 공연장에서 비지땀을 쏟고 있는 청중들 사이를 빠져나온다. 시간은 이제 한밤중으로 접어들어 숨이 막힐 듯한 어둠의 그림자가 내려앉은 가운데, 그녀를 지켜보던 한 남자가 바닷가 산책로 난간까지 그녀를 뒤쫓아 간다. 두 남녀는 조금 떨어진 채로 밤바다를 향해 난간에 몸을 기댄다. 바로 앞에 바닷물이 찰랑거리고 있는 이곳에서조차 밤의 열기는 조금도 식을 줄을 모른다. 남자는 여자에게 한잔 사겠다고 말을 건네고, 여자는 얼음 빙수 아이스크림을 먹겠다고 말한다. 체리 맛으로.

대화는 점점 무르익어가고, 그 남자는 그녀가 남자에게 부드럽게 잘해줄 것처럼 보인다면서 자기 같으면 그런 그녀를 마다하지 않을 것 같다고 말한다. 그녀는 그런 걸 원한다면 결혼하라고 권한다. 남자가 그저 자기 얘기는 오늘 하룻밤을 뜻하는 것이라고 대꾸하자, 여자는 웃음을 터뜨리고 그 바람에 아이스크림이 목에 걸리고 만다. 그녀가 들고 있던 종이컵에서 붉은 빛이 도는 얼음 알갱이들이 쏟아지면서 그녀의 흰 원피스 가슴팍에 진홍빛 얼룩이 진다. 남자가 얼룩을 닦을 휴지를 찾으러 화장실로 급히 가려 하는데, 여자가 몸을 돌려 남자를 마주본다. 그리고 도전적으로 묻는다. "이걸 핥고 싶지 않나요?" 순간, 남자는 온몸에 신경이 곤두선다. 그가 휴지를 들고 돌아왔을 때, 여자는 이미 난간에서 사라져버리고 없지만 그 여자는 그 남자의 뇌리 속에 깊숙이 아로새겨진다.

윌리엄 허트(William Hurt)와 캐슬린 터너(Kathleen Turner)가 각각 네드 라신과 매티 워커로 분했던 1981년도 영화 〈보디히트(Body Heat)〉의 한 장면이다. 영화 도입부의 여러 장면을 거치면서 우리는 네드가 지상 낙원을 찾는 매티의 이기적인 여행에 디딤돌이 되어가는 모습을 보게 된다. 그녀는 네드로 하여금, 그녀가 네드 때문에 둘이서 그녀의 남편을 살해하고 거액의 재산을 가로채 달아날 음모를 꾸미는 것이라고 믿게 만든다. 영화의 끝 장면에서 교도소 독방에 들어가 앉은 네드는 비로소 그녀가 목적을 달성하는 데 가장 써먹기 좋을 것 같은 남자로 자기를 골랐을 뿐이라는 사실을 깨닫는다.

네드가 그녀의 범죄계획에 가담한 이유는 무엇일까? 답은 간단하다. 그 남자는 한 남자의 세계관을 엉망진창으로 만들어놓을 만큼 너무나 강렬한 매력을 발산하는 요부(妖婦)의 희생양이 되

• 오른쪽 : 영화 〈보디히트〉 (1981년)에서 캐슬린 터너는 자기가 선택한 희생양을 미혹에 빠뜨려 파멸에 이르게 만들고 자신은 강렬한 태양빛이 내리쬐는 해변에서 자유의 향취를 맛보는 비정한 역할을 맡았다.

고 만 것이다. 자신이 지금 겪고 있는 일들을 냉철한 머리로 심사숙고해보는 대신에, 그는 감탄사가 절로 나올 만큼 근사한 금발(혹은 진한 갈색, 혹은 흑발) 미인의 원초적인 위력 앞에 그만 본능적으로 반응하고 만다. 결국 근원적인 교훈은 자신의 경험에 이성적으로 반응하는 것만이 세상을 유지하는 힘이라는 것이다. 그런 점에서, 네드가 이성이라는 여과장치를 한쪽으로 치워버렸을 때 그에게는 이제 파멸의 길만이 존재할 뿐이다.

우리가 매티를 보는 순간 그녀는 은막을 뚫고 나와 네드의 의식 속에 자신을 깊게 각인시킨다.

• 오른쪽 : 이 붉은 머릿결의 미녀는 기원전 4세기경에 아테네에 살던 정부였다. 그녀는 종교적인 축제 장소에서 나체로 몸을 씻은 것이 적발된 후 불경하다는 죄목으로 기소되었다. 그녀가 판관들 앞에 벌거벗은 채로 출두하자, 그녀는 곧 무죄로 방면되었다. 이것은 여성의 노출된 육신이 남성들의 마음에 어떤 힘을 발휘하는지 잘 증언해준다.

〈프리네(Phryne)〉, 구스타프 불랑제(Gustave Boulanger, 1824~1888), 1850년.

잘하면 그녀의 매력을 맛볼 수도 있지 않을까 하는 생각이 네드의 마음속에 떠오르게끔, 매티는 원피스 가슴 한가운데에 떨어진 붉은 얼음 알갱이들을 핥고 싶지 않느냐고 자극적인 질문을 던진다. 숙련된 요부라면, 남자의 마음속에는 과연 이 여자가 자기에게 넘어올 수 있을지 없을지 그 징후들을 탐색하는 레이더가 의식적이든 무의식적이든 늘 돌아가고 있다는 사실 정도는 잘 알고 있다. 그 상대가 매력적인 여인일수록, 남자에게는 그 여자를 차지하고 싶은 욕망이 더 커진다는 것을 의미할 것이다. 그런 그녀가 어떤 남자를 받아들인다면, 그 남자는 정말로 특별한 사람임에 틀림없다.

매티는 자기가 지금 다른 많은 남자들 중에서 굳이 네드를 선택하고 있는 것임을 네드가 확실히 알 수 있게 해준다. 네드가 매티를 쫓아 그녀가 잘 가는 변두리 단골 선술집까지 따라갔을 때(그녀는 그가 따라올 것이라고 이미 알고 있었다), 그녀는 지금 술집에 있는 남자들이 자기 옆자리에 걸터앉고 싶어 죽을 지경들이겠지만, 자기는 옆자리에 그들을 결코 앉히지 않을 것이라고 그에게 말한다. 네드와 사랑을 나누면서, 매티는 자기가 얼마나 네드를 원하고 있는지와, 또한 그녀의 끓어오르는 욕정을 만족시켜줄 수 있는 남자는 오직 네드뿐이라는 사실을 네드에게 확신시켜준다. 그리고 마침내 그녀는 지금 도움이 필요하다고 네드에게 말한다. 그녀는 단지 여자일 뿐이다. 도대체 그녀가 무슨 일을 할 수 있겠는가? 이 험한 세상에서 살아남으려면 그녀에게는 자신을 감싸줄 든든한 보호막이 필요한 것이다. 과연 어떤 남자가 자기의 자존심과 육체에 던져지는 그렇게 달콤하고 만족스런 유혹을 견디어낼 수 있겠는가? 그에게는 매티가 그런 계획을 통해서 도대체 무엇을 얻으려고 하는 것인지 자문하느라 머뭇거릴 시간이 없다. 아마도 그녀는 자신과 함께 있다는 기쁨만으로 욕망을 충분히 채우고 있는 것이리라 생각하면 그만이다.

매티가 바라보는 현실세계를 네드가 받아들인

바로 그 순간, 그는 벼랑 끝으로 발을 내딛은 것이다. 지금까지 그는 몇 차례의 경고 신호를 무시해 왔으며, 그러고도 몇 번의 징후가 더 있었다. 이를테면, 매티의 성욕은 조금 지나치리만큼 게걸스러운 것 같고, 그녀 앞에서 테스토스테론 분비 수치가 치솟지 않은 뭇 남자들은 거의 위협에 가까운 봉변을 맛볼 지경에 놓였으며, 실제로 그런 경험이 있는 사람들이 네드에게 그 사실을 전해준 것이다. 그러나 일단 매티가 네드를 아슬아슬한 고비로 몰고가자, 네드의 이성적인 사고력은 매티의 유혹에 반응하는 자신의 본능을 당해내지 못한다. 그는 친구들의 경고를 모두 한 귀로 흘려버린 채, 치명적인 악수를 두고 만다. 매티는 언젠가 한번 그렇게 말한다. "당신은 지나치게 영리한 사람은 아니에요. 그렇죠? 나는 남자의 그런 면이 좋아요."

네드가 허공에 발을 들여놓았을 때, 그의 추락은 괴로우리만큼 오랫동안 끝도 없이 계속된다. 매티의 전체적인 계획이 조각조각 얽히고설킨 채 서서히 밝혀지고, 마침내 오싹한 전율마저 느껴지는 그녀의 간계가 전모를 드러냈을 때, 그녀는 이미 붙잡을 수 없을 정도로 멀리 떠나버린 다음이다. 그리고 그 순간에도 그녀가 저지른 악행의 심연을 들여다본 사람은 오직 그녀에게 이용당한 그 희생양뿐이다. 영화의 종결부에서 네드의 고통은 마침내 최고조에 달한다. 왜냐하면 네드는 매티가 어떻게 그 범죄를 성공적으로 저지르게 되었는지 알고 있는 유일한 사람이기 때문이다.

〈보디히트〉의 마지막 장면에서 매티는 이국적인 향취가 물씬 풍기는 열대의 해변에서 여유로운 휴식을 취하고 있고, 젊고 매력적인 한 남자가 그녀에게 긴 잔에 담긴 차가운 음료를 대접한다. 매티는 또 다른 남자의 세계를 망쳐놓고 싶은 충동이 느껴질 때까지 달콤한 권태를 즐기며 시간을 낚고 있는 것이 분명하다. 매티 같은 여인에게 빠져들 남자들은 언제나 있게 마련이기 때문이다.

달콤한 위안과 짜릿한 쾌락의 대상

대부분의 인간 역사를 전해준 '지정된' 이야기꾼들인 남성은 당연히 요부 설화를 간수해온 사람들이기도 하다. 그런 설화가 이야기되던 각 시대에 따라서, 요부들은 매우 사악하고 지독한 여성이 될 수도 있고, 또는 남성들이 세상을 다스리는 자신들의 주된 임무에서 잠시나마 벗어날 수 있는(그렇지만 그들 남성들에게 실질적인 위협은 전혀 되지 않는) 매혹적인 기분전환의 대상이 되기도 한다. 요부들이 정확히 어떤 모습으로 사람들에게 비치는가 하는 문제는, 이야기꾼들이 남성의 우월성에 얼마나 자신감을 갖고 있느냐에 전적으로 달려 있다. 남자들이 강하다고 느껴지면, 요부들도 마음껏 육욕을 즐기는 쾌락적인 인생을 만끽한다. 반면에 남자들이 무력하다고 느껴지면, 요부들은 마음속이 온통 혼돈으로 가득 찬 냉혹한 약탈자의 모습으로 그려진다.

　전체 역사를 통해서, 남성과 여성 간의 힘의 균형은 다소의 부침을 보이기는 했으나, 우리가 기록을 갖고 있는 그 오랜 세월을 돌이켜보건대, 힘의 균형추는 언제나 남성 쪽으로 기울어져 있었다. 야망을 가진 여성이라면 자신만의 성공을 창조해야만 했다. 어떤 여성들은 원천적으로 여성만이 출세하게 되어 있는, 이를테면 수녀원 같은 여성만의 세계로 은둔해 들어간다. 다른 여성들은 남성들에게 직접 도전하기도 하고, 때로는 남성들의 무리에 합세하기도 한다. 1700년대에 앤 보니(Anne Bonney)는 해적이 되어 열심히 도적질을 하였다. 그로부터 100년이 지난 후, 여성이 의사가 되는 것이 금지되어 있던 영국에서, 미란다 스튜어트(Miranda Stuart)는 제임스 배리(James Barry)라는 남자로 변장해 육군병원의 감찰관 자리까지 승진하였다. 그녀가 죽은 후 그간의 기만극이 드러났고, 그녀를 추모하기 위해 계획되었던 공식적인 장례예식은 돌연 취소되었다.

　그 다음으로는, 본능적으로 남자들의 시선이 언제 가슴의 만곡을 넘어 아래로 미끄러져 내려오거나 혹은 날씬한 종아리의 부드러운 곡선을 쫓아 위로 올라오는지를 주목함으로써, 남성과 여성을 차별화시켜주는 바로 그 여성만의 특징에 모든 운을 거는 여성들이 있다. 역사적으로 자신들의 자연스러운 특성과는 어울리지 않는 가부장적인 사회에서 자신들이 처할 수밖에 없는 불리한 입장을

• 오른쪽 : 이 16세기 그림이 보여주는 바와 같이, 남성들은 아름답고 젊은 여인들이 발휘하는 지갑털기 능력을 늘 경계해왔다. 남성의 맥박이 급박해질수록, 희열의 순간에 치를지도 모를 뜻밖의 손해 따위에 대한 경계는 느슨해진다.

〈늙은 연인(The Old Lover)〉, 루카스 크라나흐(Lucas Cranach the Elder, 1472~1553), 연도 미상.

 심사숙고해본 요부들은 자신들의 손에 쥐어져 있는 패를 제대로만 쓴다면 유리한 위치를 점령할 수도 있으리라 판단하였다. 남자들이란 섹스에 관해서만큼은 매우 놀라울 정도로 정확하게 반응하기 때문에 요부들이 그런 일을 할 수가 있는 것이다. 여성이 해야 할 일이라고는 즐거움의 기대를 한껏 고조시키는 것이며, 그러면 남성은 기꺼이 부와 권력의 한몫을 내놓게 되어 있다. 남성들이 전하는 설화들에 따르면, 숙련된 요부는 살인도 곧잘 저지를 수 있다.

 남성들이 마음속으로 요부를 어떻게 그리고 있는지 생각해보면 여성들이 과연 그런 요부의 역할을 자신들의 이익을 위해 어떻게 이용할 수 있는지도 확실히 알 수가 있다. 남성이 자신의 우월함을 확신하고 있는 경우라면, 재치 있고 교양 넘치는 여성들은 그런 힘센 남자들을 이용하여 자신들의 사회적 지위를 끌어올릴 수 있다. 그런 남성들은 자신들의 권력 기반에 어떠한 누수도 생기지 않으리라는 것을 알기 때문에 안심하고 그들의 아름다운 정부들을 즐겁게 대해준다. 예를 들면, 르네상스 때의 이탈리아와 왕정복고시대의 영국에서는 고급 정부들이 사회 상류층의 남성들을 유혹하여, 유쾌한 대화와 기분전환용 섹스를 제공하고 그 대가로 그들 재산의 일부를 떼어 받을 수도 있었다. 그런 남성들은 주변의 남자 동료들에게 자기들이 빠른 손놀림으로 낚아챈 미녀들에 관하여 자랑을 늘어놓을 수 있었고, 한편 그렇게 정부가 된 여인들은 사치스러운 생활을 향유하면서 사회 엘리트 계층에 영향력을 행사할 수 있는 자신들만의 고유한 영역을 창조할 수 있었다. 그들 사이의 밀통은 그들의 만남에 풍미를 더해주는 정도였을 뿐, 그 관계를 아예 망쳐버릴 정도까지는 아니었다.

남자가 자신의 우월한 지위를 계속 유지할 수 있을지 확신이 덜 가는 경우라도 여자가 굳이 풍파를 만들고 싶은 마음이 없다고 한다면, 요부들은 여전히 즐겁게 지낼 수 있다. 그러나 그럴 때 남자는 어쩌면 위협으로 비칠 수도 있는 여자의 재치와 교양에는 덜 관심을 갖게 되고, 대신 끝없는 즐거움을 제공하는 여성의 육체적인 속성에 주의를 집중하게 된다. 지적 능력 따위는 안중에도 없고 그저 무조건적인 순도 높은 섹스에만 기꺼이 온 초점을 맞출 수 있는 그런 여성들은 시대가 원하기만 한다면 늘 있게 마련이다. 언젠가 매 웨스트(Mae West, 1893~1980)는 이렇게 촌평한 바 있다. "머리는 여성에게는 하나의 자산이다. …… 단, 그 자산을 감출 수 있을 만큼 영리한 여성에게만 그렇다."

지혜보다는 육체 덕분에 찬사를 받는 여성들은 종종 자신들이 얼마나 정복하기 쉬운 존재인지를 암시하기 위해 어린애 같은 성격으로 곧잘 가장하곤 한다. 그런 여인들 중에 대다수가 노리는 것은 말할 것도 없이 남자의 지갑이지만, 남자도 그 대가로 골치 아픈 철학적인 토론에서 벗어나 재미로 가득 찬 쾌락의 밤을 보내게 된다. 만일 그가 정말로 돈을 떼어 주어야 하거나, 혹은 어떤 언약 같은 것에 얽매일 수밖에 없게 된다 할지라도, 그 정도의 가치는 있는 일이다. 그는 육체적인 만족과 더불어 친구들에게 자신의 전리품을 과시할 수 있는 기회도 얻게 되기 때문이다.

어린애처럼 순진해 보이는 매혹적인 여인은 주로 시각적인 기쁨의 대상으로 존재한다. 그녀는 환상적인 이야기의 주인공이 되기에 충분한 존재이다. 그녀는 다른 꼭두각시들처럼 치렁치렁 줄을 매달고 무대에 등장할 필요가 없다. 그 여자의 관점에서 보면, 이런 식의 유혹 방법은 그렇게까지

• 오른쪽 : 요부가 등장하는 시대에는 언제나, 성적인 열망을 불러일으키는 아드레날린의 분출이 상대를 흡인하여 연인으로 만드는 효력을 발휘하게 된다. 남자는 그러한 격동적인 효력이 자신의 감정에 순응할 수 있는 용기를 줄 수 있기를 희망한다.

"당신의 정열 속에서 내 드레스만 빼고 나머진 모두 없애버려요." 〈샴페인을 마신 후 포옹하고 있는 한 쌍의 연인〉, 페르디난트 판 레츠니체크(Ferdinand van Reznic, 1868~1909), 1909년.

많은 수고를 들이지 않아도 된다. 그녀의 얼굴과 몸매가 시중에서 유행하는 미의 기준에 부합하는 한, 그녀가 해야 할 일이라고는 부드럽게 몸을 흐느적거린다든지, 점잖은 옷차림새보다 아주 조금만 더 속살을 드러내 보여주기만 하면 된다. 그러면 객석에 앉아 있던 남성 관객들은 그녀에게 덜컥 걸려들고 만다.

백치미의 여인으로 흔히 알려져 있는 이른바 섹스 키튼(sex kitten)들은 세상의 모든 요부들 가운데 가장 덜 위협적인 유형의 요부이다. 그녀들은 일단 원하는 남자를 차지하게 되면 기꺼이 그의 시녀가 되기도 하고, 그러다 처음에 샘솟듯 분출하던 욕망이 점차 가라앉고 나면 쉽게 그 남자를 떠나기도 한다. 이러한 여성들은 (이미 짐작하고 있었으리라 생각하지만) 대개 금발이다. 특히 그들은 1950년대에 영화 제작자들의 큰 찬사를 받았다. 당시에 남자들은 남성지배적인 사회질서가 제2차 세계대전이라는 대격변을 치르고도 잘 유지되고 있다는 사실을 (지극한 안도감 속에) 깨닫고 있었고, 여자들은 세상의 질서를 본래의 상태로 되돌리는 일을 시작해봄직도 한데 굳이 그런 기회를 붙잡으려 하지 않았다. (아니, 최소한 그런 문제는 그들에게 그다지 중요치 않았다.)

파멸의 블랙홀을 조심하라

대담한 정부와 섹스 키튼은 남성중심적인 사회질서가 제대로 유지되는 시대의 요부들이다. 그러나 그런 질서체제가 매끄럽게 작동하지 않는 시기, 아니, 남성들이 최소한 그 체제가 혹시 탈선하지 않을까 두려워하는 그런 시기도 있기 마련이다. 그런 시기는 아마도 여성이 자신들의 지위를 개선하고자 애쓰는 기간이 되거나, 아니면 전반적인 사회 활동이 불안정한 시기일 수 있을 것이다. 먹구름이 밀려오고 있을 때, 요부의 해맑은 즐거움은 음험한 의도로 재빨리 뒤바뀌어버린다.

이성적인 성(性)인 남성은 질서를 부과하려 하는 반면에 감성적인 성(性)인 여성은 그 질서를 뒤

엎으려 한다는 의식이 세상에는 늘 만연되어 있다. 남성은 자연을 지배하고, 반면 여성은 자연과 은밀히 결탁한다. 문명사회가 어디로 향하고 있는지를 놓고 전반적인 신경과민의 현상이 빚어질 때, 이야기꾼들은 남성들에게 세상의 타고난 혼돈의 상태가 여성과 관계 있다는 사실을 상기시킨다. 그들은 여성이 올곧은 길을 가고 있는 남성을 꾀어냈을 때 무슨 일이 벌어지는지에 대해 이야기들을 늘어놓는다.

1940년대의 필름 느와르(film noir)에 등장하는 치명적인 여인, 팜므 파탈(femme fatale)은 그런 유형의 요부이다. 그녀는 남자 희생양을 찾아낸 다음, 자신의 이기적인 계획을 달성하는 데 그를 이용한다. 그런 이야기들은 일종의 사전경고 체제로 기능한다. 즉 잠재적인 위험 요소가 존재하기는 하지만, 남성들이 서로 잘 협조한다면, 그런 상황이 반드시 제어할 수 없는 지경에까지 이르지는 않는다는 것이다. 이 점을 강조하기 위하여 이야기꾼들은 그 제멋대로의 여인 역시 그녀가 속여 넘긴 가엾은 남자와 함께 마지막에는 반드시 그 죗값을 치르고야 만다는 점을 분명히 한다.

만일 여성들이 무리를 지어 자신들의 요구조건을 공격적으로 강요하고 나서지만 않는다면, 남성들은 실패한 요부들에 관한 이야기를 기꺼이 늘어놓으며 흡족해할 것이다. 그렇지만 때로는 세상의 어지러운 사건들이 여성집단의 호전적인 활동이나 그들의 실질적인 진보와 정확히 궤를 같이함으로써, 남성들의 혈압이 올라가는 수가 있다. 여성이 남성의 권력을 빼앗고 남성의 의지를 거스르는 일들이 잇달아 벌어질지도 모르는 대혼란을 두려워한 남성들은 권리와 인정(즉 동일한 공로)을 요구하는 투쟁적인 여성상을 탐욕스러운 성적 욕망의 화신으로서의 여성상으로 바꾸어놓는다.

남성지배적인 사회질서 내에서 개인적인 성공을 거두는 데 주안점을 두었던 팜므 파탈과는 달리, 남성적인 피해망상의 시대에 등장하는 그런 유형의 요부는 주변의 남성이란 남성은 모두 빨아들여 파멸시키고야 마는 일종의 블랙홀과 같은 존재로 묘사된다. 이 여자들은 남자들의 피를 완전히 빨아먹어버림으로써, 그들을 본래의 자아를 상실한 전혀 다른 빈껍데기로 만들어버린다. 일단 그렇게 해서 남자들이 충분히 약해지고 나면, 그 요부들은 그들을 와락 덮쳐서 완전히 자기 것으로 만들고, 그들에게 그나마 조금 남아 있던 허울뿐인 남성의 흔적 따위는 무시해버린다. 그러한 반란이 과연 무엇을 의미하는 것일지 한번 생각해보면 남자들은 모골이 송연해진다. 그렇게 해서 아름답지만 치명적인 여성 흡혈귀와 정신병질자의 이미지가 남자들의 집단적 사유로부터 슬슬 흘러나오게 된다.

여성들이 사회·정치적으로 무언가 성과를 거두게 되면서, 양성 간의 상호작용, 그리고 요부 이야기는 좀 더 공평해졌다. 20세기에 들어서, 통제 불능의 매 웨스트나 마르지 않는 창작의 재능이 늘 흘러넘치는 마돈나(Madonna, 1958~) 같은 여성들은 기존의 집단적인 남성적 의식구조를 거부하며 요부의 환상에 관하여 자기들 나름의 새로운 제안들을 뽐내듯 내놓기 시작하였다. 여성들이 이룩한 사회·정치적인 성과가 반드시 남자들의 희생을 밟고 올라서서 성취되는 것은 아니라는 사실을 깨달은 남성들은 마음을 누그러뜨렸고, 남성지배의 텃밭으로서가 아니라 기쁨의 잠재적인 원천으로 남성들에게 직접 접속되기를 받아들인 그러한 여성들이 제공할 수 있는 특별한 기쁨을 발견하게 되었다. 여성의 미모와 지성은 더 이상 정신병질자나 팜므 파탈의 이미지와 합쳐지는 것이 아니라, 남자와 여자 모두가 만족을 느끼는 가운데 장차 세심하게 탐구되기만을 기다리는 대담한 관능미의 묶음을 구성하는 요소들이 되었다. 그러나 누가 그런 이야기를 하고 다니건 상관없이, 어쨌거나 요부가 자신의 칼날을 계속 유지하고자 한다면, 그녀는 최소한 어떤 모험적인 요소, 즉 어떤 의미에서는 금지된 것이자 또 어떤 의미에서는 위험한 것이라고 할 수 있는 그런 측면들을 숨기고 있어야만 한다.

남성이 창조하고 여성이 활용한
사실과 공상의 합성물

모든 요부 이야기는 남성들이 사회에서 누리고 있는 자신들의 우월한 지위를 정당화하기 위해

• 위 : 냉랭하고 침착한 모든 여성들의 겉모습 아래에는 오로지 해방되기만을 기다리는 뜨겁게 달궈진 사랑의 정열이 도사리고 있다. 혹은 정말로 그렇기를 남성은 희망한다. 요부들의 경우 그런 정열의 흐름이 겉으로 분출되기 아주 쉬운 곳까지 치밀어 올라 있기 때문에, 곁을 지나가는 남성은 그 열기를 느낄 수 있는 것이다.

〈표면 위에서〉, 로웨나 더그데일 (Rowena Dugdale), 1990년대.

떠들어댄 원형적인 이야기들이 끊임없이 되풀이되어온 결과물이다. 역사의 거울은 남성지배적인 세계를 반영하고 있으나, 언제나 그랬던 것은 아니었다. 관심을 끌 만한 청동기시대 이전의 몇 가지 파편적인 이야기들은 양성 간의 협력관계가 일상의 표준이었을지도 모르는 시기가 있었음을 암시해준다. 그 시기에 여성들은 인간 종족을 존속시키는 중요하고도 매우 가시적인 역할, 이른바 출산의 역할을 수행한다는 이유로 추앙받았다. 수많은 이론들은 도대체 어쩌다가 그런 사정이 바뀌게 되었는지를 설명하고자 애쓴다. 그러나 어쨌든 간에 일단 남성이 공인된 권위자가 되고 나자, 그들은 여성들이 아닌 바로 자신들이 통제의 권한을 갖는 유일한 존재여야 하는 당위성을 설명하기 위해 온갖 이야기들을 지어냈다. 그 이야기들은 여러 세대를 거쳐 전수되었고, 그러다 마침내 《구약》이나 그리스 신화 같은 초창기의 기록들로 통합되었다.

그러한 최초의 요부 설화들은 여자가 등장하기 이전에 세상 만물이 제자리를 지키고 있던 질서 잡힌 시대를 이야기한다. 고난은 모두 여성의 잘못이라고 남성 이야기꾼들은 지적한다. 그러한 이야기들 속에서 섹스야말로 핵심적인 열쇠다. 만일 여성들이 눈을 찡긋하지 않고, 그 섬세하고 고운 발목을 드러내지 않고, 부드럽고 봉긋 솟은 가슴을 앞으로 내밀지 않았더라면, 남자들은 여전히 낙원에서 살 수 있었다. 그러나 웬걸, 여성들은 섹스를 이용하여 남자들이 통제력을 상실하도록 만들었다. 요부 이야기는 남성들에게 그 점을 상기시킨다. 물론 바로 그 오르가슴의 순간에 온전히 몰입할 때 값으로 따질 수 없는 무한한 가치를 느낄 수 있는 것처럼 보이겠지만, 그 이야기꾼들은 "결과를 생각하라!"며 애원한다. 일순간의 덧없는 기쁨이 인생에 골칫거리로 이어질 수 있고, 여성들은 오직 그런 일을 꾸며낼 기회만을 노리고 있다는 것이다.

요부란 남성이 창조하고 여성이 요령껏 써먹은 사실과 공상의 합성물이다. 남자들이 현상의 유지에 만족하며 안락함을 느낄 때에는(아마도 남성들이 강력한 여성들의 위협을 받고 있지 않거나, 혹은 여성들이 너무 순종적이어서 사회질서 체제가 바뀔 리 없을 것 같을 때일 것이다), 그들은 자신들의 온갖 변덕을 만족시켜주는 데에만 관심을 갖는 감미로운 여성상을 그려낸다. 남성의 자신감 수준이 하강할 때, 요부들은 점차 위험해진다. 여성들이 양성 간의 힘의 균형을 뒤집어엎을 태세로 보일 때, 남성들은 요부들이 자신들에게 대들지나 않을까 전전긍긍한다. 그러한 시기에 남성들은 혼란과 파괴에만 열중하는 치명적인 요부의 이미지를 그려낸다.

그렇지만 감미로운 미소에서부터 치명적인 독기에 이르는 상반된 여성적 이미지의 스펙트럼상에서 어디쯤에 위치하건 상관없이, 요부들은 나름의 호소력을 잃지 않는다. 애교 있는 요부들은 그저 잠시 둘러 돌아가는 우회로 정도의 가치를 지닌다. 왜냐하면 그 정도의 농탕은 즐겁고, 또한 그다지 큰 위험을 동반하지 않기 때문이다. 치명적인 요부들은 이를테면 급격한 진로 변경의 값을 한다. 왜냐하면 위험도가 높아질수록 예견되는 만족도도 함께 높아지기 때문이다. 그것이 바로, 비록 아침에 목숨을 잃는 한이 있더라도 클레오파트라의 침대에서 하룻밤을 기꺼이 보낸다고 하는 것이 섬뜩하기보다는 기쁨을 주는 환상이 되는 이유이다. 누구든 궁극의 희열을 한 번 맛보았다면, 그래도 계속 살아야 할 이유가 있을까?

이 책은 지금껏 끊임없이 그 형상을 바꾸어온 매혹적인 미인들에 관한 기록이다. 이 책은 역사속에서 여성들이 어떤 식으로 남성들이 품고 있는 요부에 대한 환상을 이용하여 자신들의 이득을 챙

겨왔는지, 그리고 현대의 여성들이 점차 환상 그 자체를 규정하는 일에 직접 가담하게 된 사연은 무엇이었는지 보여주고자 한다. 이상적인 요부상은 남자들이 몽정을 하거나 식은땀을 흘리며 잠자리에서 깨어나게 만들 수 있다. 요부는 남성이 여성에게 투사한 하나의 이미지 혹은 공유된 욕망의 모험담일 수 있다. 이 책은 요부들의 충만한 욕망의 전하(電荷)들이 일궈낸 전기의 자극과도 같은 이미지와, 밤하늘처럼 어두운 세상사의 이면을 가리고 있는 희미한 빛의 장막 배후에서 그간 은밀히 펼쳐져온 성적 책략의 형성과 재형성의 과정을 추적할 것이다.

Chapter 1
The Original Bad Girl
태초의 악녀들

이브의 이미지는 시간이 흘러도 광채를 잃지 않는다. 다만 거기에 그 시대의 의식이 조금씩 반영될 뿐이다.

• 왼쪽 : 릴리트는 수메르인의 신화에서 밤의 요괴로 처음 등장한다. 그녀에 관한 이야기가 가장 완벽하게 각색된 것은 11세기의 유대 문헌인 《벤 시라의 알파벳》 속에서이다.

〈릴리트〉, 존 콜리어, 1887년.

아담의 첫번째 여자
릴리트 | Lilith

1887년에 영국 화가 존 콜리어(John Collier, 1850~1934)가 그린 한 그림에서는, 붉은빛이 조금 도는 금발의 머리카락을 허리 쪽으로 폭포처럼 쏟아내고 있는 벌거벗은 한 젊은 여인이 등장한다. 지금 그녀는 자신의 비단결 같은 넓적다리를 느릿느릿하게 유유히 휘감아 올라오고 있는 뱀을 애무하고 있다. 그 뱀은 완만하게 굽은 그녀의 등을 타고 기어올라 근육질의 몸통을 그녀의 어깨 위에 얹혀놓고 멈춰 서서는 그녀의 가슴 위로 혀를 날름거린다. 그 여인의 발목은 그 동물의 꼬리에 둘둘 말려 묶여 있다. 그리고 그녀는 자신의 볼로 마름모꼴의 쐐기처럼 생긴 뱀 대가리를 지그시 누르고 있다. 마치 그녀는 자신의 몸을 음미하고 있는 뱀과 공모하고 있는 것처럼 보인다. 꿈을 꾸고 있는 듯한 릴리트는 분명히 이 번들거리는 동물에 익숙해 있다. 거의 넋이 나간 듯한 그녀의 애무는 그녀가 그 동물과 얼마나 깊은 관계에 있는지를 보여준다. 그 동물의 무게를 온몸으로 느끼며, 그녀는 자신의 피부가 뱀의 비늘에 닿을 때 생겨나는 쾌락의 파도에 자신을 온통 내맡긴다. 엄청나게 큰 근육질의 뱀은 그녀를 물려고 하지 않는다. 그리고 부드럽게 물결치는 뱀의 몸뚱어리는 그녀의 몸에 완벽하게 밀착되어 있다. 릴리트와 악마적인 남근의 상징인 뱀은 그 화가의 붓질에 의해 완벽한 평형의 상태를 유지한다.

　빅토리아시대의 영국에서 남자 화가들은 이브의 선배이자, 아담의 첫째 부인인 신비의 여인 릴리트의 독보적인 관능성에 매혹되었다. 중세 때 유대인들 사이에 떠돌던 민담에 따르면, 아담의 동반자로 창조된 릴리트는 남편인 아담이 정상체위의 성관계만 고집하자 완전히 질려버리고 말았다고 한다. 그녀는 자신도 아담을 만든 흙과 똑같은 흙으로 만들어졌다는 사실을 알고 있었고, 그렇기에 자신들의 애정 생활이 어떻게 펼쳐져야 하는지에 관해서도 동등한 발언권이 주어지기를 원했다. 그녀는 자신이 갖고 있는 그 새로운 육체를 가지고 실험을 해보고 싶었다. 그리고 그 육체가 제공할 수 있는 쾌락의 범위가 과연 어디까지인지 탐험해보고 싶었다.

　대조적으로 아담은 오히려 요조숙녀와 같은 성격이었다. 성에 관한 대화를 나눈다거나, 릴리트의 육체가 자신의 육체로 되돌려 보내오는 성적인 자극들에 반응을 보인다거나, 본능의 욕구가 어떤 결과를 낳을 것인지는 생각지 않고 그저 그 욕구만을 좇는다거나 하는 것들은 아담에게는 매우 낯선 것이었다. 그는 여전히 자신의 간절한 성적 충동을 충분히 자각하고 있지 못했기에, 자기 자신을 릴리트에게 그대로 내맡겨버릴 수가 없었다. 그는 아내의 호소에 귀 기울이기를 거부하였고, 릴리트는 매일 밤마다 정상체위의 성관계에 복종할 수밖에 없었다. 당연히 그녀의 마음은 딴

곳에 있었다. 광대하게 펼쳐진 밤하늘, 풀숲에서 바스락거리는 생명체들…… 그리고 아담 없이 살아갈 수 있는 가능성 등등.

릴리트의 마음속에는 분노가 쌓이고 싸여 더는 견딜 수 없게 되었다. 《벤 시라의 알파벳(The Alphabet of Ben Sira)》이라는 문헌에 따르면, 낙원 밖의 세상에 관해서는 아는 것이 아무것도 없다는 사실에도 전혀 움츠러들지 않은 그녀가 "입에 올리기에도 황송한 신의 이름을 내뱉었고," 그러자 에덴동산의 문이 한 번 획 열렸다가 닫혔다고 한다. 그리고 그녀는 성적인 상상력이라고는 전혀 없는 남편 때문에 더 이상 거치적거릴 일이 없는 그런 세상에서 자기 나름의 행복을 얻기 위해 제 갈 길을 나섰다.

그 이후로 전개되는 릴리트의 일생은 하나의 기나긴 난장판의 세월로 묘사된다. 그녀는 홍해로 갔고, 그곳에서 온갖 종류의 무시무시한 악마들과 신나게 뒤엉키면서 자신이 원하는 온갖 체위의 성행위를 탐닉하고, 수많은 악마의 자식들까지 낳고 만다. 아담이 하느님에게 자신의 평생 내조자가 되어야 할 여인이 자기를 떠나버렸다고 불평하자, 하느님은 천사 셋을 보내 릴리트를 원래 그녀가 있던 곳으로 데려오라고 시켰다. 그러나 그녀는 돌아오기를 거부했다. 그녀는 자신의 성욕을 충족시킬 수 있는 장소를 발견했고, 그러니 후회는 없다는 것이다.

새로운 생활방식을 즐기면서도, 릴리트는 한

때의 배우자였던 그 고지식한 남자와의 연을 완전히 끊지는 않았다. 아담이 영원한 생명을 잃어버리고 가사적인 존재로서의 인간 후손을 탄생시키게 되자, 릴리트는 이번에는 어린아이들의 목숨을 빼앗기 시작했다. 어두운 밤중에 열려진 창문을 통해 살금살금 기어들어가 아이들의 숨을 낚아채가 버리는 것이었다. 아침이 되어 부모는 별다른 의심 없이 자식을 잠자리에서 일으켜 깨우려다가, 그전까지만 해도 건강했던 아기가 간밤에 죽어버린 것을 발견하였다. 세 천사는 이러한 냉혹하고 원한 서린 그녀의 행동에 전율하였다. 그들은 강제로 릴리트를 에덴동산으로 되돌려 보낼 수는 없었지만, 대신 그녀와 협정을 맺었다. 창문을 통해 저지르는 그런 심술궂은 행동은 사내아이의 경우는 태어난 지 8일 이내까지만, 계집아이의 경우에는 태어난 지 20일 이내까지만 저지를 수 있기로 제한한 것이다. 그리고 추가 조건으로, 만일 아이들이 그 세 천사들의 이름, 세노이(Senoy), 산세노이(Sansenoy), 세만겔로프(Semangelof)가 새겨진 부적을 목에 걸고 있을 경우에는 그 아이에게서 손을 떼기로 합의하였다.

　잠자는 아이들을 질식시켜 죽인 것만이 쾌락을 거부한 남자에게 릴리트가 저지른 유일한 복수는 아니었다. 그녀는 또한 혼자서 자고 있는 남자들의 꿈속에도 진한 향내를 풍기며 나타났다. 릴리트가 살며시 다가와 자신의 살갖을 자고 있는 남자의 살갖이나 그가 덮은 홑이불에 가볍게 문지르고 나면, 남자들은 어찌할 도리 없이 릴리트가 마술처럼 꾸며낸 환상에 빠져 육체적으로 반응할 수밖에 없다. 몽정은 아담의 아들들에게 주는 릴리트의 선물이다. 아침의 가벼운 끈적거림, 간밤의 배출의 증거는 대개 그녀가 찾아왔다는 유일한 흔적이다. 그리고 그것은 그녀가 왔다 가면서 남자에게 약속했던 쾌락이 정확히 무엇이었는지를 기억하려는 간절한 마음의 흔적이기도 하다.

릴리트는 잃어버린, 아니 어쩌면 아직 찾지 못한 성적 유희의 기회들을 상기시켜주는 존재로 남자들의 의식 안에 머무르고 있다. 여기에는 두려움 없이 관계의 주도권을 쥐고 싶어했던 한 여인이 있었다. 그는 아담은 생각조차 할 수 없던 쾌락을 상상할 줄 안 여인이다. 자신의 모든 것을 내팽개치고 그런 여인의 매력에 푹 빠져보기 위해서(그런다고 꼭 잘못되라는 법은 없지 않은가?), 남자들은 그 이후로 줄곧 방황하고 있다.

금단에 맞선 유혹의 피조물
이브 | Eve

미켈란젤로는 교황 율리우스 2세(Julius Ⅱ, 1443~1513)를 위하여 시스틴 성당(Sistine Chapel) 천장에 벽화를 그리면서 전체 작품의 일부에 해당하는 〈인간의 타락과 에덴동산으로부터의 추방(The Fall of Man and the Expulsion from the Garden of Eden)〉을 1509년에서 1510년 사이에 완성하였다.

필리스와 아리스토텔레스 | Phyllis and Aristotle

　남자들이 정욕을 꾸준히 억제하는 것이 얼마나 중요한지를 암시하는, 13세기에 가장 널리 퍼져 있던 계고의 설화는 아리스토텔레스와 그의 욕망의 대상이었던 '채찍 휘두르는' 필리스(Phyllis)에 관한 이야기였다. 13세기 노르만의 시인 앙리 당델리(Henri d'Andeli)가 전하는 바에 따르면, 이 설화 속에서 아리스토텔레스는 알렉산드로스 대왕(Alexandros the Great, 356~323)에게 고용된 학자로 등장한다. 그 노쇠한 철학자는 젊은 왕에게 경솔한 사랑 놀음은 군사적 정복이라는 중차대한 과업을 소홀하게 만들 수 있으니 이제 그만 정부(情婦) 필리스를 향한 욕정을 억제하라고 충고했다.

관능적인 여인 필리스는 자신의 쾌락이 제약을 받게 된 것에 매우 기분이 상했고, 그래서 복수할 계획을 짰다. 그때부터 아리스토텔레스는 우연찮게 궁전 회랑 곳곳에서 벌거벗은 채 다양한 자세로 머리를 흐트러뜨린 필리스와 마주치기 시작했다. 그녀는 한술 더 떠서 이번에는 아리스토텔레스가 이용하는 서재의 창문 밖으로 곧장 내다보이는 궁정 안뜰에 나타나 한가로이 거닐었다. 진한 꽃향기가 머리를 어지럽게 만드는 오색찬란한 꽃밭에서, 그녀는 얇은 속옷 차림으로 이리저리 거닐며 감미롭게 노래하고 있었다.

살포시 드러난, 애간장을 녹일 것만 같은 백옥의 살결은 노쇠한 아리스토텔레스에게 마법을 불러일으켰고, 견디지 못한 아리스토텔레스는 필리스에게 자신의 욕정을 만족시켜달라고 애원했다. 그녀는 먼저 아리스토텔레스가 몸을 엎드려 무릎과 두 팔로 기어서 정원으로 나온 다음 자기가 그 등에 올라타 말처럼 몰고 다닐 수 있게 해준다면 부탁을 들어주겠노라고 말했다. 지금이야 그녀가 무어라 하든 아리스토텔레스로서는 거절할 수 있는 입장이 아니었기에, 그는 그녀가 시키는 대로 엎드려 정원을 기어 다녔다. 필리스는 아리스토텔레스의 등에 올라타서는 의기양양하게 고함을 질러댔고, 밖에서 나는 시끄러운 소리에 창밖을 내다본 알렉산드로스도 드디어 그 장면을 목격하게 되었다.

알렉산드로스는 자기 눈앞에 펼쳐진 어처구니없는 광경에 몹시 격앙되었다. 그는 자신의 스승을 질책하며 필리스에게서 떨어지라고 경고했다. 왜냐하면 그는 필리스를 독차지하고 싶었기 때문이다. 아리스토텔레스는 필리스의 적수가 될 만한 사람은 아니었을지 몰라도, 적어도 알렉산드로스의 추궁으로 궁지에 몰린 지금의 상황을 벗어나기 위해 그럴듯한 변명을 꾸며댈 수 있을 정도의 재치는 확실히 있는 사람이었다. 아리스토텔레스는 알렉산드로스에게 이렇게 말했다. 자기와 같은 늙은이도 필리스의 농간에 놀아나는 판국이라면, 한창 젊은 나이인 알렉산드로스가 그녀에게 관심을 끊고 나라를 다스리는 일에 전력을 기울였을 때 그것이 얼마나 대단한 위업이 된다는 것을 모르겠는가?

그 그림에는 암컷 뱀이 선악과나무를 휘감고 있고, 그것이 그림을 두 개의 이미지로 분리시키고 있다. 하나는 에덴동산에 있는 아담과 이브를 보여주며, 다른 하나는 낙원에서 추방당하는 그들의 모습을 보여준다. 낙원에서 아담은 딛고 있는 두 발의 자세가 흐트러지지 않도록 두 다리를 벌려 힘껏 버티면서 팔을 뻗어 나무의 사과를 낚아채려 하고 있다. 한편 이브는 아담 바로 앞의 땅바닥에 앉아 있으며, 그때 이브의 얼굴은 아담의 넓적다리 사이에 있다. 이 이미지는 선악과가 약속하는 지식의 세계와 더불어, 인간이 타락하기 이전 릴리트의 후계자가 아담에게 온전한 육체적 감각의 신세계를 열어주고 있음을 암시한다.

인류의 타락을 꾀할 때, 교활한 뱀은 아담을 피했다. 그 강직하고 이성적인 사내가 자신이 누리고 있는 지금의 목가적인 삶이나 하느님과의 관계를 허물어뜨리려 하지 않으리라는 사실을 알고 있었기 때문이다. 그러나 이브는 달랐다. 그녀는 남의 말에 훨씬 쉽게 귀가 솔깃해졌고, 호기심도 더 많았으며, 지켜야 할 규칙 따위에는 관심이 적었다. 가장 중요한 것은, 그녀가 아담의 이성적인 회로 배선을 멀찌감치 우회하여 그녀의 모습과 목소리에 반사적으로 반응할 수 있는 그의 본능적인 회로 배선에 직접 접속하는 식으로 그와 관계를 맺고 있다는 것이다.

아담은 에덴동산에 진동하는 짙은 꽃향기 속에서도 아내의 독특한 향내를 찾아낼 수 있었다.

그녀가 아담의 등 뒤로 조용히 다가가 그를 꼭 껴안으면, 그의 뒤통수의 머리카락은 그녀의 숨이 내뿜는 촉촉한 온기를 맞이하기 위해 모두 곤두섰다. 꽃을 꺾기 위해 몸을 숙이거나 숲길 아래 모퉁이를 돌아가는 이브의 모습을 보고 있노라면, 그녀 엉덩이의 부드러운 곡선이 그를 유혹했다. 이브야말로 뱀이 일을 꾸며볼 수 있을 만한 상대였다. 뱀은 이브에게 선악과에 관한 이야기도 해주었지만, 그것 말고도 그녀가 섹스의 기쁨에 눈뜰 수 있게끔 만들어주기도 하였다. 그리고 뱀은 그녀가 새로이 깨달은 비법을 남편에게 어떻게 사용할 수 있는지까지도 은근히 가르쳐주었다.

이브는 달랐다. 그녀는 남의 말에 훨씬 쉽게 귀가 솔깃해졌고, 호기심도 더 많았으며, 지켜야 할 규칙 따위에는 관심이 적었다. 그리고 그녀는 아담의 본능적인 회로 배선에 직접 접속하는 식으로 그와 관계를 맺고 있었다.

이브는 아담을 유혹했고, 아담은 넘어가고 말았다. 아담이 아내의 거부할 수 없는 매력에 굴복한 그날 이후로, 이브라는 이름은 곧 성적인 유혹을 뜻하는 말과 동의어가 되었다. 2세기의 신학자 테르툴리아누스(Tertullianus, 160~220)는 "너희가 (한 명 한 명이 전부 다) 이브로구나."라고 호통을 치면서, 여성들에게 성적인 본성을 억누를 것을 타일렀다. 세상의 이브들이 다리를 벌리는 그 순간에 남자들은 타락했다. "너희야말로 악마에게로 들어가는 문이다."라고 그는 여성들을 윽박질

• 위 : 아담이 겪은 사연과 같은 이야기들은 아무 생각 없이 자신의 욕망을 좇아가서는 안 된다고 남자들에게 경고하고 있다. 그러나 요부들은 거꾸로 남자들이 그런 설화들을 그냥 한 귀로 흘려버리고 말게끔 만드는 데서 기쁨을 얻는다. 한 번의 부주의한 순간이 모든 것을 결정할 수 있다. 그래서 에덴동산은 영원히 상실되었다.
〈인간의 타락과 에덴동산으로부터의 추방〉, 미켈란젤로 부나로티, 1510년경.

렀다. "악마가 우리에게 위협이 될 만큼 힘이 세지 않다고 아담을 설득했던 그 이브가 바로 너희들이다." 초기의 몇몇 기독교 분파들에서도 우려 섞인 테르툴리아누스의 목소리가 되풀이된다. "어둠의 왕자인 사탄과 그 무리들은 비슷한 방법으로 이브 또한 창조하였다. 이브가 아담을 기만하리라 기대하면서 자기들만의 육욕을 그녀에게 나누어준 것이다."

성서의 여러 구절들은 성적 쾌락을 약속하는 여자들 때문에 남자들이 오랫동안 성가심을 당해왔다는 일부 학자들의 관점을 확인해주고 있다. 〈잠언〉 7장은 "길모퉁이에서 기다리고 있던 눈부

신 아가씨들이 남자들을 낚아채기 위해 어두운 그림자 바깥으로 한 걸음 나와서, 그들에게 키스 세례를 퍼부었다."고 말한다. 그들은 최음제의 향내가 진동하는, 화려한 빛깔로 치장된 보드라운 잠자리로 남자들을 유혹하여 데려가 눕힌다. 비단결 같은 베개들이 놓인 밀실에서 그 여인들은 남자들에게 기쁨을 주기 위해 혼신을 다했다. 〈이사야〉 3장 16절에서 18절, 그리고 4장을 보면, 시온(Zion)의 딸들이 "음탕한 눈빛을 번득거리고, 맵시를 뽐내며 길을 따라 돌아다니고, 발에서는 딸랑딸랑 소리를 내면서" 걷는다고 남자들에게 경고하는 대목이 있다. 남자들을 구원하기 위해, 신은 여자들의 모든 치장을 거두어 가버릴 것이다. 여자들이 남자들을 유혹하는 거래에서 써먹을 수 있을 만한 도구들을 모조리 압수하는 것이다. 그러나 무장을 해제한다 해도, 여성들은 여전히 위험한 존재로 남는다. 그래서 예배하러 온 여성들을 악수로 환영해야만 했던 초창기 남성 기독교인들은 여성의 유혹적인 손길에 맨살이 닿지 않게끔 먼저 자신들의 손을 긴 옷소매로 둘둘 말고 있으라는 권고를 받기도 했다.

히브리인들이 들어오기 이전에, 가나안 사람들은 나중에 로마 가톨릭 교회에서 예수를 성스럽게 잉태한 어머니로 높게 떠받들어지는 동정녀 마리아 같은 여인과는 전혀 다른 유형의 여신들을 숭배하고 있었다. 출산이 신성한 불가사의라고 해석되고, 자연의 노여움을 달래기 위해 사람들이

신들에게 제물을 바치던 시대에 이 가나안의 여신들은 완전히 성적인 존재로 인식되었다. 그러다 세상 사람들이 남자인 하나님이 그의 말씀만으로 세상을 만들어 냈다고 믿게 되자, 숭배의 대상이었던 여성성의 권능은 쇠하고 말았다. 그러나 이브의 딸들을 고대의 여신들로 연결시키는 관능성의 고리는 끊어지지 않고 계속 이어졌다.

• 왼쪽 : 이브 같은 압도적인 이미지는 시간이 흘러도 그 광채를 잃지 않는다. 다만 거기에 그 존재가 묘사되는 시대의 의식이 조금씩 배어들 뿐이다. 환상적인 화가 그레그 힐데브란트(Greg Hildebrandt, 1939~)가 그린 이 현대적인 이브는 1987년 『헤비메탈』지의 표지 모델로 등장하였다.

〈뱀의 골짜기〉, 그레그 힐데브란트(1939~), 『헤비메탈』, 1982년.

여성의 관능성이 갖는 위력은 성경의 율법학자들이나 초창기 교회의 교부들을 똑같이 무기력하게 만들었다. 여성의 관능성은 통제하기 힘든 충동과 원치 않는 발기를 불러일으켰으며, 그럴 때마다 남성의 육체는 욕망의 바다에서 자신의 길을 찾아 항해에 나설 수밖에 없게 된다. 오르가슴의 순간이 되면, 조타수 없는 보트는 커다란 파도가 거품을 일으키며 거세게 몰아쳐오는 망망대해에 격동적으로 내던져진다. 바로 그때는 남자들이 갈망하기도 하고 동시에 두려워하기도 하는 완벽한 포기의 순간이며, 그들의 육체가 의식적인 사유를 통해서는 도저히 지도를 그릴 수 없는, 실로 거짓말과도 같은 여행길로 그들 자신을 옮겨놓게 되는 절정의 순간이다. 그러나 그들은 또한 바로 그 대양의 처분에 따르는 존재들이다. 소위 질서의 수호자로 지정된 존재임을 자처하는 그들은 결국 폭풍우가 잠잠해지기를 기다리며 혼돈 속에서 동요하고 있는 자신들의 모습을 발견한다.

그들의 생각에 이브는 그러한 혼돈의 수호자이며, 그런 세계로 들어가는 출입구이다. 몇 번이고 되풀이해서, 남성 화가들은 사람이 아무도 없는 적적하기 짝이 없는 에덴동산에 덩그러니 이브를 그려놓곤 하였다. 그곳의 풍경이란 인간 발전의 모든 자취를 질식시켜버릴 수 있을 만큼 무럭무럭 자라난 온갖 식물들로 우거져 있다. 20세기 초 프랑스의 화가 앙리 루소(Henri Rousseau, 1844~1910)가 그린 칙칙한 열대의 정글 속이나,

• 위 : 성 힐라리온(St. Hilarion, 291~371)은 성 안토니우스의 동료로서, 그와 유사한 고립과 금욕의 제의를 수행하고 있었다. 두 성인은 모두 그들의 손길을 갈구하는 음탕한 여인들의 생생한 환영이 자꾸 나타나 고통을 겪었다.

〈성 힐라리온의 유혹(The Temptation of St. Hiliarion)〉, 도미니크 루이스 파페티(Dominique Louis Papety, 1815~1849), 1843~1844.

혹은 『헤비메탈(Heavy Metal)』같은 현대 미국의 환상적인 잡지 표지에서, 이브는 벌거벗은 채로 서 있거나 혹은 누워서 두려움 없이 뱀의 눈을 똑바로 쳐다보고 있다. 덩굴 식물들이 이리저리 뻗어 있고 화려한 꽃들이 만발한, 길들여지지 않은 거친 야성의 세계가 이브가 있는 자리이다. 그리고 그녀는 여전히 이 원색적인 감각의 세계로 남자를 끌어들일 수 있다. 아니, 어쩌면 남자가 열망하는 것이 그것인지도 모른다.

≫ **초창기** 기독교 교회의 율법박사나 교부들에 의해 전수되어 내려온 이야기들은, 모든 여인이 몸 안에 혼돈의 씨앗을 품고 있다는 생각까지 더해지

면서, 여성의 억압을 정당화하는 데 기여하게 되었다.

경건한 남성들은 성욕의 충족을 멀리하였고, 모든 불결한 생각을 마음속에서 몰아내고자 극한의 노력을 다하였다. 불행하게도 그것은 말로는 쉽지만 행하기는 어려운 일이다. 정욕을 억제하기 위해 어떤 이들은 금식을 하기도 하였는데 그 바람에 그들은 성욕을 지필 수 있을 만큼의 에너지는 고사하고, 생존하는 데 필요한 기력을 건사하기조차 어려웠다. 다른 사람들은 여성의 모습도 볼 수 없고, 그 음성도 전혀 들을 수 없으며, 체취조차도 느낄 수 없게끔 머나먼 사막으로 도망치기도 하였고, 또 맨몸을 채찍으로 내리쳐 자신의 육체적인 감각이 쾌락이 아닌 고통에 늘 집중되도록 하기도 하였다.

일반적으로 여성들을 눈에서 멀리하는 것은 (마음에서는 아닐지라도) 사람들 사이에서 분별 있는 행동으로 여겨져왔다. 알렉산드라(Alexandra)라는 한 경건한 여인은 본인이 직접 산 채로 무덤 속에 걸어 들어감으로써, 그녀를 갈망하던 젊은 청년에게 자신의 유혹적인 모습을 더는 보이지 않기로 작정하였다. 그녀는 무덤 안에서 기도를 하고 천을 짜면서 죽음이 다가올 시간을 여유로이 기다렸다고 한다. 그리고 어떤 남자는〔그는 주상고행자 성 시메온(St. Simeon, 949?~1022)이었다〕 18미터 높이의 기둥 꼭대기에 내내 올라가 있으면서, 혹시라도 여성들이 기둥 근처에 오는 일이 있어서는 절대 안 된다는 엄한 지시를 주위에 내렸다고 한다. 그들의 여성성으로 인해 자기가 들이마시는 바로 그 공기가 오염되지 않을까 걱정이 되어서였다.

이러한 극단적인 조치들에도 불구하고, 아니 어쩌면 그러한 극단적인 조치들 때문에, 오히려 성적인 생각들은 수많은 경건한 남성들의 마음속에 지속적으로 스며들었다. 성 제롬(St. Jerome, 331?~420?)은 자서전에서 자신의 경건한 묵상이 가끔은 덧없는 매음의 유혹에 방해받곤 했다고 쓰고 있다. 4세기 사람으로서 수도원제도의 아버지로 여겨지는 성 안토니우스(St. Antonius, 255?~355?)는 그를 홀리기 위해 사탄이 보낸 유혹적인 환영을 금욕적으로 견뎌내며 이집트 사막의 동굴 속에 홀로 앉아 있었다.

남자들은 사회적으로 수용될 수 있는 행동의 범위를 규정하는 정교한 규칙과 행위 지침들을 만들어냈다. 그러나 분출하는 용암과도 같은 뜨거운 욕망은 지표면에서 그리 깊지 않은 곳까지 올라와 부글거린다. 요부들은 문명의 얄팍한 껍데기가 언제 깨지게 될 것인지를 감지하고, 뜨거워진 용암이 대기와 만나 굳어지기 전에 그 용암의 분출을 요령껏 활용할 태세가 되어 있다. 남자들에게는 섹스의 욕구가 원래부터 기본적으로 갖추어져 있는 것 같다. 그리고 요부들은 남자들이 그들의 본성에 계속 충실하기를 기대한다.

Chapter 2
Mythical Maidens
신화 속의 여인들

그리스 신화에서는 남자들에게 요부를 피하는 방법이 아니라 쾌락을 맛본 뒤 무사히 빠져나오는 방법을 가르치고 있다.

• 위 : 그리스 신화에 따르면, 최초의 여성은 판도라였다. 만일 에피메테우스가 주도면밀한 인물이었다면, 그는 판도라를 신들에게로 되돌려 보냈을 것이다. 그러나 불행히도 그는 그녀의 아름다움에 완전히 넋이 나가, 그녀에게 나갈 문을 알려주는 대신 자기 침대에 그녀의 자리를 마련해주었다.

〈판도라〉, 보리스 바예호(Boris Vallejo), 1990년.

초기의 율법박사나 기독교 교부들이 주로 한 이야기가 타락의 늪에 빠지지 않으려면 여자를 멀리하라고 남자들을 계고하는 것이었다면, 고대 그리스의 수많은 설화는 주로 남자가 감미롭고도 위험한 섹스를 마음껏 즐기고 난 후 어떻게 무사히 빠져 나올 수 있는지를 묘사하고 있다. 그리스인들도 자신들이 위험한 땅을 밟고 서 있다는 것을 알고 있었다. 왜냐하면 그들에게도 그들 나름의 이브가 존재했기 때문이다. 그녀의 이름은 판도라였다.

신은 세상을 벌하기 위해 그녀를 만들었다
판도라 | Pandora

1920년에 스위스의 표현주의 화가 파울 클레(Paul Klee, 1879~1940)는 자신이 상상한 판도라의 상자를 그림으로 그렸다. 탁자 위에는 정물화 화가들의 전통적인 소재라고 할 수 있는 꽃병이 놓여 있다. 그러나 그 그림 속에서 꽃병은 꼭 여자의 음문 모양처럼 생긴 받침에 놓여져 있고, 그 둥근 대접의 바닥에는 깊숙하게 패인 여성 음부 모양의 틈새가 갈라져 있다. 꽃병에는 꽃이 몇 송이 꽂혀 있지만, 정중앙의 깊숙한 곳, 다시 말해 바로 그 여성의 갈라진 음부로부터 악마처럼 보이는 수증기가 솟아올라 온 방 안에 스며들고 있다. 판도라를 안다는 것, 그녀의 상자를 연다는 것은 온갖 종류의 공포를 세상에 풀어놓는 것이다. 그 영역에 들어선 남자는 살얼음을 걷듯 조심스레 행동해야 한다. 그 이전의 수많은 남자들처럼(그 중에 둘만 언급하자면, 이브의 남편인 아담과 판도라의 남편인 에피메테우스를 들 수 있을 것이다) 자기를 둘러싼 세계가 되돌릴 수 없을 정도로 악화되어버리는 꼴을 직접 보고 싶지 않다면 말이다.

이 모든 일은 하늘의 신과 땅의 신 사이에서 태어난 티탄(Titan)들 중의 한 명인 프로메테우스와 신들의 제왕 제우스 사이의 불화에서 비롯되었다. 프로메테우스가 제우스를 속여서 동물 번제(燔祭)에서 나온 쓸모없는 한 무더기의 뼈다귀를 고깃덩이 대신에 가져가게끔 만들었던 것이다. 화가 난 제우스는 그에 대한 형벌로 인간에게서 불을 빼앗기로 결심했다. 불의 사용법은 물론이고, 수학, 글쓰기, 건축, 금속제조 등 인간에게 유용한 것들을 많이 알려주었던 프로메테우스는 인간에게 불을 돌려주어야겠다고 결심했다. 그래서 올림포스 산 정상으로 올라간 프로메테우스는 회향풀 줄기에 큰 불을 붙여가지고 지상으로 내려왔다. 제우스는 이러한 오만한 행동에 번제 때보다 더 큰 분노를 느꼈다.

복수를 위해서 제우스는 불의 신 헤파이스토스에게 흙과 물을 섞어서 아름다운 젊은 처녀를 빚어달라고 부탁했다. 그런 다음, 날개 달린 장난꾸러기 심부름꾼 헤르메스(가끔 혼돈과도 결부되곤 하는 신이다)에게는 그녀에게 부끄러워할 줄 모르는 마음을 집어넣어 달라고 요청했다. 판도라가 다 빚어지자, 올림포스의 여신들은 그녀를 화려한 장신구로 아름답게 꾸며주었고, 제우스는 이 아름다운 여인을 프로메테우스의 인간 형제인 에피메테우스(Epimetheus)에게 선물로 보냈다. 프로메테우스는 에피메테우스에게 혹시 속임수일지도 모르니 제우스가 보내는 선물은 절대로 받아서는 안 된다고 경고했으나, 에피메테우스는 자기 앞에 나타난 그 숨이 멎을 것만 같은 아름다운 외모에 홀린 나머지 프로메테우스의 충고 따위는 한순간에 잊어버리고 말았다.

교활한 제우스가 보내서 에피메테우스가 아무

생각 없이 덥석 받아 챙긴 그 선물은 판도라는 여인만이 아니었던 것으로 밝혀진다. 그는 또한 배달되어 온 커다란 질그릇 항아리(후대의 이야기꾼들에 의해서 종종 상자라고 잘못 이야기되곤 하는)도 함께 받았는데, 제우스는 그에게 절대 그 항아리를 열어보지 말라고 짐짓 경고해주었다. 에피메테우스는 행복에 겨운 마음으로 그 항아리를 잘 챙겨두었다. 그러나 실은 만족할 줄 모르는 왕성한 호기심의 소유자 판도라가 결국은 에피메테우스의 아내가 될 수밖에 없으리라는 것을 미리 내다보고 제우스가 그 항아리를 그에게 선물했다는 사실을, 에피메테우스는 단 한순간도 의심해보지 않았다. 너무나도 인간적이었던 그 사내는 성스러운 신의 뜻을 받들고 찾아온 이 아름다운 여인을 손에 넣기 위해 조금도 지체할 수 없었다. 그래서 그는 파멸의 씨앗이 될 이 여인을 기꺼이 집 안으로 들어오게 하였다.

그리스의 시인 헤시오도스(Hesiodos, 기원전 700년경에 활동)는 판도라가 나타나기 이전에는 남자들이 지구상에서 행복하고 근심걱정 없는 삶을 살았다는 사실을 납득시키고자 애쓴다. 그 이야기는 또한 이렇게 전한다. 항아리의 개봉이라는 그 유명한 대실수가 터진 것은 에피메테우스가 판도라와 관계를 맺은 이후라는 것이다. 에피메테우스가 판도라의 미모에 유혹되지 않았더라면, 그는 그녀를 처음에 왔던 곳으로 곧바로 되돌려보냈을 것이고, 항아리의 뚜껑은 단단하게 봉인되어 있었을 것이다. 그러나 슬프도다. 결과는 그렇게 되질 않았으니.

아담이 선악과의 열매를 절대로 먹지 말라는 하나님의 명령을 지키면서 행복하게 살았던 것처럼, 처음에는 에피메테우스 또한 항아리를 열어볼 생각은 조금도 하지 않았다. 그러나 이브가 그랬듯, 판도라도 호기심을 주체하지 못했다. 흥미를 자아내는 이 단지 안에는 도대체 어떤 물건들이 들어 있을까? 이브가 열매를 한입 베물어 먹어봤다면, 판도라는 항아리 안을 슬쩍 한번 들여다보았다. 그 두 행동은 둘 다 비슷하게 끔찍한 결과를 초래하였다. 그 항아리 안에는 이 세상의 온갖 사악한 것들이 모조리 들어 있었으며, 그것들은 지금까지 인간이 경험하기를 감히 삼가왔던 것들이었다. 판도라는 모든 해악이 항아리에서 빠져나온 것을 확인하고 정확히 시간을 맞춰 항아리 뚜껑을 덮어버렸다. 아직까지 미처 나오지 못한 한 가지 항목을 끝내 못 나오게 하려는 것이었다. 그 안에 남아 있던 그 한 가지란 바로 희망이다. (애초에 그 희망이 해악으로 가득 찬 항아리 안에서 무엇을 하고 있었는지는 확실하지 않다. 그러나 고대의 신들이 그들의 논리를 하찮은 인간 따위에게 설명할 필요는 없는 셈이다.) 그날 이후로 지금까지, 그 최초의 여인이 저지른 행동 때문에 남자들은 고초를 당하게 되었다.

그러나 고대 그리스인들에게는, 그 이야기가 여기서 끝나는 것이 아니었다. 분명히, 남자들에게는 아무것도 잃지 않으면서도 판도라처럼 애간장을 녹이는 미모의 여인들과 함께 쾌락을 즐길 수 있는 어떤 방법이 있었다. 그리스인들은 요부들을 만나도 그런 여자들의 의표를 찔러 속여 넘길 수 있었던 용감한 영웅들의 이야기를 지어내기 시작했다. 대다수의 남자들은 그런 사랑스러운 여인들의 매혹적인 눈길을 받으면, 대체로 불길한 운명을 맞이하게 된다. 그러나 진정으로 두려움을 모르고, 진정으로 위대한, 소수의 선택받은 남자들은 승리를 거두게 되고, 모든 남성들에게 언젠가는 그들도 아무런 두려움 없이 그러한 쾌락을 맛볼 수 있게 되리라는 희망을 전해주었다.

욕망의 근원을 건드리는 매혹
사이렌 | The Sirens

1912년도 판 《이솝우화(Aesop's Fables)》에 실릴 삽화로, 영국의 화가 아서 래크햄(Arthur Rackham, 1867~1939)은 거대한 여인의 형상이 바다에서 솟구쳐오르는 광경을 그렸다. 그녀는 마치 굽이치는 파도 위에 무릎을 꿇고 있는 것처럼 보인다. 양쪽으로 길게 뻗은 그녀의 두 팔에서는 함께 끌려 올라간 바닷물이 거대한 물줄기가 되어 쏟아져 내리고, 그 사이로 그녀가 의기양양하게 드러낸 젖가슴이 어렴풋이 눈에 들어온다. 그녀는 해변에 홀로 서 있는 어떤 조그맣고 구질구질한 뱃사람을 내려다보고 있다. 우리는 그녀의 뒤쪽으로 그 남자가 타고 왔을 것으로 생각되는 배 한 척을 희미

하게 보게 된다. 만일 그가 바로 지금 순간에 바다에 발을 들여놓는다면, 그녀의 갑작스런 출현으로 인해 발생한 급류가 그를 바다 속 깊은 곳으로 끌고 들어가버릴 것이다. 바다 속에는 이미 그의 동료들 대부분이 잠들어 있으며, 거친 해류에 난파된

• 왼쪽 : 프로이트의 추종자 중 한 명은 여성 생식기의 분비물이 풍기는 비릿하고도 진한 향내가(그는 그 냄새를 시퍼런 바닷물에 비유하였다) 남성에게 원초적인 생명력과의 관계를 다시 이어주는 힘이라고 믿었다. 그러나 그 힘이 남자들을 압도해버릴 수 있을 만큼 위협적일 수도 있다.

《난파된 남자와 바다(The Ship-wrecked Man and the Sea)》, 아서 래크햄, 1919년.

배에서 이리저리 튕겨져 나온 선재들도 결국은 가라앉아 뭉개지고 말 비참한 운명을 맞이할 것이다.

고대 그리스인들에게 심원한 공포는 많은 경우 여인의 형상으로 구체화되었다. 그들이 오가던 지중해에는 무자비한 괴력을 발휘하며 지나가는 배들을 바다 속으로 빨아들인 치명적인 소용돌이 카리브디스(Charybdis)와, 동굴에 숨어 있다가 느닷없이 나타나 그 앞바다를 지나가는 배의 선원들을 휙 낚아채서는 게걸스럽게 먹어치우곤 했던 머리가 여섯 개나 달린 바다괴물 스킬라(Scylla)가 숨어 있었다. 그리고 또한 지중해에는 가슴이 저릴 만큼 너무나도 아름다운 노래를 부른 사이렌(Siren)들도 살고 있었다. 배 위에서 그 노래 소리를 들은 선원들은 그 천상의 선율이 어디서 흘러나오는지 알아내기 위해 무슨 짓도 서슴지 않았고, 그렇게 지고의 행복을 찾다가 결국은 물에 빠져죽게 되었다. 그러나 그리스 신화에 등장하는 오직 한 남자, 오디세우스만은 사이렌의 노래가 주는 기쁨을 경험한 후에도 살아남는다.

오디세우스가 그런 재주를 부릴 수 있었던 것은 타고난 요부인 마법사 키르케(Circe)의 충고 덕분이었다. 키르케는 단 한 번의 눈길만으로도 지나가는 남자들의 마음속에서 모든 이성적인 사고를 뽑아내버릴 수 있을 만큼 대단한 성적 마력을 내뿜는 여인이었다. 1893년 영국 화가 아서 해커(Arthur Hacker, 1858~1919)는 오디세우스의 선원들이 키르케의 최면에 홀리는 광경을 그렸는데,

• 오른쪽 : 요부의 유혹에 관한 환상은 그런 환상을 꿈꾸는 남자들의 수만큼이나 다양하다. 리본으로 치장하고 양말대님을 동여맨 이 키르케는 그녀의 남자 돼지를 완전히 자기 마음대로 부리고 있다. 더는 야생적이지도 않고 털북숭이도 아닌 그 돼지는 그저 풍만하게 살이 오른 포동포동한 애완동물에 불과하다.

〈포르노크라테(Pornocratés)〉, 펠리시앙 롭스, 1878년.

그 그림에서 키르케는 그들 앞에 앉아 두 팔을 머리 위로 들어올린 채 아름다운 젖가슴을 드러내고 있었다. 남자들은 그녀를 향해 슬금슬금 기어갔고, 그녀가 더 잘 보일 것 같은 자리를 서로 차지하려고 아우성이었다. 그들은 그러는 와중에 자기들의 몸이 꿀꿀거리는 털북숭이 돼지로 점점 변해가고 있는 것 따위에는 전혀 관심도 없었다.

키르케 본인은 그런 남자들의 변신에 그다지 개의치 않는다. 20세기 조각가 에드가 버트램 맥케널(Edgar Bertram Mackennal, 1863~1931)이 청동으로 제작한 아담한 조각상은 그 여마법사가 냉혹하게 주문을 걸 때 그녀가 서 있는 주춧돌 아래로 드러누워 있는 남자들이 환희에 찬 경련을 일으키고 있는 모습을 보여준다. 19세기 벨기에의 화가 펠리시앙 롭스(Félicien Rops, 1833~1898)는 한 술 더 떠서 검은 스타킹을 신은 여성지배자(dominatrix)가 돼지 한 마리를 데리고 산책하는 장면을 그림으로써 키르케의 이미지를 형상화하였다. 남자는 통통하게 살이 오른 순종덩어리로 변해 온 세상이 손가락질하며 쳐다보는 구경거리가 되었다.

황홀하리만큼 매혹적이고, 온화한 듯 전제적이며, 또한 전횡적인 횡포를 노골적으로 휘두르는 키르케는 여성적 관능성이 거둔 개가이다. 길들여지지 않은 거친 육욕의 습격을 버텨낼 수 있는 남자는 거의 없을 것이다. 그리고 그리스 신화에서는 오직 오디세우스만이 태양신의 딸인 키르케의

광휘에 눈이 멀지 않았다. 그 이야기에 따르면, 오디세우스와 그의 부하 병사들은 트로이전쟁에서 결국은 승리를 거두고 고향인 이타카(Ithaca)로 돌아가는 길이었다. 그러나 최종 목적지에 도착하는 데는 10년이라는 세월이 걸렸고, 그 과정에서 그들은 수없이 많은 이상한 모험을 겪게 된다. 그런 모험을 하던 중에 한번은 오디세우스의 탈진한 부하들이 아이아이아(Aeaea)라는 섬에서 잠시 휴식처를 구하게 되었다. 그곳에서 그들은 실은 인간이었으나 키르케의 마법 때문에 짐승으로 변해버린 무수한 수컷 동물들이 키르케의 집을 사방으로 온통 둘러싸고 있는 광경을 발견하였다. 키르케 자신은 집 안에서 불가사의한 피륙을 짜면서 부드럽게 노래를 부르고 있었다. 문 앞에 이방인들이 와 있는 것을 알게 된 그녀는 그들에게 맛있는 음식을 대접하면서 그들이 마실 음료에 마법의 약초를 섞었다. 그녀의 미모에 흠뻑 빠져버린 오디세우스의 부하들은 그러는 과정에서 부지불식간에 돼지 떼로 변하고 말았다.

여마법사의 마수에서 부하들을 빼내오기 위해 키르케의 집을 찾아가던 중에 오디세우스는 제우스의 전령 헤르메스를 만났고, 헤르메스는 오디세우스에게 어떤 약을 건네면서 더불어 키르케의 마력을 견딜 수 있는 방법까지 충고해주었다. 그녀가 마법지팡이를 흔들려 할 때 오디세우스가 검을 뽑아 덤벼든다면, 키르케는 곧장 그에게 항복할 것이라고 알려준 것이다. 이는 오디세우스가 그 요부의 기대보다 더 많은 성적인 쾌락을 그녀에게 제공해주어야 한다는 것을 암시하는 것이다. 유혹의 게임에서는, 상대에게 최고의 욕정을 유발하는 쪽이 이기는 패를 쥐게 된다. 그러나 헤르메스는 오디세우스가 벌거벗은 몸으로 그녀 앞에 다가섰을 때 그녀가 다시 한 번 그를 속이려 들 수 있을 것이라고 경고했다(영웅들도 옷을 벗고 나면 자제력을 잃지나 않을까 걱정을 한다). 따라서 그는 칼을 내려놓기 전에 키르케에게 자신의 취약점을 이용하지 않겠다는 약속을 받아내야만 한다. 오디세우스는 헤르메스가 지시한 대로 했고, 키르케를 굴복시켰다. 매우 만족한 키르케는 오디세우스의 부하들을 마법에서 풀어주었고, 오디세우스에게는 고향으로 돌아가는 도중에 겪게 될 수많은 난관을 피할 수 있는 방법을 알려주었다. 그런 다음 키르케는 오디세우스가 원정을 마칠 수 있도록 그를 살려 보내주었다.

키르케가 오디세우스에게 알려준 비법 가운데 하나는 사랑스러운 사이렌들을 체험하고 나서도 무사히 살아남는 방법이었다. 사이렌들은 바닷가 근처 꽃이 만발한 초원에 앉아서 매우 즐겁게 노래하면서 지나가던 뱃사람들을 그들이 있는 해변으로 유인하던 아름다운 여인들이었다. 사이렌들

• 위 : 이 라파엘 전파(前派, Pre-Raphaelite)의 그림은 사이렌의 모습을 원래의 형상대로 그린 몇 안 되는 작품 중 하나이다. 여기서 사이렌들은 심연에서 뱃사람들을 유혹하는 요괴들이 아니라 포악한 여자 새로 그려져 있다.

〈오디세우스와 사이렌들(Ulysses and the Sirens)〉, 존 윌리엄 워터하우스(John William Waterhouse, 1849~1917), 1891년.

이 노래하는 동안만큼은 그 노랫소리를 들은 남자들이 그녀들을 사랑스러운 존재들로 생각할 수밖에 없다. 그러다 그들의 배가 바위에 부딪쳐 난파되고, 선원들은 죽음이 눈앞에 닥쳐왔을 때에야 비로소 사이렌의 실체를 보게 된다. 상반신은 추악한 마녀의 모습을 하고 있으며, 하반신은 날카로운 발톱을 세운 새의 모습이었던 것이다.

키르케의 조언을 기억한 오디세우스는 자기의 자제력보다는 물리적인 속박에 의지하는 쪽을 택하였다. 배가 사이렌들이 앉아서 기다리고 있는

해역의 육지 가까이 다가갔을 때, 오디세우스는 부하들의 귀를 밀랍으로 틀어막아서 그들이 사이렌들의 유혹의 노랫소리를 듣지 못하도록 만들었다. 그리고 부하 병사들에게 자신을 배의 돛대에 묶어놓고 배가 위험에서 완전히 벗어날 때까지 절대 풀어주지 말라는 다짐을 단단히 받아두었다.

배가 사이렌의 노랫소리가 들릴 만한 수역으로 들어섰을 때, 그 요부들은 노래하기 시작했다. 사이렌은 오디세우스의 용맹스러운 공적을 찬양하면서 만일 그가 자기들과 함께 머물러준다면 엄청난 지혜를 주겠노라고 약속했다. 그들은 아첨만큼이나 매혹적인 것은 이 세상에 없으며, 마음속 욕망을 이뤄주겠다는 약속만큼 거부하기 어려운 것도 없다는 사실을 잘 알고 있었다. 오디세우스는 부하들에게 풀어달라고 간청했지만, 부하들은 끝까지 그의 부탁을 들어주지 않았고, 노랫소리가 들리지 않는 곳까지 멀리멀리 배를 저어갔다. 키르케 덕분에 오디세우스는 그렇게도 많은 남자들이 죽어간 그곳에서 살아났다. 사이렌들은 남자가 자기들의 마수에서 벗어나버렸다는 사실에 격분하여 스스로 바다에 몸을 던져 죽어버렸다.

화해와 파괴의 양면적 존재
메두사 | Medusa

고대 그리스인들은, 결단력 있는 남자라면 제아무리 지독하게 아름다운 요부들을 만난다 해도 조금만 더 신중하게 계획을 세워 그런 여자들의 의표를 찌를 수 있다고 믿었다. 오디세우스가 사이렌들의 허를 찔렀던 것처럼, 제우스의 아들인 페르세우스(Perseus) 역시 말 그대로 넋이 나갈 정도로 눈부시게 아름다웠던 여인 고르곤(Gorgon), 즉 메두사(Medusa)의 즐거움을 맛보고도 너끈히 살아남을 수 있을 만큼 단호한 결의를 지닌 영웅이었다. 그 두 남자 모두 치명적인 여인들에게 굴복하지 않으면서도 그녀들의 매력을 경험해보고 싶었다. 그들은 다른 남자들보다 돋보이는 사람들이었을 것이다. 그들은 요부들의 색정 어린 눈길을 붙잡고, 그 눈길 속에 담겨 있는 도발들을 즐기고, 그런 비밀스런 향락의 순간으로 인해 풍요로워진 자신들의 삶을 멈추지 않고 계속 이어갈 수 있었을 것이다.

메두사의 아름다움이 언제나 무시무시했던 것만은 아니었다. 어린 시절에는 삼단 같은 긴 머리가 그녀의 눈에 띄는 특색이었고, 먼 곳에서 그녀에게 구애하기 위해 많은 남자들이 찾아오곤 했었다. 그러던 어느 날, 바다의 신 포세이돈이 아테네의 신전에서 그녀를 강간하였고, 지혜와 전쟁의 여신인 아테네는 그 꼴을 눈뜨고 볼 수 없었다. 메두사의 미모가 남자와 신들을 이런 식으로 행동하게 만든 것이라면, 그것은 분명히 위험한 것이다. 그리하여 아테네는 메두사의 사랑스러운 머릿결을 꿈틀거리는 뱀들의 뭉치로 바꾸어놓고, 장차 메두사의 눈에 띄는 모든 것은 돌로 변하게 되리라 포고함으로써, 그 점을 강조하였다. 그리스의 영웅 페르세우스가 메두사를 없애기 위해 길을 나설 무렵쯤에는, 그녀가 살고 있는 동굴 쪽으로 나 있는 길은 페르세우스 이전에 그쪽으로 여정을 나섰다가 메두사의 눈길 한 번에 돌덩이들로 변한 숱한 남자들이 온통 널려 있었다.

그러나 페르세우스는 다른 남자들이 모조리 실패했던 그곳에서 확실하게 승리를 거둘 수 있도록 꼼꼼하게 계획을 세웠다. 여행에 필요한 것들을 꾸리면서, 그는 날개 달린 신발, 머리에 쓰면 다른 사람의 눈에 띄지 않게 해주는 투구, 고르곤의 머리를 자르라고 헤르메스가 건네준 낫, 전리품 즉 잘라낸 머리를 담아올 마법의 자루, 아테네가 유약을 발라서 사물을 반사할 수 있게 만들어 놓은 방패 등으로 단단히 무장을 했다. 고르곤의 동굴 근처에 이른 페르세우스는 마법의 투구를 써서 감쪽같이 사라져버렸다. 일단 고르곤의 눈에 보이지 않게 된 페르세우스는 모든 것을 또렷하게 반사하는 아테네의 방패를 거울삼아 자기가 전진해 나갈 방향을 점검하면서, 잠자고 있는 메두사의 뒤쪽으로 살금살금 접근해 들어갔다. 그렇게 해서 칼을 쓸 수 있는 충분히 가까운 거리까지 다가선 그는 괴물의 머리를 베어서 가져온 자루에 넣어버렸다.

오디세우스의 경우 아무런 해도 입지 않고 무사히 지나간 후에 사이렌들이 스스로 물에 빠져 목숨을 버렸기 때문에 그 사이렌들을 다시 볼 수

중세의 인어들 | Medieval Mermaids

그리스 신화에 나오는 사이렌들은 남자들이 오로지 그녀들의 노랫소리에 홀려 있는 동안에만 아름답게 보이는, 실은 맹금의 발톱에 새의 날개를 단 추악한 마녀들이었다. 그리스 신화에서 사이렌들은 스스로 물에 빠져 죽고 나서 한참이 지난 후에 어렴풋한 미광이 번들거리는 물고기 꼬리를 한 아름답고 싱싱한 여인으로 물 속 세상에 다시 등장하게 되었다. 역사가 전개되면서 남자들이 여성에 대한 확고한 지배를 점점 더 확신하게 되었을 때, 사랑스러운 인어들은 민간의 설화 속으로 흘러들어가, 정열을 불태우기 위해 자신의 의무를 저버린 남자들이 맞이하게 되는 비참한 운명을 일깨워주는 역할을 맡게 되었다.

중세 때의 인어들은 남자들에게 파도 밑의 삶은 꿈에도 상상할 수 없는 엄청난 만족감을 제공할 것이라고 속삭였다. 인어들은 바다 물결이 마치 누군가를 달래듯 율동에 맞춰 산호로 만들어진 성채 사이로 들고나는 그러한 마술의 세계로 남자들을 초대했다. 그런 안식처에서 인어들이 노래를 부를 때, 남자는 근심걱정 따위는 뒤로 제쳐두고 마음껏 자유로워질 수 있었다. 그러나 인어들의 유혹을 받아들인 남자들을 기다리는 것은 환희가 아니라 결국 죽음일 뿐이라고 이야기꾼들은 경고한다.

있는 기회는 영영 사라지고 말았지만, 이와는 달리 메두사와 페르세우스 사이에는 모종의 관계가 지속되었다. 페르세우스가 메두사의 머리를 베었을 때, 그녀의 잘려진 동맥에서 날개 달린 천마 페가수스와 그의 쌍둥이 형제인 크리사오르(Chrysaor)가 뿜어져 나왔다. 비록 그 자손들은 포세이돈이 남긴 핏줄이지만, 바로 그 결정적인 순간에 그들이 출현했다는 사실은, 페르세우스의 검 말고도 또 다른 무언가가 잠자고 있는 고르곤의 달콤한 육체를 관통했음을 암시한다. 자신의 임무를 멋지게 성공한 것에 만족한 페르세우스는 메두사의 머리를 들어서 가져온 자루 안에 안전하게 집어넣었다. 메두사의 머리는 안 보이게 감춰진 동안은 아무런 힘도 발휘하지 못한다. 그러나 페르세우스가 그것을 꺼내어 들면, 그것을 쳐다본 모든 자들은 여전히 돌이 되어버렸다.

메두사를 베고 난 후 페르세우스는 북아프리카를 통과해 여행을 계속하다가 거인 아틀라스(Atlas)를 만나 그에게 잠시 머무를 수 있을 만한 장소를 부탁하게 된다. 그러나 아틀라스는 그 청을 거절하였다. 그는 예전부터 장차 제우스의 아들 중 한 명이 자신의 왕국에 있는 마법의 나무에서 황금을 훔쳐갈 것이라는 이야기를 들어왔기 때문에 페르세우스를 두려워했던 것이다. 아틀라스는 페르세우스가 바로 그 문제의 범인일지도 몰라 걱정하였다. 길을 돌아가야 할 일에 화가 난 페르세우스는 자루에 손을 뻗어 메두사의 머리를 끄집

어냈고, 그것을 본 아틀라스는 오늘날의 모로코에서 튀니지 지역까지 길게 뻗은 거대한 산맥으로 변해버렸다고 한다.

페르세우스는 그런 다음 에티오피아를 향해서 여행을 계속하다가, 우연히 어떤 미모의 여인이 벌거벗은 채로 해변의 한 바위에 묶여 있는 것을 보게 되었다. 그는 그 여인이 포세이돈을 화나게

• 왼쪽 : 그리스의 영웅 페르세우스가 자신의 전리품, 즉 메두사의 머리를 쳐들고 있다. 그러나 죽은 다음에도 그녀의 아름다움은 여전히 매혹적이었으며 페르세우스는 그 잘린 머리를 이용해 거인 아틀라스를 돌덩이로 만들어버렸다.

〈메두사의 머리를 쥔 페르세우스 (Perseus with the Head of Medusa)〉, 벤베누토 첼리니 (Benvenuto Cellini, 1500~1571), 1545~1554.

만든 어머니 때문에 그 바다의 신을 달래기 위해 대신 제물로 바쳐진 공주라는 사실을 알게 되었다. 페르세우스는 이 가엾은 생명을 풀어주고, 그녀를 자기의 신부로 삼았다.

새로운 연인과 해변에 앉아 있으면서, 페르세우스는 너무 오랫동안 지니고 다녔던 메두사의 잘라낸 머리가 이제는 안락하고 편안하게 지낼 수 있기를 비장한 마음으로 염원하였다. 해변의 모래가 메두사의 머리에 꾸불꾸불 엉켜 붙어 있는 뱀들을 괴롭힐지도 모른다고 걱정한 페르세우스는 해초와 양치식물들을 가져다 그 머리를 보관할 부드러운 보금자리를 만들었다. 잘린 머리에서 어떤 효력이 흘러나와 주변의 해초들에게로 스며들자 해초들은 단단해졌고, 그렇게 해서 그곳에 아름다운 산호초 정원이 생겨났다. 마침내 페르세우스가 사랑하는 여인과 함께 정착하게 됨으로써, 이번에도 고르곤의 감각적인 아름다움은 파멸의 동인(動因)이 아니라 쾌락의 동인으로 받아들여질 수 있게 되었다.

지금까지 메두사에 대한 사람들의 감정은 언제나 애증이 교차하는 것이었다. 연대기 기록자들은 그녀의 피는 화해와 파괴의 능력을 동시에 갖고 있다고 적었다. 19세기 유럽의 낭만주의자들과 퇴폐주의자들은 그녀가 품고 있는 양면성에 특히 매혹되었다. 그녀는 아름다운 여인이었을까, 아니면 괴물이었을까? 그들에게 그녀는 신비함과 힘을 동시에 가진 여인으로 비쳤다. 그리고 요부란 남자를 황홀하게 만들 수도 있고 파멸시킬 수도 있는 여인이라고 생각한 그들의 관점에서 그 두 가지는 매우 중요한 요소가 되었다.

≫ 릴리트와 이브의 이야기를 널리 퍼뜨려 남자들에게 여자와 여자의 충동을 엄격하게 통제하는 일이 얼마나 중요한지를 경고했던 초기의 율법박사들이나 기독교 교부들과는 달리 고대 그리스인들은 요부들과의 교제가 남자들에게는 맥박을 요동치게 만드는 흥분과 함께 (남자들이 조금 더 주의하기만 한다면) 개선장군의 만족감과 의기양양함을 동시에 맛볼 수 있는 기회를 제공한다고 믿었다.

고대의 히브리인들이나 초창기 기독교인들은 억압에 직면하여 생존의 투쟁을 벌이고 있던 중이었다. 히브리인들은 오랜 기간 동안 이집트에서 유배의 고통을 겪었고, 초기 기독교인들은 로마의 사자들에게 먹잇감이 되곤 하였다. 두 집단 모두 자신들의 영속적인 생존을 보장하기 위하여 그들 자신과 그들의 여인들에게 엄격한 규칙을 강요하였다. 대조적으로 고대 그리스인들은 자신들의 영역 내에서 꾸준히 우월한 문화를 일궈오고 있었다. 기원전 5세기경 아테네는 민주주의를 실현하고 있었고, 18세 이상의 모든 남성 자유민들은 도시국가의 운영에 관하여 제 목소리를 낼 수 있는 권리를 가졌다. 그곳은 남성들이 더없는 자신감에 넘쳐 있던 사회였고, 그들은 사회의 많은 일들을, 마치 여성들은 존재하지도 않는 것처럼 여기면서,

잘 처리해내고 있었다.

그러나 그 고전적인 그리스에서조차 힘든 시기가 도래하면, 섹스를 이용해 권력을 행사하려들지도 모를 여성의 망령이 완전히 극복되지 않고 되살아났다. 기원전 431년에 아테네의 최고통치자인 페리클레스(Pericles, 기원전 495?~429)는 이웃하는 호전적인 도시국가 스파르타에 선전포고를 하는 어리석은 조치를 감행하였다. 거의 30여 년간 계속된 펠로폰네소스 전쟁은 한때 자만심으로 가득했던 그 도시를 황폐하게 만들었다. 기원전 411년 그리스의 극작가 아리스토파네스(Aristophanes, 기원전 450?~388?)는 희극 〈리시스트라타(Lysistrate)〉를 발표해 그 암울했던 시기에 큰 인기를 끌었다. 그 연극에서 아테네의 여성들은 서로의 몸을 묶고 남자들이 평화를 갈구하고 나서도록 강요하였다. 남자들이 싸움을 계속하는 한 그들에게 섹스의 기쁨을 허락하지 않겠다는 것이다. 말할 필요도 없이 최소한 그 연극에서는 전쟁이 그리 오래가지 않았다. 고도의 남성지배사회라 할지라도, 남성들은 여성들이 섹스를 이용하여 자기들을 무릎 꿇게 할 수 있다는 사실을 늘 자각하고 있는 것이다.

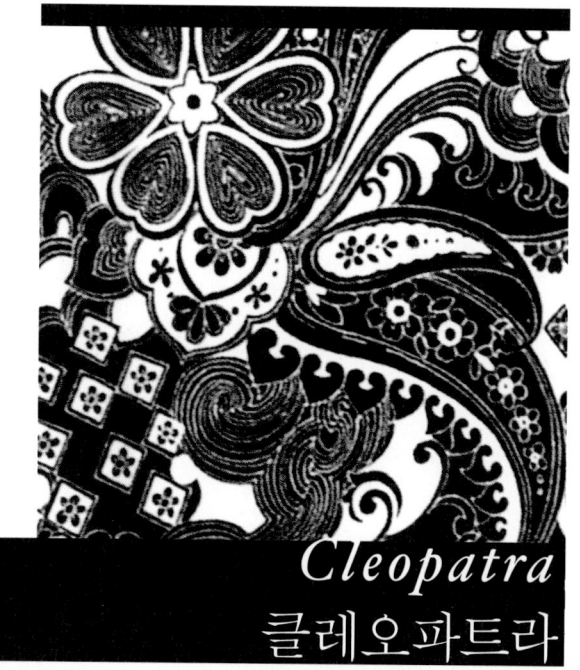

Chapter 3

Cleopatra
클레오파트라

정치적 이해관계 속에서 극대화된 클레오파트라의 요부 이미지는 그녀를 더욱 예외적인 존재로 만들고 있다.

• 왼쪽 : 위대한 요부 클레오파트라가 죽음의 순간에 알몸을 드러낸 채 기력을 잃어가는 모습을 묘사하고 있다. 그 이집트산 독사의 독이 충분히 효력을 발휘하고 났을 때에야 비로소 남성 구경꾼들은 그녀가 자신을 유혹하리라는 두려움 없이 그녀의 벌거벗은 몸을 마음껏 눈요기할 수 있다.

〈클레오파트라의 죽음(The Death of Cleopatra)〉, 바르톨로메오 겐나리, 연도미상.

역사가 만든 요부
클레오파트라 | Cleopatra

유혹은 암시의 예술이다. 몇몇의 관능적인 자극들은 일상적으로도 알아차릴 수가 있다. 에티오피아산 야행성 사향고양이의 생식기 분비물에서 나는 벌꿀 같은 달콤한 향내, 상대방의 팔꿈치 안쪽을 손끝으로 가볍게 스치는 행위, 씨가 송송히 박혀 있는 무화과의 과육을 혀 위에 올려놓는 것, 산을 뒤덮은 옅은 안개처럼 있는 듯 없는 듯 걸쳐진 옷감 밑으로 문득문득 드러나 보이는 풍만한 곡선미 등등. 그러나 많은 자극의 요인들은 문화적인 조건화와 개인적인 역사에 그 뿌리를 두고 있다. 개인들이 성숙해가고 문화가 새로운 가치와 이상을 받아들이게 되면 그런 요인들도 변화한다. 여기 한 역사적인 요부가 존재한다. 너무나 뛰어난 능력을 갖추었기에 그녀의 이미지는 각 시대와 문화 그리고 그녀를 마음에 그리는 각 개인들의 꿈과 욕망에 적절히 부합되게끔 끊임없이 분해되었다가 다시 형성되기를 거듭해왔다. 바로 클레오파트라(Cleopatra Ⅶ, 기원전 69~30)이다.

17세기에 바르톨로메오 겐나리(Bartolomeo Gennari, 1594~1661)가 그린 클레오파트라의 이미지 속에서, 여왕은 등을 기댄 채 거의 옷가지를 걸치지 않은 자신의 몸을 관찰자의 시선 쪽으로 돌림으로써, 관찰자로 하여금 그나마 조금 걸쳐진 나머지 옷가지마저도 마음속으로 벗겨버릴 수 있게 만든다. 작은 뱀의 독니가 그녀의 왼쪽 가슴살을 뚫고 들어가 그녀의 몸속에 독을 퍼뜨린다. 한때 막강한 권력을 휘두르던 그 이집트의 여왕은 서서히 죽음 속으로 빠져들고 있다. 이런 극히 사사로운 순간에 목격자의 관음증적인 시선에 노출된 그녀는 이제 누구나 원하기만 하면 언제든 자기 것으로 만들 수 있는 존재가 되었다. 뱀독의 효능을 측정하기 위해서 남자 노예들에게 그 독을 주입해보기로 결심하고는 그 치명적인 실험이 집행되기 전날에 그들에게 희열의 밤을 제공했다고 알려진 그 지독한 여인을, 적어도 그녀가 마지막 숨을 내쉬는 그 순간만큼은 누구나 소유할 수가 있는 것이다. 얼마나 달콤한 복수인가.

유혹은 암시의 예술이다. 말로써 드러내지 않고 은근하게 표현하는 암시의 힘은 클레오파트라의 이야기 속에서 강력한 위력을 발휘하는 무기로 등장한다. 클레오파트라의 첫번째 수순은 안토니우스를 기다리게 함으로써 기대감을 고조시키는 것이었다.

기원전 51년부터 30년까지 거의 20여 년간 클레오파트라는 장차 모든 것을 집어삼킬 태세로 몰아치는 로마제국의 강력한 힘 앞에서 이집트가 과연 어디로 나아가야 할 것인지 고민하며 치밀한 계략을 세웠다. 왕위에 올랐을 때 고작 18세였던 그녀는 당시에 가장 강력한 민족이었던 로마인들과 동맹을 맺고, 나라의 부와 힘을 그 옛날 이집트의 화려한 영광이 거의 복구되는 수준까지 증강해놓았다. 그러나 결국 클레오파트라는 그녀의 매력에 전혀 흔들리지 않았던 한 로마의 장군에게 무릎을 꿇었고, 그래서 그의 포로가 되느니 차라리 자살을 선택하고 말았다.

말로써 드러내지 않고 은근하게 표현하는 암시의 힘은 클레오파트라의 이야기 속에서 강력한 위력을 발휘하는 무기로 등장한다. 그녀는 대단히 풍요롭고, 비록 굴욕을 겪고 있으나 여전히 강력한 힘을 가진 한 나라를 책임지고 있었다. 이집트는 철저하게 서구화된 로마인들에게는 수수께끼의 나라로 여겨지고 있었다. 동물신들로 가득한 이집트의 만신전은 그 깊은 의미를 도저히 헤아릴 수 없었다. 여성들의 세력은 부자연스러울 정도로 강했다. 그 나라의 도덕 풍조도 의심스러웠다. 부유함의 과시는 무척이나 사치스러웠다. 그곳의 색깔, 냄새, 풍경 그리고 소리는 로마사람들이 일찍이 예기치 못한 온통 이국적인 것들이었다.

로마인들은 당연히 이집트가 자신들에게 충성심을 품고 있으리라 생각했기 때문에 종종 그 나라에 대한 경계를 소홀히 하기도 하였다. 기원전 48년에 위대한 로마의 장군 폼페이우스(Gnaeus Pompeius Magnus, 기원전 106~48)가 이집트의 도움을 요청하기 위해 알렉산드리아로 항해해 왔을 때, 이집트인들은 그의 머리를 베어버렸다. 그로부터 나흘 후, 폼페이우스의 경쟁자인 율리우스 카이사르(Julius Caesar, 기원전 100~44)가 북적거리는 다민족 수도의 거리 한복판에 나타나 로마 장군으로서 자신의 지고한 지위를 뽐냈을 때에도,

• 위 : 클레오파트라가 죽은 후에 남자들은 각자의 구상대로 그의 잔혹성에 관한 온갖 이야기들을 가공해 냈다. 그들 이야기꾼들에 따르면, 그녀는 연인이건 노예건 그들이 자신의 목적에 기여하는 한에서만 자기 주위에 살려두었으며, 만일 그들이 자신을 즐겁게 해주지 못할 때는 가차없이 독살시켜버렸다고 한다.

〈사랑의 고통이 사라지다(Love's Labour Lost)〉, 에드윈 롱스덴 롱(Edwin Longsden Long, 1829~1891), 1885년.

군중들은 그를 거세게 몰아냈고 그는 결국 황궁으로 피신할 수밖에 없었다.

당시 이집트의 정세는, 여왕의 남동생이자 공동 통치자인 프톨레마이오스 12세(Ptolemy XII, 기원전 112?~51)가 그녀를 알렉산드리아 밖으로 추방해버린 다음 자기 혼자서 나라를 전부 독차지할 궁리를 하고 있던 상황이었다. 카이사르가 젊은 프톨레마이오스 대왕의 환대를 한창 즐기고 있던 어느 날, 한 양탄자 장사꾼이 배달할 물건을 가져왔다며 궁전에 당도했다. 그 장사꾼이 카이사르 앞에서 자신이 가져온 오리엔트풍의 걸작품을 펼치자, 거만한 젊은 여인(지독하게 영리하고, 교양이 흘러넘치며, 카이사르의 군사적 영감의 원천인 마케도니아의 위대한 통치자 알렉산드로스 대왕의 혈통을 이어받은)이 홀연히 나타나 카이사르 앞에 무릎을 꿇었다. 그녀는 여자 다루는 법을 아주 잘 알고 있다고 알려져 있던 52세의 로마 장군 앞에 자신의 사정을 호소하기 위하여 그곳에 몰래 찾아온 것이었다. 그렇지만 이번 경우에서 만큼은, 그 젊은 여인이 그를 잘 다루었던 것 같다.

클레오파트라의 방문 이후에, 카이사르는 클레오파트라에게 유리하게끔 프톨레마이오스에게 군사를 일으켜 황궁을 떠나 나가 싸우도록 만들었다. 프톨레마이오스는 잇달아 계속된 군사 원정길에 나섰다가 결국 물에 빠져 죽었고, 그러자 그를 대신하여 이번에는 또 다른 남동생이 공동 통치자의 자리에 앉게 되었다. 그렇지만 그 이후로는 클레오파트라가 이집트를 마음대로 주무르게 되었다. 그리고 그녀는 특히 나일 강을 따라 순항해 내려가는 풍요로운 여행길에 카이사르를 초대하여 자신의 부유함을 자랑하며 극진히 대접한 이후로는, 카이사르 역시 마음대로 주무르게 되었다. 카이사르는 그에 합당한 강렬한 인상을 받게 되었고, 머지않아 클레오파트라는 카이사르의 유일한 아들을 낳게 되었다.

카이사르가 로마로 귀환하였을 때, 클레오파트라도 그를 따라 로마로 왔다. 주변 사람들이 이국적인 외국 여인과 그녀가 데리고 온 서출 아이에 대해 수군거렸지만 그녀는 아랑곳하지 않았다. 로마에 본처를 두고 있던 카이사르는 클레오파트라가 로마 교외의 사치스러운 별장에 머물도록 했다. 그곳에서 그녀는 자신을 숭배하는 사람들과 이야기를 나누면서 지도자의 신성함에 관한 여러 가지 생각들을 퍼뜨렸다. 그리고 어떤 이들은 그런 활동 속에서 클레오파트라가 카이사르를 부추겨 그가 스스로를 매우 고귀한 존재자로 인식하게끔 자극했다고 믿기도 한다. 기원전 44년 카이사르에게 불만을 품은 원로원 의원들이 그를 살해하자, 클레오파트라는 다양한 당파들이 권력투쟁을 벌이는 불안정한 상황에 처한 로마와의 결연관계를 끊고 가족을 데리고 이집트로 도주하였다.

그녀가 이집트로 돌아오고 나서, 클레오파트라와 공동 통치자로 지명된 바 있던 그녀의 남동생이 까닭을 알 수 없이 사라져버렸고, 그래서 그녀는 결국 단독 통치자가 되었다. 그리스인의 혈통을 가진 클레오파트라는 한때는 일반 백성들이 사용하는 천한 말들도 잘 사용했지만, 이제는 정교하게 꾸며진 의례 속에서 모든 창조의 어머니인 여신 이시스(Isis)의 모습으로 그들 앞에 모습을 드러냈다. 나라는 번영 일로를 걸었다. 클레오파트라는 로마의 권력을 계승할 최후의 승자가 등장할 때까지 차분히 나라를 다스리며 자신의 아들을 키웠다. 결국 최후의 승리자는 두 명으로 밝혀졌다. 제국을 분할하여 다스리기로 합의한 안토니우스(Marcus Antonius, 기원전 82?~30)와 옥타비아누스(Caesar Augustus, 기원전 63~기원후 14)가 그들이었다. 옥타비아누스는 로마를 포함한 제국의 서쪽 지역을 맡기로 하고, 안토니우스는 나머지 동쪽 지역을 맡기로 하였다. 이제 클레오파트라는 카이사르의 후계자와 협력관계를 맺을 채비를 하였다.

애초부터 클레오파트라는 안토니우스의 주목을 받고 있었다. 왜냐하면 안토니우스는 야심적인 군사 원정에 나서기 위해 이집트의 후원이 필요했기 때문이었다. 그는 이집트의 여왕을 소환했다. 클레오파트라의 첫번째 수순은 안토니우스를 기다리게 함으로써 기대감을 고조시키는 것이었다. 마침내 그녀의 배가 지금의 터키 남부 지역에 있는 타르수스(Tarsus) 항구로 미끄러져 들어왔을 때, 안토니우스는 벌써 그녀를 맞이하기 위해 중앙 광장에서 기다리고 있었다. 그러나 클레오파트라는 좀처럼 배에서 내릴 기미를 보이지 않았다. 사실 그 배는 풍요를 무척이나 즐긴다고 익히 알려져 있는 안토니우스의 취향을 염두에 두고 치밀하게 준비된 것이었다. 그 배의 황금 갑판 위로는 짙푸른 자줏빛의 돛이 힘차게 펄럭이고 있었고, 은빛의 노는 피리와 하프의 선율에 맞춰 바닷물 속으로 들어갔다 나오기를 반복하고 있었다. 아름다움, 다산 그리고 성애적인 사랑을 상징하는 그리스의 여신 아프로디테처럼 아름답게 차려입은 클레오파트라는 금빛 차양에 기대어 앉아 있었고, 꼬마 큐피드들처럼 꾸민 어린 소년들이 그녀의 주위에서 부채질을 하고 있었다. 그 배에는 바다 요정과도 같은 신비로운 옷차림의 어린 소녀들이 승선하여 바람이 부는 방향에 맞춰 돛을 조절하면서, 능숙하면서도 여성적인 섬세한 손끝으로 방향키를 조종하고 있었다. 그리고 배 전체는 취할 듯

• 위 : 19세기경 서구인의 상상 속에는 천일야화와도 같은 클레오파트라에 대한 이미지가 확고한 자리를 차지하고 있었다. 여행과 정복의 그 시대에 동방은 침범해 들어가야 할 대상으로서 존재했다. 그림 속의 여인은 다소곳하게 기대 누운 채로, 누군가에 의해 탐험되고 소유되기를 기다리고 있다.

〈기품 있는 첩(Grande Odalisque)〉, 앵그르(Jean Auguste Dominique Ingres, 1780~1867), 1814년.

한 향기의 연무에 폭 쌓여 있었다.

클레오파트라의 이 경이로운 배에 관한 소문은 삽시간에 퍼져나갔고, 중앙 광장에서 접견 장면을 구경하기 위해 안토니우스의 주위에 몰려 있던 군중들은 그 숨넘어가는 광경을 직접 보기 위해 해변 쪽으로 차례차례 자리를 옮기기 시작했다. 셰익스피어는 그의 비극 〈안토니우스와 클레오파트라〉에서 다음과 같이 표현했다. "안토니우스 / 존경받는 그는 시장 통에 홀로 앉아서 / 허공에 휘파람만 불고 있네." 여론을 능숙하게 다룰 줄 알았던 클레오파트라는 안토니우스가 다른 선택

을 할 수 없게끔 상황을 꾸며나갔다. 세계 최강 대제국의 동쪽 지역 전부를 다스리는 통치자라 해도 클레오파트라를 만나고 싶다면, 그가 직접 그녀에게로 가야만 할 것이다.

대개 여인과 동침하기 전에 포도주와 식사를 대접하는 쪽은 남자이지만, 타르수스의 배 위에서 연회를 제공한 쪽은 클레오파트라였다. 배 안의 각종 설비는 안토니우스의 취향에 꼭 맞는 것들이었고, 그때부터 안토니우스는 클레오파트라와의 사랑 놀음에 푹 빠진 채 시간을 보내게 되었다. 그러다가 안토니우스는 자신의 아내인 풀비아(Fulvia)가 옥타비아누스에 맞서 일으킨 반란이 그만 미수에 그친 채 실패로 돌아갔다는 소식을 듣게 되었다. 로마에서 벌어진 잘못된 일들을 바로잡기 위해 클레오파트라의 품에서 떨어지고 나서야 비로소 그는 시중의 여론이 자기에게 등을 돌리기 시작했음을 깨닫게 되었다. 한 제국을 다스리면서 어떻게 그는 그렇게 쾌락에 탐닉하기만을 바랄 수 있었단 말인가?

소문 퍼뜨리기 좋아하는 사람들은 안토니우스가 클레오파트라에게 넋이 나간 이유는 클레오파트라가 잠자리에서 로마의 점잖은 여인들이라면 직접 시도하기는커녕 상상조차도 하지 못했을 몸놀림으로 안토니우스를 만족시켰기 때문이라고 수군거렸다. 옥타비아누스의 종복들은 클레오파트라는 숨쉬며 살아 있는 한 영원히 섹스에 병적으로 집착하게 될 것이라고 단정했다. 시인 프로

페르티우스(Propertius)는 클레오파트라를 "창녀 여왕"이라고 부르면서 그녀는 완전히 기진할 때까지 노예들과 섹스를 즐겼다고 넌지시 시사했다. 2세기 때의 로마 시인인 루칸(Lucan)에 따르면 그녀는 자기의 욕정을 채워주지 못한 남자를 증오했다고 한다. 로마의 미덕과 이집트의 방탕을 기록한 사람들은 클레오파트라의 안채에 한 번 들어간 남자들은 누구든 그녀의 터무니없는 요구에 "시들시들한 내시들"처럼 쇠약해졌다고 표현하였다. 그런 점에서 한 호전적인 국가의 지도자로서 안토니우스가 갖고 있던 남성다운 용맹함과 강건함 역시 알게 모르게 크게 축소되고 말았을 것이다.

클레오파트라는 재물이 넉넉했기 때문에, 그녀가 그 마지막 연인을 위하여 성적 쾌락을 한층 고조시킬 수 있는 방법들을 궁리해낼 시간은 충분했다고 그런 이야기들은 전한다. 클레오파트라가 권좌에 있는 동안 이집트가 평화롭게 잘 다스려졌다는 역사적인 사실은 그 이야기꾼들에게는 그다지 흥미롭지 않았고, 그들은 결국 자신들이 퍼뜨린 그 외설스러운 이야기에서 그녀의 국가 관리능력을 쏙 빼버리고 말았다. 그녀가 죽고 한 세기가 지난 뒤 클레오파트라의 어마어마한 재산에 관한 이야기들에 좀 더 상세한 내용들이 보태지면서, 급기야 로마의 철학자인 플리니우스(Plinius)는 클레오파트라가 가졌다는 두 점의 보석에 관한 소문을 자신의 글 속에 기록해놓게 되었다. 엄청난 크기에 비교할 수조차 없는 아름다움을 가졌다는 그

• 위 : 역사의 우여곡절을 겪는 동안에 클레오파트라의 이미지는 종종 그 시대의 대의에 부합하게끔 바뀌어 왔다. (남녀 동반 모임에 어울릴 법한 복장을 하고 있는) 이 빅토리아시대의 판화는 통상적으로 그녀의 이미지를 늘 따라다니는 성적인 빈정거림을 배제하고 있다.

〈클레오파트라 12세〉, 작자 미상, 영국의 유파, 19세기.

보석들은 이른바 바다 진주조개의 음문처럼 생긴 조개입 속에서 꺼낸 천연 진주들이었다. 그런데 어느 날 클레오파트라가 자신의 그 호사스런 보석 중 하나를 식초 잔에 떨어뜨려 용해시킨 다음, 그 정도 손실은 아무것도 아니라는 듯 안토니우스 앞에서 들이켰다는 것이다.

이 진주 이야기는 클레오파트라를 다른 보통의 사람과 구별하게 만든다. 그녀는 사람들이 귀하게 여기는 것을 가벼이 생각하는 넉넉한 여유를 부릴 수 있는 여자다. 남자들은 보통의 사람들이 잃어버리기 두려워하는 그런 물건들을 아무렇지 않게 없애버릴 수 있는 여인과 함께 지낸다는 것이 과연 어떤 기분일까 궁금해한다. 한 번 더 생각해보는 일도 없이 그 귀중한 물건들을 내칠 수 있는 누군가와 함께 있다고 상상하는 것은 모종의 해방감을 느끼게 해준다. 일상의 근심 걱정이 유쾌하게 무시될 때, 특별한 사적 공간이 만들어질 수 있다. 그 공간은 평상시에는 억눌려 있던 삶과 인격의 여러 가지 양상들이 예기치 않은 기쁨의 유발과 함께 표면으로 떠오를 수 있는, 이를테면 세상과 격리된 비눗방울 속과도 같은 곳이다.

풀비아의 실패한 모반이 야기한 문제를 해결하기 위해 클레오파트라를 떠난 안토니우스는 3년 반의 세월을 로마에 머물렀다. 그곳에 머무는 동안 풀비아는 죽었고, 안토니우스는 공동 통치자인 옥타비아누스와의 위태로운 관계를 수습하기 위해서 옥타비아누스의 누이동생 옥타비아와 정략적인 결혼을 하였다. 안토니우스가 떠나 있는 동안에, 클레오파트라는 자신의 왕국을 다스렸고 안토니우스의 쌍둥이 아이들을 낳았다. 그리고 태양과 달의 이름을 따서 알렉산더 헬리오스(Alexander Helios)와 클레오파트라 셀레네(Cleopatra Selene)라고 이름지었다.

안토니우스가 로마제국의 동쪽 지역을 차지했을 때 목표로 했던 일 중 한 가지는 당시에 지금의 이란과 이라크 지역을 다스리고 있던 파르티아인들을 정복하는 것이었다. 안토니우스가 그 지역을 정복하고 싶어했던 이유는 로마제국이 국력이나 영토 면에서 알렉산드로스 대왕의 제국과 능히 겨룰 수 있음을 확실히 보여주려는 의도에서였다. 파르티아 정복은 카이사르의 꿈이기도 했으며, 만일 안토니우스가 그 땅을 손에 넣게 된다면, 그는 자신이야말로 자신의 정신적 스승이자 자기보다 앞서 클레오파트라의 침대를 사용했던 그 위대한 선배의 뒤를 잇는 훌륭한 후계자라는 사실을 로마 사람들에게 확실히 보여줄 수 있을 것이다.

본국에서 불거진 알력이 어느 정도 진정되는 듯 보이자, 안토니우스는 파르티아를 정복하기 위한 원정길에 다시 나서기로 결정했다. 그렇게 중대한 군사 원정이 코앞에 닥쳤을 때, 그에게는 그 어느 때 보다도 클레오파트라가 절실히 필요했고, 그래서 그는 시리아의 안티오크(Antioch)에 도착하자마자 당장 그녀를 불러들였다. 이집트의 여왕은 부름을 받고 그에게로 왔지만 매우 곤란한 거래를 요구했다. 그녀는 이집트의 세력을 넓힐 수 있도록 일부의 영토를 안토니우스가 넘겨주어야만 그의 요구조건을 들어줄 것이라고 말했다. 물론 안토니우스는 그 제의를 받아들였다.

사실 안토니우스는 이집트의 식량 지원을 필요로 했으며, 이집트 여왕에게 넘겨준 그 지역에서 자라난 수목을 베어 함선을 건조하려면 이집트의 노동력이 필요했다. 그러나 옥타비아누스는 안토니우스가 클레오파트라의 성적인 매력을 차마 거부할 수가 없어서 로마의 영토를 그녀에게 넘겨 준 것이라고 로마 사람들을 선동해댔다. 옥타비아 누스는 클레오파트라의 기민한 정치적 거래를 음탕하게 휘둘러댄 허리의 권력으로 격하시켰다. 그러면서 그는 로마 사람들로 하여금 과연 안토니우스가 누구를 위해서 그 새로운 영토를 정복하려 하는 것인지 의문을 품도록 만들었다. 그들 로마인들을 위해서인가, 아니면 클레오파트라를 위해서인가?

옥타비아누스는 클레오파트라의 기민한 정치적 거래를 음탕하게 휘둘러댄 허리의 권력으로 격하시켰다. 클레오파트라는 이방인이자 동시에 여성이었기 때문에 이중으로 의심스러운 존재였다.

로마 사람들의 눈에 안토니우스와 클레오파트라의 모습이 왜소한 존재로 비치게 만듦으로써, 옥타비아누스는 자신의 커다란 목표를 향해 차근차근 전진해 나가고 있었다. 클레오파트라는 이방인이자 동시에 여성이었기 때문에 이중으로 의심스러운 존재였다. 옥타비아누스는 그의 동료 시민들에게 이방인은 혐오스러운 관습과 토속적인 신앙, 수상쩍은 도덕성을 가진 존재라는 점을 납득시키고자 하였다. 계속해서 그는 여자들이란 세상에서 정말로 중요한 것이 무엇인지에 관해서는 전혀 생각도 없이 그저 쾌락만을 추구하는 사기꾼들이라고 험담을 퍼부었다. 그리고 그는 이방인들과 어울리기를 즐기고, 일이 샛길로 빠져도 그 한 명의 여자 때문에 그냥 내버려두는 안토니우스와 같은 남자들은 천성적으로 나약한 족속이라고 비난했다. 그러면서 옥타비아누스는 이제 로마 시민들이 어떤 선택을 해야 할지 분명해졌음을 은근히 내비쳤다.

결국 안토니우스의 파르티아 원정은 실패로 끝났고, 마치 기다렸다는 듯 옥타비아누스는 그가 클레오파트라에게 이리저리 끌려다닌 것에 모든 패배의 책임을 덮어씌웠다. 안토니우스가 실패한 이유는 그가 클레오파트라의 침대에서 헤어나지 못하느라 귀중한 시간을 그대로 흘려보냈기 때문이라는 것이다. 그러나 전쟁에 진 진짜 이유는 안토니우스가 공성(攻城) 장비의 무게를 잘못 계산한 데 있었다. 그 바람에 그의 부대는 지나치게 무거워진 대형 장비들을 적절히 이동 배치할 수가 없었다. 설상가상으로 그러한 계산 착오에 또 다른 불운까지 겹쳐져 곤경은 한층 배가되었다. 믿었던 동맹군이 그를 배신했고, 갑작스러운 기습 공격에 그의 병력이 큰 손실을 입었던 것이다.

또한 안토니우스는 퇴각하는 과정에서 필요 이상으로 많은 병력을 잃게 되었다. 가혹한 겨울이 지나갈 때까지 행군을 멈추고 휴식을 취했어야 했음에도 불구하고, 아르메니아(Armenia)를 그대로 통과해 쉼 없이 계속 진군할 것을 그가 고집했기 때문이었다. 옥타비아누스의 선동 조직이 퍼뜨린 이야기에 의하면, 안토니우스는 그의 사랑인 이집트 여왕에게 하루라도 빨리 되돌아가기 위해서 행군을 강행했다는 것이다. 훗날 플루타르코스

(Plutarchos, 46?~120?)가 기록한 바에 따르면, "이제 안토니우스는 더 이상 스스로 판단을 내리는 주체가 아니라, 오히려 어떤 마약이나 마법의 주문에 따르는 사람 같았다." 그러나 실은 안토니우스가 아르메니아의 왕을 믿지 않았고, 그래서 언제 적대적으로 나올지 모르는 그 나라에 머무느니 기회가 있을 때 한시라도 빨리 자신의 군대를 퇴각시키고 싶었다고 생각하는 편이 훨씬 더 그럴법한 추측인 것 같다.

안토니우스는 만신창이가 되어 시리아로 돌아왔고, 사람을 보내 클레오파트라가 그리로 와줄 것을 청했다. 안토니우스의 또 다른 아이를 막 출산한 참이었던 클레오파트라는 그의 호출에 늑장을 부렸다. 아마도 그녀는 또 다른 로마 출신의 구원자인 안토니우스가 생각보다 시시한 사람으로 바뀌어가고 있다고 생각했을지 모른다. 한편 안토니우스의 아내인 옥타비아 역시 선단과 보급품을 가지고 시리아로 찾아왔다. 안토니우스는 보급품만을 수령하고는 옥타비아를 로마로 되돌려 보냈다. 안토니우스는 이집트 여왕과 함께 자신의 오랜 숙원인 동방제국의 꿈을 추구하기로 결연히 결정함으로써, 이제 자신의 선택이 무엇인지를 분명히 하였다. 로마의 본처를 박대하는 안토니우스의 태도는 원정을 마치고 고향으로 돌아온 그의 동조세력들에게조차 더 이상의 인내심을 기대할 수 없게 만든 행동이었다. 그리고 옥타비아누스로서는 그들에게 괜히 안토니우스를 따르다가 불가피한 파멸을 맞이하지 말고 이제 자기 편에 서야 한다는 것을 설득시키는 데 아무런 어려움이 없었다.

클레오파트라와 안토니우스의 이야기는 파멸적인 결말을 빚은 악티움해전(Battle of Actium)에서 그 절정을 이루었다. 옥타비아누스와 안토니우스는 서로의 견해 차이를 남자들의 방식, 즉 싸움으로 해결하려는 것이 분명했다. 안토니우스와 클레오파트라는 옥타비아누스가 본국인 로마에서 자신의 군사력을 강화하는 데 넉넉하게 쓰고도 남을 군자금을 미친 듯이 긁어모으고 있었음에도 불구하고, 로마에 있는 옥타비아누스를 직접 공격하지 않았다. 왜냐하면 클레오파트라가 로마의 본토를 침략했을 경우 로마 사람들이 클레오파트라를 절대로 받아들이지 않을 것이라는 사실을 두 사람 다 알고 있었기 때문이다. 두 연인은 옥타비아누스가 그들 쪽으로 와주기를 기다렸다. 일단 밖에서 옥타비아누스를 물리치고 나면, 그들은 의기양양하게 로마에 무혈 입성할 수 있을 것이며, 그런 경우라면 로마 사람들도 클레오파트라를 받아들이는 길 말고는 다른 선택의 여지가 없을 것이다.

클레오파트라는 자국의 함대를 건조하였고, 해상 전투 준비에 몰두하였다. 만일 안토니우스가 육상에서 싸울 생각이라면, 그는 그녀의 도움 없이 전투를 치러야만 할 것이다. 만일 실제로 그가 그렇게 한다면 그는 동맹자인 그녀를 잃을 수도 있었고, 그로서는 그런 끔찍한 결과를 감당할 여력이 없었다. 그는 결국 바다에서 싸우는 쪽을 택했다. 안토니우스와 클레오파트라에게는 불행한 일이었지만, 옥타비아누스의 함대를 지휘하는 마르쿠스 아그리파(Marcus Agrippa, 기원전 63~기원전 12)는 최고의 전술가였다. 악티움에서 옥타비아누스군에 포위된 두 연인은 그들이 바랄 수 있는 최선의 길은 일단 아그리파의 함대를 피해 도망친 후에 클레오파트라의 재물을 이용해 다시금 해군력을 재건하는 것뿐이라고 결론 내렸다.

두 남녀가 도주했을 때, 세상에는 용감한 안토니우스가 클레오파트라의 도움을 절실히 필요로 하는 바로 그 순간에 비겁한 그녀가 그를 버리고 내뺐다는 소문이 나돌았다. 이로써 정의로운 로마인들이 보기에 안토니우스는 여자라는 믿을 수 없는 존재를 그렇게 신뢰했을 정도로 눈이 먼 바보였다는 사실이 확실히 입증된 셈이었다. "그리하여 이제 안토니우스는 온 세상에 자신의 실체를 드러내고 말았다." 훗날 플루타르코스는 기쁜 마음으로 그렇게 적었다. "그의 마음을 지배한 것은 더 이상 한 명의 지휘관 혹은 한 명의 용감한 남자로서 가져야 할 행위의 동기들이 아니었다. 실제로 그는 전혀 자기자신의 판단에 따라 움직인 것이 아니었다. 그는 자신이 그 여자에게 질질 끌려다니도록 내버려두었다. 마치 그 자신이 그 여자의 육체의 일부인 양, 그녀가 끌고 가는 대로 따라다닐 수밖에 없었다. …… 그는 이미 스스로를 몰락시켜가면서 머지않아 그의 파멸을 가져올 그 여자를 허둥지둥 쫓아다녔다."

• 위 : 초창기 할리우드의 영화제작자들은 여배우 테다 바라(Theda Bara, 1885~1955)가 위험스러운 이집트 여왕 역을 맡아 출연했던 1917년의 무성 영화 〈클레오파트라(Cleopatra)〉에 사용된 의상들 때문에 무척 즐거웠을 것이다. 영화사의 홍보담당자들은 시류에 편승하여, 그 스타 여배우의 이름은 실은 '철자 바꾸기 놀이'의 수수께끼를 풀면 "아랍의 죽음(Arab Death)"을 뜻하게 된다고 떠들어댔다.

악티움해전 이후에 옥타비아누스는 카이사르와 안토니우스가 그전에 그랬던 것처럼 군자금을 구하기 위해 알렉산드리아로 갔다. 그러나 로마의 전임자들과는 달리, 옥타비아누스는 이집트 여왕의 침대로 뛰어들지 않았다. 그는 이집트와의 동맹이 아니라, 오로지 그 나라를 정복하는 데에만 관심이 있었을 뿐이다. 클레오파트라는 호신용으로 요새처럼 튼튼하게 지어놓은 무덤 안으로 은신하였다. 클레오파트라가 죽었다고 생각한 안토니우스는 칼로 자신을 찔러버렸다. 안토니우스가 무슨 일을 저질렀는지 소식을 접한 클레오파트라는 자기가 스스로 만든 그 감옥 같은 유폐 장소로 안토니우스를 데리고 내려왔다. 그리고 안토니우스는 그녀의 품안에서 죽음을 맞이했다. 그런 다음 그녀는 옥타비아누스에게 모욕당하지 않기 위해서, 무화과 열매를 가득 담은 바구니에 몰래 숨겨 들여온 독사가 자신을 물도록 내버려둠으로써 자기 몸에 뱀독을 퍼뜨렸다.

옥타비아누스가 제아무리 노력해보았자, 그의 요부 이야기에서 이보다 더 멋진 결말을 써내려갈 수는 없었을 것이다. 요컨대 위대하지만 결점도 많았던 한 영웅이 어떤 한 여인을 향한 무절제한 사랑으로 인해 파멸한다. 병사들을 이끌고 전장으로 나가야만 했음에도 불구하고 그녀의 침대에서 몸을 빼낼 수 없었던 그는 자신이 가장 탐내는 목표물인 파르티아를 잃고 만다. 그가 숙명의 적수를 향하여 결연히 칼을 뽑을 때, 그의 연인은 비겁하고도 기만적인 태도를 취한다. 언제나 곁에 있겠다던 약속에도 불구하고, 그녀는 자신의 함대를 철수시켜 그의 패배를 기정사실로 만든다. 종국에는 둘 다 스스로 목숨을 끊는다. 이는 남자가 교활한 여인에게 의지하는 순간 그의 운명이 결정되고 만다는 사실을 입증해주는 것이다.

옥타비아누스의 치세 이후에, 클레오파트라에 관한 이야기들은 그 자체로 나름의 생명력을 얻게 되었다. 녹여버린 진주에 관한 플리니우스의 이야기가 있었고, 그 두 연인이 탐닉했던 사치스러운 연회에 관한 플루타르코스의 묘사가 있었다. 이를테면, 그들은 식사를 한 상만 준비하는 것이 아니라 여러 상을 준비하고 있다가 그들이 언제 식사를 하기로 결정하든 상관없이 늘 완벽하게 조리된 풍요로운 연회가 열릴 수 있도록 한다는 것이다.

헤라클레스와 옴팔레 | Hercules and Omphale

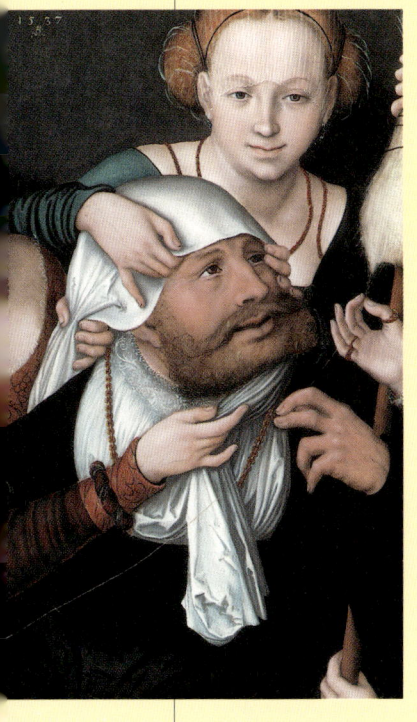

고대 로마인들이 혐오했던 한 가지가 있다면, 그것은 바로 거세된 남자였다. 로마의 남자들은 전쟁이나 설전에서 상대를 무찌름으로써 큰 기쁨을 누렸으며, 전통적으로 여자는 그러한 투쟁의 영역에서 배제되었다. 여자에게 속박된 남자는 조롱의 대상이었다. 그런 측면에서, 옥타비아누스가 자신의 정치적 선동작업의 일부로 써먹었듯이 클레오파트라와 안토니우스를 헤라클레스와 옴팔레의 경우와 비교하는 것은 안토니우스가 과연 군사 지도자로서 적임자인지 의문을 제기하는 것이나 다름없었다. 그러나 실제로 그런 비교를 처음 이끌어낸 사람은 바로 안토니우스 자신이었다. 물론 안토니우스의 비교는 헤라클레스가 리디아의 여왕 옴팔레 곁에서 미천한 존재로 지냈다는 사실이 아니라, 그의 강력한 힘과 군사적인 용맹스러움을 염두에 둔 것이었지만 말이다.

헤라클레스는 갑작스런 노기가 발동하여 친구인 이피투스(Iphitus)를 우발적으로 살해하였고, 제우스의 전령 헤르메스는 그 죄에 대한 형벌로 헤라클레스에게 리디아의 여왕 옴팔레에게 팔려가 3년간 노예로 살도록 명령을 내렸다. 야만적인 나라의 여왕이 그리스의 영웅을 노예로 삼는다는 것은 그야말로 가당치도 않은 생각이었고, 헤라클레스의 노예생활은 매우 굴욕적인 경험으로 묘사되었다. 그리스인들은 헤라클레스가 여자 옷을 입고 여왕 폐하를 위해서 뜨개질을 하는 동안 여왕 옴팔레는 헤라클레스의 사자가죽 외투를 몸에 걸치고 그의 곤봉을 휘둘러댔다고 이야기하였다.

고대의 호전적인 로마인들에게 타협이란 존재하지 않았다. 남자들은 최고의 자리에 서거나, 혹은 그렇지 않거나 둘 중의 하나였다. 안토니우스와 클레오파트라가 마음속에 그렸던 동등한 동반자관계는 로마인들에게는 고려가능한 선택사항이 아니었던 것이다.

• 오른쪽 : 세실 B. 드밀(Cecil B. Demille)의 1934년도 영화 〈클레오파트라〉에서는 지적인 여배우 클로데트 콜베르(Claudette Colbert)가 로마의 장군 안토니우스를 조그만 손아귀 안에서 마음껏 주물러댔던 클레오파트라 역을 맡았다. 그녀는 클레오파트라를 좋은 혈통에서 태어나 무엇이든 제멋대로 하고 싶어했던 교태 넘치는 여인으로 멋지게 연기해냈다.

4세기 무렵에는 그런 이야기가 그 여왕은 재미를 위해 남자들의 목숨을 장난감처럼 갖고 놀았다는 식으로 발전하게 되었다.

수많은 요부 이야기의 이면에 잠복해 있는 결정적인 요소는, 압도적인 여성성의 출현으로 인해 남자들이 자신들의 남자다움을 잃어버릴지 모른다는 공포심이다. 이집트의 궁정에서는 거세된 남자들을 고용하는 것이 전통이었으며, 이는 로마 사람들에게는 혐오감을 주는 관습이었다. 옥타비아누스는 클레오파트라에게 모든 사태의 원인이 있다는 듯한 암시를 풍김으로써, 거세된 남성들을 혐오하는 로마 사람들의 감정을 이용하였다. 클레오파트라가 자신의 상대로 택했던 남자가 처음에도 강인한 로마인이었고 그 다음에도 마찬가지였다는 사실은, 그녀가 성적 선택의 문제에 관한 남성들의 특권을 찬탈하고 있음을 여실히 보여주는 증거였다. 옥타비아누스는 클레오파트라에게는 이전까지 강인한 자아를 소유했던 남자들을 단순한 껍데기로 전락시킬 수 있는 무서운 마력이 있다고 넌지시 내비쳤다.

그로부터의 논리적인 비약은 그녀가 남자들에게 그들의 남자다움을 훔쳐내기만 한 것이 아니라 아예 그들의 목숨까지도 빼앗아버렸다는 식으로 그녀의 악행을 확대시키기에 이르렀다. 그리고 아니나 다를까 그녀의 이야기는, 남자들이 그녀와의 잠자리에서 궁극적인 희열을 경험하게 될 바로 그 밤이 자신들의 마지막 밤이 되리라는 사실을 너무

나 잘 알면서도(다음날 아침이면 그녀가 그들을 죽여 버릴 것이기 때문에) 그녀와 같이 단 하룻밤을 보내기 위해 줄을 설 지경이었다는 식으로까지 발전하였다. 차갑고 계산적인 이 클레오파트라의 이미지는, 특히 나름대로 치명적인 여성성의 이미지를 준비하고 있던 빅토리아여왕시대 사람들에게 홀

륭한 영감을 제공했다. 그것은 바로 남자의 피를 뽑아 말려 죽이는 무시무시한 요부, 즉 뱀프(vamp)의 이미지였다.

클레오파트라는 게걸스런 성적 욕구를 지닌 여인의 전형으로 우리에게 전해 내려오고 있다. 그녀는 카이사르나 안토니우스처럼 강력한 로마인들을 유혹하는 경우가 아니라면, 나머지 하룻밤의 연인들 따위는 그저 다음날 아침에 내다버릴 쓰레기나 다를 바 없이 처리해버리는 여자라는 것이다. 그러나 그녀에게 카이사르나 안토니우스 말고 다른 연인들이 있었다는 역사적인 증거는 없다. 그리고 그녀는 오랜 기간 그 두 사람과 떨어진 채 자신의 왕국을 다스리며 보냈다. 두 로마 장군 모두 여성편력이 심한 것으로 악명이 높았지만, 그럼에도 불구하고 성적 음탕함의 업보는 클레오파트라가 온통 감내하게 된 셈이다. 아무래도 남자들은 누군가 덮쳐주기만을 기다리는 그런 음탕한 여인이 자기들 눈앞에 나타나주기를 너무 간절히 바라고 있는 것 같다.

>> **클레오파트라의** 이야기는 효과가 있다. 왜냐하면 애초에 그 이야기는 로마제국이 매우 혼란스럽고 그 미래를 알 수 없던 때 사람들 사이에 입에서 입으로 전해지던 것이었기 때문이다. 옥타비아누스가 진실로 사람들을 설복하고자 했다면, 그는 굳건한 로마제국을 바라는 자신의 이상과 동방과 서방의 동반자 관계를 꿈꾼 안토니우스의 이상을

대비시켜가며 자신의 입장을 강력하게 주장했어야 했다. 옥타비아누스는 안토니우스와 클레오파트라의 이야기에 관한 역사적인 사실들을 훌륭하게 각색해냈다. 쾌락의 길을 좇는 남자들이란 도덕적 근성을 상실한 자들일 뿐만 아니라 군사 지도자나 정치 지도자로서도 부적격자들이라는 점을 입증하고자 한 것이다. 그러나 안토니우스는 위대한 로마인이었기 때문에, 아무리 옥타비아누스라 해도 안토니우스가 그저 그런 흔한 매춘부 때문에 탈선한 것은 아니라는 사실만큼은 분명히 해야 했다. 즉 만일 그가 클레오파트라의 매력에 굴복했다면, 그것은 결국 그녀가 훌륭한 요부이자 빼어난 기교의 여인이기 때문이어야 했다. 그렇게 해서 옥타비아누스의 선동은 역설적이게도 그 자신이 전혀 상상할 수 없었던 어처구니없는 결과를 낳고 말았다. 남자들이 어떤 희생을 치르더라도 피해야만 하는 여인상을 그리고자 했던 그의 의도와는 달리 도리어 어떤 남자도 마음속에서 쉽게 떨쳐버릴 수 없는 매력적인 여인의 이미지가 창조된 것이다.

Chapter 4

Mistresses
권력과 쾌락의 거래, 정부 情婦

사회가 안정되고 남자들이 굳건하게 권력을 쥐고 있을 때일수록 정부는 기세를 떨쳤으며, 사회는 이를 적당히 묵인해왔다.

옥타비아누스와 후대 로마의 주석자들은, 설사 연인이라 할지라도 더 이상 이용가치가 없어지면 가차없이 처결해버리고 마는 극악무도한 요녀로 클레오파트라를 묘사했다. 그러나 정부라는 측면에서 보자면, 클레오파트라는 통례적이라기보다는 하나의 예외적인 여인 쪽에 가까웠다. 로마

• 왼쪽 : 남성의 성적 욕망과 여성의 생존 문제가 서로 교환되던 경제시대에, 정부는 자신의 몸에 접근할 수 있는 특권을 안락한 잠자리, 대단히 사치스러운 사적인 여흥 및 공적인 과시의 대상들과 교환하곤 하였다.

〈몸을 기댄 나신-오머피 양(Reclining Nude-Miss O' Murphy)〉, 프랑수아 부셰(François Boucher, 1703~1770), 1751년.

제국이 몰락하고 20세기가 시작되기까지 그 오랜 세월 동안, 여성이 자기 아버지나 남편이나 형제들과 독립해서 살아간다는 것은, 아예 불가능한 것은 아니었지만, 여러모로 쉬운 일이 아니었다. 여성은 남성에게 안락한 가정과 후손을 제공하고, 그 반대급부로 남성은 여성에게 양식의 공급과 여성이 바라는 보호막을 제공한다는 거래의 관계는 공공연한 사실이었다. 남성의 우월성이 남성과 여성 모두 부정할 수 없는 삶의 진실로 받아들여지던 시기에, 남자들은 자신들을 파멸시키는 것이 아니라 즐겁게 해주려는 목적을 가진 애교 넘치는 요부들을 마음속에 그려보곤 하였다.

힘이 센 남성들은 애교 넘치는 요부를 얻기 위해 힘들여 멀리까지 찾아볼 필요도 없었다. 여성에게 출세를 위한 선택의 여지가 제한되어 있을 때, 생활 속에서 자신들의 위치가 더 나아지기를 (그리고 어쩌면 어느 정도의 정치적인 힘도 소유하게 되기를) 희망하며 자신들의 미모를 무기로 거래에 나서는 여인들이 늘 있어왔기 때문이다. 재산이 많고 꽤나 큰 권력을 쥐고 있던 남자들은, 아름다운 여인들이 자기들 나름의 매력을 선보이고자 줄을 서는 매우 탐나는 지위를 자신이 누리고 있다는 사실을 점차 깨닫게 되었다. 좀 더 아름답고 또한 눈부시게 재기 넘치는 여인일수록, 남자는 자신이 성공한 남자임을 입증하는 하나의 증거로서 그런 여인을 자신의 품에, 그리고 자신의 침대에 끌어들이고 싶어한다.

정부 고르기는 언제나 가장 즐거운 요부 게임이다. 남자는 정부의 시혜자로서 적어도 그녀의 품안에서는 안전할 것이라는 확실한 인식 속에 그 여인의 유혹적인 구애를 마음껏 즐길 수 있다. 하지만 다른 게임과 마찬가지로 이 게임 역시 위험 부담이 없는 것은 아니다. 자기들을 정부로 삼아준 남자들을 조금 심하게 치받으면서 무언가를 조금씩 뜯어가기 시작하는 야심만만한 여인들도 늘 존재하기 때문이다.

한 가지 사례를 들자면, 7세기경 중국의 무후(Wu Hou, 측천무후)라는 여인은 그저 수많은 후궁 중의 한 명에 지나지 않다가 중국의 황제를 황홀하게 만듦으로써 일약 중국의 왕비가 되는 신분의 상승을 이루어냈다. 그리고 그녀는 남편이 소아마비에 걸리자 자신이 직접 인접 국가의 정복 등과 같은 국정운영을 떠맡았으며, 남편이 죽은 후에도 홀로 50년간 나라를 다스렸다. 프랑스 국왕 루이 15세의 정부였던 퐁파두르 부인(Madame de Pompadour, 1721~1764)은 주인의 침대를 따뜻하게 데워준 대가로 주인이 가져다준 온갖 부귀영화를 마음껏 누렸던 또 다른 여인이었다. 그녀는 신하들의 국왕 알현을 통제하고 국가정책에 쓸데없이 참견한 것으로 악명이 높았다.

그 사회가 생각하기에 정부가 너무 큰 권력을 갖게 되면, 근심걱정의 지수가 높아지고 남자 홀리는 여자라는 정부에 대한 평판이 대개 그녀들에게 불리하게 작용하게 된다. 여기에 위험과 기쁨

사이에서 아슬아슬한 줄타기를 했던 두 여인, 즉 호레이쇼 넬슨 경(Lord Horatio Nelson, 1758~1805)의 정부 엠마 해밀턴(Emma Hamilton, 1765~1815)과 바이에른(Bayern)의 왕 루트비히 1세(Ludwig I, 1786~1868)의 애인 롤라 몬테즈(Lola Montez, 1818~1861)의 이야기가 있다.

앳된 정부에서 상류사회 여걸로
엠마 해밀턴 부인 | Lady Emma Hamilton

1700년대에 재물과 권력을 가진 남자들은 체면을 생각해서는 정식 부인을 두었고, 쾌락을 위해서는 정부를 거느렸다. 남자들이 분별 있게 행동하는 한, 사회는 그런 식의 타협을 묵인했을 뿐 아니라 심지어는 은근히 조장하기까지 하였다. 정부는 유쾌한 장난감이었다. 그리고 남자의 근심을 잊게 해주고 세상 사람들의 눈에 그 남자가 멋지게 보이도록 해줄 수만 있다면, 애인으로부터 더 없는 총애를 받을 수 있게 되는 그런 존재였다. 거느린 정부의 성적 매력이 크면 클수록, 주변의 친구들은 그 남자를 더욱 부러워하게 된다. 금발의 젊은 요부를 품에 안고 희롱하는 남자는 친구들에게 자신이 힘과 권세를 지닌 사람임을 과시하고 있는 셈이었다. 그녀가 그런 친구들에게 어쩌다 윙크를 보낼 수도 있을 것이다. 그래도 그녀는 그 남자의 소유였다. 한창때의 젊음을 잃어버렸거나, 더 이상 상대의 열정을 자극하지 못하는 정부

• 왼쪽: 사랑스러운 엠마 해밀턴은 그 시대 최고의 화가들 앞에서 그리스 신화에 나오는 거침없는 등장인물들처럼 요염한 자세를 취하곤 하였다.

⟨마리-루이즈 엘리자베스 비제르 브룅을 모방한, 바커스 신의 여사제 같은 모습의 해밀턴 부인(Lady Hamilton as a Bacchante, After Marie-Louise Elizabeth Vigée-Lebrun)⟩, 헨리 본(Henry Bone, 1755~1834), 1803년경.

는 흔히 버림받았다. 소소한 생활비나 이별의 선물을 받고 헤어지는 경우도 있지만, 그런 후사가 전혀 없는 경우도 있었다.

장차 영국 해군의 영웅 호레이쇼 넬슨 경의 정부인 엠마 해밀턴 부인이 될 그 소녀는 1765년에 영국의 한 시골마을에서 태어났다. 어린 시절에 그녀는 과부인 어머니가 생계를 위해서 재봉일이나 남의 집 가정부로 일하는 동안 할머니의 손에서 길러졌다. 엠마는 훌륭한 보살핌을 받았고, 또한 자신의 존재 전체에 생명을 불어넣은 비범한 아름다움의 은총을 받았다.

엠마의 어린 시절에 관해서는 알려진 바가 그리 많지 않다. 그러나 십 대 초반에 그녀는 런던에 있던 아스클레피오스의 신전(Temple of Aesculapius, 아스클레피오스는 아폴로 신의 아들로서 의약과 의술의 신이다—옮긴이)과 관련이 있었던 것 같다. 그곳은 젊음, 아름다움, 다산 등의 문제를 가지고 장사를 했던 일종의 섹스 온천이었다. 그 신전은 사교계의 패거리들, 그 중에서도 특히 정부를 찾는 남자들에게 인기가 많았다. 그곳에서 엠마는 고대 그리스 · 로마풍의 조상(彫像)들에 둘러싸인 채 그리스 신화에 나오는 건강의 여신 히기에이아(Hygeia)를 상징하는 멋진 자태를 연기하곤 했다고 전해진다. 얇은 베일을 드리운 그녀는 온천 치료의 건강 효능을 가장 잘 보여주는 사랑스러운 광고물이었다.

열여섯 살 때 엠마는 서식스(Sussex) 교외에 있

는 업파크(Uppark)라는 멋진 장원의 주인 해리 페더스톤하프(Harry Fetherstonhaugh) 경의 정부가 되었다. 업파크에서 그녀는 벌거벗고 만찬 식탁 위에 올라가 춤을 추면서 해리 경의 친구들을 즐겁게 해주었다는 소문이 돌았다. 아마도 그 어린 요부는 그러면서 쾌락의 제공자로서의 자신의 역할에 조금은 지나칠 정도로 열중했던 모양이다. 왜냐하면 그녀는 곧 해리 경과 큰 다툼을 벌이게 되었는데, 아마도 그녀가 가진 아이가 정말로 누구의 아이인가가 원인이 되었던 것 같기 때문이다. 그녀가 도대체 얼마나 큰 잘못을 저질렀는지는 모르겠지만, 해리 경은 너무나 화가 난 나머지 단 한 푼의 돈도 주지 않고 엠마를 업파크에서 내쫓아버렸다.

해리 경에게 버림을 받은 후에는, 다소 쩨쩨하면서도 유머라고는 없는 해리 경의 한 친구가 길거리에 나앉은 엠마를 데리고 가 자신의 침대로 끌어들였다. 엠마는 가진 돈도 없고 의지할 만한 다른 직업도 없었기 때문에, 보호자 없이는 살아갈 수 없었다. 그녀는 앞으로 자신의 흥행 능력을 좀 더 타산적으로 현명하게 활용하리라 결심했다. 실제로 나이가 엠마보다 열다섯 살이나 연상인 데다가 제 나이보다도 더 고리타분하게 행동하는 찰스 프랜시스 그레빌 백작(Honorable Charles Francis Greville)을 기쁘게 하기 위해서, 그녀는 타고난 자신의 충만한 끼를 억제하며 살았다. 한번은 둘이 공원을 산책하는데, 그곳에서 마침 음악이 연주되고 있었다. 그때 자기도 모르게 엠마의 입에서는 노래가 흘러나왔고, 주변에서 그 노래를 듣던 깜짝 놀란 구경꾼들로부터 뜨거운 박수갈채가 쏟아졌다. 그레빌은 격분했다. 함께 집으로 돌아오자마자, 그녀는 2층으로 올라가 입고 있던 화려한 드레스를 벗어버리고 가능한 한 가장 평범하고 소박한 드레스로 얼른 바꿔 입었다. 그런 다음 그녀는 무릎을 꿇고 앉아 그레빌의 용서를 간절히 빌었다. 엠마는 그렇게 간청을 하기 전에 적절한 복장을 갖추면 그 효과가 더 크리라는 사실을 본능적으로 알았던 것이다.

엠마는 가진 돈도 없고 의지할 만한 다른 직업도 없었기 때문에, 보호자 없이는 살아갈 수 없었다. 그녀는 앞으로 자신의 흥행 능력을 좀 더 타산적으로 현명하게 활용하리라 결심했다.

그레빌의 보호를 받는 동안, 엠마는 한 화가의 모델로 일하기 시작했다. 그녀는 영국의 초상화가 조지 롬니(George Romney)가 가장 선호하는 모델이 되었는데, 그는 그리스·로마풍의 주제로 작업을 할 때 종종 그녀를 모델로 삼았다. 엠마의 자태에는 그 어떤 것으로부터도 제약받지 않는 무언가가 있었다. 엠마는 특히 신화에 등장하는 요정의 역할에 아주 잘 어울렸다. 정치, 사업, 전쟁의 세계에서 무거운 책임을 지고 있는 남자들은 그녀의 상쾌하고 전원적인 신선함이 자기들의 기운을 다른 그 무엇보다도 힘차게 돋워준다는 사실을 알게 되었다.

• 오른쪽 : 다른 여자를 찾아 결혼을 하고 싶어한 그레빌은 자신의 정부 엠마를 삼촌인 윌리엄 해밀턴 경에게 넘겨주었다. 이 풍자만화에서 윌리엄 경은 클레오파트라의 모습을 한 엠마의 흉상에 추파를 던지고 있으며, 그의 머리 위에 걸려 있는 그림에서는 화산이 분출하고 있다.

〈골동품의 아름다움을 관찰하고 있는 한 감정가〉(A Cognoscenti Contemplating ye Beauties of ye Antique〉, 제임스 길레이(James Gillray, 1757~1815), 1801년.

엠마와 4년을 살고 난 후에, 그레빌은 자기 재산이 있는 여자와 정식으로 결혼을 할 필요가 있겠다고 결심했다. 마치 사업상의 문제를 처리하듯이, 그는 자신의 어린 정부를 자기에게서 떼어내 줄 누군가를 찾아 나서기 시작했다. 그는 삼촌이자 나폴리 주재 영국 대사인 윌리엄 해밀턴 경(Sir William Hamilton)에게 접근했다. 윌리엄 경은 그레빌보다 나이가 스무 살이나 더 많은 독신이었고, 아름다운 것들을 수집하는 취미를 가지고 있었다. 그들은 일단 윌리엄 경이 시험삼아 엠마를 6개월 동안만 나폴리에서 데리고 있어보기로 합의했다.

나이 지긋한 이 심미안의 소유자는 다음과 같이 기대하면서 그녀가 오기를 기다렸다. "그렇게 유쾌한 물건을 내 지붕 아래에 소유하게 되리라는 기대는……분명 나에게는 어떤 즐거운 느낌을 유발한다."

엠마는 자신이 조카에서 삼촌에게로 양도되었다는 사실에 매우 분노하였고, 그레빌이 이렇듯 자신을 윌리엄 경에게 내팽개쳐 버린다면, 자신은 생각을 바꿔 아예 윌리엄 경의 정부가 아니라 그의 아내가 되고야 말겠다고 그레빌을 위협하였다. 그레빌은 그런 협박이 전혀 가망성이 없다고 생각하였다(그것은 당사자인 윌리엄 경 본인의 생각도 마찬가지였다). 도대체 어떤 남자가 엠마같이 온갖 소문이 날 대로 난 여자와 결혼하여 스스로 추문의 주인공이 되고 싶어하겠는가?

그렇게 엠마가 나폴리에서 지내게 된 어느 날, 나태한 성품에 쾌락을 사랑하는 나폴리의 국왕 페르디난트가 도시의 어느 한 공원에서 엠마가 말벗 친구와 함께 산책하는 것을 우연히 보게 되었다. 왕은 엠마의 친구를 먼저 보내고, 엠마에게 보통의 여자라면 기꺼이 받아들이고도 남을 만한 유혹을 던졌다. 그러나 빈틈없는 엠마는 그의 소망사항을 글로 적어줄 것을 요구했다. 왕은 뜻밖의 요구에 약간은 당황했으나, 그러기로 동의했다. 그러자 엠마는 왕의 쪽지를 가지고 곧장 왕비에게로 찾아갔다. 그리고 왕비 앞에 엎드려, 나폴리 공원에서 낯선 남자들로부터 원치 않는 이목을 받지 않게 해달라고 간청했다. 그녀는 그 신사가 누군지 모르는 척 능청을 떨었지만 엠마가 예상했던 대로 왕비는 어렵지 않게 그 쪽지가 남편의 필체임을 곧 알아보았다.

마리아 캐롤리나(Maria Carolina) 왕비와 그녀의 남편은 일종의 계약을 맺고 있던 상태였다. 즉 왕비가 나라를 다스리되, 대신에 왕은 원하는 쾌락을 마음껏 즐기기로 한 것이다. 유일한 전제 조건은 왕이 분별 있게 행동해야 한다는 것뿐이었다. 영국 대사의 어여쁜 젊은 정부를 유혹한 것은 선을 넘은 지나친 행동이었고, 여왕은 윌리엄 경에게 만일 그가 그녀와 결혼하기로 결심해준다면(그녀를 무난히 간수하기 위해서) 자신은 엠마의 과거를 기꺼이 눈감아줄 것이며, 엠마를 점잖은 상류사회의 일원으로 받아들일 것임을 넌지시 암시했다. 여왕의 언질에다 엠마의 여성으로서의 매력이 결합됨으로써 윌리엄 경은 급기야 그녀에게 청혼을 하기에 이르렀다.

나폴리에서 새로운 신분을 갖게 된 엠마는 그녀의 '몸짓'들로 인해 명성을 얻었다. 그녀의 몸짓은 위대한 그리스·로마시대의 순간순간 장면들을 대단히 대중적인 모습들로 재현해냈다. 그저 몸에 걸친 몇 장의 숄과 타고난 연극적인 재능만을 가지고, 엠마는 청중들이 절망과 환희 사이를 오가며 일희일비하게 만들었다. 이를테면 그녀는 그리스 신화에 등장하는 이피게네이아(Iphigeneia)가 되어 남동생인 오레스테스(Orestes)를 아르테미스(Artemis)의 신전에 제물로 바칠 준비를 하였고, 그런 다음에는 아름다운 왕비 에스더(Esther)가 되어 유대인을 대신해 남편인 페르시아의 국왕 크세르크세스와 중재 협상에 나서기도 하였으며, 여마법사 메데이아(Medeia)가 되어 자신의 친자식들을 찢어 죽이기도 하였다.

 이것은 확실히 아스클레피오스의 신전에서 여신 히기에이아로 분장해 활동하던 때보다는 한 단계 상승한 생활이었다. 런던에서는 남자들이 그녀에게 추파를 던졌지만, 나폴리에서는 고귀한 부인들이 눈물을 흘리면서 그녀의 극적인 연기에 빠져들어갔다. 1780년대 후반에 이탈리아를 여행하던 괴테 역시 엠마의 연기에 사로잡혔다. "(관객들은) 예술가라면 누구라도 한번쯤 표현해보고 싶어했을 법한 것들이 자신의 눈앞에서 그녀의 몸짓과 놀라운 변신의 과정 속에 실현되는 광경을 보았다. 하나의 몸짓은 간단(間斷)없이 다음 몸짓으로 넘어간다. 그녀는 각각의 상황에 맞는 분위기를 연출하려면 자신의 베일 주름을 어떻게 정돈해야 하는지를 잘 알고 있다. 그리고 그녀는 그 베일을 일종의 머리장식으로 탈바꿈시키는 수백 가지 방법을 알고 있다."라고 괴테는 적었다. 엠마는 사람들의 뜨거운 이목을 마음껏 즐겼다. 그녀는 또한 머리 회전이 무척 빨랐으며, 이탈리아어를 배우거나 나폴리 사회의 복잡한 사정을 파악하는 데에도 별 어려움을 겪지 않았다. 얼마 안 있어, 그녀는 국가의 실력자인 왕비의 두터운 신임을 누리게 되었고, 호사스러우면서도 재미 가득한 만찬도 자주 주최하게 되었다.

　윌리엄 경이 대사로 있는 동안에 영국은 프랑스와 전쟁을 하게 되었고, 나폴리는 그 싸움에서 중립을 지켰다. 호레이쇼 넬슨 제독이 이끄는 함대가 나일 강 전투에서 프랑스 함대를 혼내주기 위해 이동하던 중 어디 보급품을 가득 채울 수 있을 만한 곳이 없는지 물색하다가 결국 나폴리 항을 향해 오게 되었다. 엠마는 마리아 캐롤리나 여왕을 설득하여 그들이 나폴리에 입항해도 좋다는 허락을 얻어냈다. 한편 혁명이 벌어지는 동안 프랑스 전역을 휩쓸던 공포정치가 나폴리마저 집어삼키려고 위협해오자, 이제 엠마가 왕실을 구하는 일에 나서게 되었다. 엠마와 넬슨은 영국의 함대를 이용해 바다 건너 시칠리아 섬까지 왕실 가족을 탈출시키는 일을 함께 계획했다.

　그런데 바다를 건너는 도중에, 무시무시한 폭풍이 불어 닥쳤다. 윌리엄 경은 선실에 틀어박혀 물에 빠져 죽느니 차라리 목을 내놓는 것이 낫겠다고 으르렁거렸다. 마리아 캐롤리나 여왕은 신경 발작을 일으켰고, 여왕의 아이들을 돌보아야 할 유모는 뱃멀미 때문에 녹초가 되어버렸다. 엠마는 이리저리 뛰어다니면서 사람들을 다독거렸고, 그들의 사기를 북돋워주었으며, 멀미 때문에 경련이 일어나 괴로워하는 여왕의 막내아들을 간호하였다. 그 아이는 엠마의 품에 편안히 안긴 채 숨을 거두었다. 그레빌은 집도 절도 없던 시골 여자에게 홀렸고, 윌리엄 경은 자기 같은 나이 많은 남자를 마다하지 않고 헌신적으로 돌보아준 간호인에게 홀렸었다. 넬슨이 본 것은 소매를 걷어붙이고 과감히 온갖 소동에 뛰어들기를 주저하지 않는 한 혈기 넘치는 여인이었다.

넬슨은 이미 결혼을 했으나, 그의 아내 파니(Fanny)는 확실히 다정다감한 여인은 아니었다. 엠마의 꾸밈없는 솔직한 태도에 그 해군 장교의 감정의 둑은 무너져버리고 말았다. 넬슨이 아내에게 때마다 보내는 편지는 무뚝뚝하고 형식적인 것이었지만, 엠마에게 보내는 편지에는 정열이 흘러 넘쳤다. 그가 보낸 한 편지에는 "정복자가 오히려 정복을 당하고 말았소."라고 적힌 대목도 있었다. 그리하여 넬슨은 1805년 트라팔가르해전(Battle of Trafalgar)을 치르던 중 자신의 전함 빅토리호 선상에서 죽음을 맞이하게 될 때까지, 온전히 엠마의 남자로 남게 된다. 그리고 전투가 개시되기 직전에 그녀에게 쓰기 시작한 편지는 미완성인 채로 지금까지 전해지고 있다.

왕실 가족을 시칠리아까지 무사히 실어다준 후에, 넬슨은 공포정치가 물러간 나폴리의 질서회복을 위해서 다시 그곳으로 파견되었다. 엠마는 넬슨의 개인비서 겸 통역자 자격으로 그와 동행했다. 넬슨은 반역자들을 처리할 때 다른 사람과 다를 바 없이 잔혹하기 짝이 없는 무자비한 피의 숙청을 실행해야 했고, 엠마는 영국 언론의 풍자만화에서 밤새도록 카드놀이를 해서 넬슨의 돈을 날려버리는 노름꾼이나, 고귀한 영국의 전사를 돼지로 둔갑시킨 키르케 등으로 다양하게 그려지고 있었다. 기세등등한 엠마는 그런 문제를 어떻게든 완화시켜볼 생각이라곤 전혀 하지 않았다. 그녀는 나폴리 사교계의 화려한 가장무도회에 거의 반라의 옷차림을 하고 '인기 만점의 애첩'으로 불쑥 모습을 드러내곤 하였다. 한편 윌리엄 경이 대사직을 사임하고 영국으로 돌아가기로 결정하자 넬슨과 엠마 두 사람은 다소간 마음을 놓게 되었다. 이제부터 엠마와 넬슨은 좀 더 익숙한 장소에서 자신들의 애정행각을 계속할 수 있게 될 것이기 때문이다.

엠마는 영국 언론의 풍자만화에서 밤새도록 카드놀이를 해서 넬슨의 돈을 날려버리는 노름꾼이나, 고귀한 영국의 전사를 돼지로 둔갑시킨 키르케 등으로 다양하게 그려지고 있었다. 기세등등한 엠마는 그런 문제를 어떻게든 완화시켜볼 생각이라곤 전혀 하지 않았다.

엠마는 오늘날 자신의 사회적 지위가 모두 남편인 윌리엄 경의 덕분이라는 사실을 민감하게 의식하고 있었고, 엠마와 넬슨은 둘 다 윌리엄 경이 자기들 관계에 대해서 어떤 감정을 갖고 있는지 걱정하고 있었다. 윌리엄 경이 귀국한 후에도 그들은 영국에서 그들의 용무를 계속 즐기고 있었지만, 그럼에도 엠마는 여전히 윌리엄 경의 아내로 살았다. 엠마와 윌리엄 경은 런던에서 살면서, 넬슨의 시골 별장에 자주 찾아가곤 하였다. 엠마는 넬슨의 시골집을 그가 전쟁에서 거둔 무훈을 자랑

해주는 물건들로 치장하였다. 그리고 집 앞쪽에 잡초를 깨끗이 베어버려 대지 사이로 흐르는 작은 강물이 훤히 내려다보이게끔 했다. 그래야 나이 많은 그녀의 남편이 낚시의 열정에 푹 빠져 있을 만한 장소를 금세 발견하게 될 터이기 때문이었다. 엠마는 넬슨의 딸 호레이시아(Horatia)를 낳았지만, 그 아이는 생후 일주일도 채 안 되어 수양부모의 집으로 보내져 거기서 길러지게 되었다. 아주 드물게 딸이 집에 오기도 했는데, 늘 윌리엄 경이 집을 비우고 없을 때였다.

이곳에서 엠마는 도시의 친구들을 위해 사치스러운 만찬 파티를 잇달아 열어주었고, 넬슨이 새로 얻은 처가쪽 친척들을 초대해 머물게 했다. 그녀는 점점 사치와 향락에 물들어갔으며, 넬슨도 당혹스러워할 만큼 많은 돈을 물 쓰듯이 써댔다. 그는 전쟁 영웅일 수 있을지는 몰라도, 돈이 많은 남자는 아니었다. 윌리엄 경이 죽었을 때(엠마와 넬슨은 둘 다 그의 임종을 지켜보았다) 그는 엠마에게 아주 적은 액수의 돈만을 남겨주었다. 아마도 그는 넬슨이 그녀를 잘 돌보아주리라 생각했던 것 같다. 2년 후 넬슨마저 세상을 떠나자, 그녀는 거의 빈털터리 신세로 남고 말았다.

인생의 마지막 10년 동안, 엠마는 남자를 유혹하려는 의지를 상실하였다. 비록 여전히 가끔씩 기억에 남을 만한 성대한 파티를 개최하긴 했으나, 전반적으로 그녀는 이전까지 자기편이었던 사람들로부터 따돌림을 받았다. 그녀는 낭비벽이 몸에 배웠으며, 이제는 자기 스스로 생계를 꾸려야 함에도 불구하고 씀씀이를 줄이기가 쉽지 않다는 사실을 깨달았다. 결국 그녀는 빚을 지고 감옥에 수감되기도 했으며, 죽기 전의 마지막 나날은 칼레(Calais)라는 다소 음울한 프랑스 마을에서 보냈다. 그곳에서 그녀는 지나친 음주로 인해서 침대에서 거의 일어날 수조차 없게 되었다. 그리고 그녀에게 남은 재산은 대부분 술을 사기 위해 전당포에 잡히고 말았다.

국왕의 진정한 사랑으로 남은 정열의 무희
롤라 몬테즈 | Lola Montez

1843년 여름 베를린의 무덥고 메마른 어느 날, 3만 명의 프로이센 군대가 그들의 국왕과 귀빈인 러시아의 황제 앞에서 말끔한 새 군복을 입고 열병하고 있었다. 귀빈석 입장은 그야말로 초대받은 귀빈들에게만 허용되었고, 그 도시에서 각계각층의 관객들을 상대로 공연을 해왔던 에스파냐 출신의 정열적인 무희 롤라 몬테즈는 확실히 그 자리에 초대받지 않은 여인이었다. 그러나 그녀는 이럴 때 써먹기 위해서 직접 훌륭한 승마용 말 한 필을 빌렸고, 보안이 허술한 틈을 노려 출입제한구역으로 슬쩍 미끄러져 들어갈 기회를 엿보고 있었다.

경찰이 사람들을 세워놓고 누가 어디로 들어가야 되는지 분류하고 있을 때, 롤라가 승마 채찍

비비안 | Vivien

　　남자들 사이에 좀처럼 사라지지 않는 두려움은 정부로 품에 안은 여인이 어느 날 거꾸로 자기를 지배하게 될지도 모른다는 것이다. 그러한 두려움은 아서 왕의 전설에 등장하는 멀린(Merlin)과 그의 어린 여자 부하 비비안의 이야기에서 불멸의 생명을 얻었다. 멀린은 아서 왕의 아버지인 펜드라곤(Uther Pendragon)의 조언자이자, 바로 그 전설적인 아서 왕의 조언자이기도 했다. 멀린은 그 누구도 감히 함부로 할 수 없는 인물처럼 보였다. 그렇지만 실은 금발의 비비안을 데리고 올 때까지만 그랬던 셈이다.

　　멀린의 제자가 된 비비안은 스승이 알고 있는 모든 것을 배우고 싶었다. 멀린은 비비안에게 마법의 모든 비법을 알려주고 나면 그녀가 자신을 배신하고 말 것이라는 사실을 알고 있었다. 그러나 그녀가 간절히 청하면서 절대로 그에게 등을 돌리지 않겠다고 약속하자, 그 노인은 결국 그녀의 거듭되는 요구에 지고 말았다. 빅토리아시대의 시인 앨프레드 로드 테니슨(Alfred, Lord Tennyson)은 비비안의 감언이설을 접하고 마법사가 어떤 생각을 했을지 상상해본다. "너는 내 쪽으로 몰아쳐 와 / 세상을 지배하는 나의 힘을 휩쓸어가는 파도와도 같구나." 멀린은 그녀에게 그를 지배할 수 있는 방법을 보여주었다. 그리고 그는 기다렸다. 아니나 다를까, 멀린이 가르쳐준 마법을 모두 암송한 그녀는 주문을 외워 멀린을 수정 동굴 안에다 영원히 가두어버렸다.

　　어째서 멀린은 비비안에게 넘어갔을까? 테니슨은 이렇게 설명한다. "그녀의 손길에 그 마법사의 창백한 혈기는 / 데워진 오팔처럼 한층 더 화미한 색조를 띠었다." 그녀는 그의 마음속 깊숙한 곳으로 들어가 그가 한번쯤 경험해보기를 그저 꿈꿔오기만 했을 뿐이던 바로 그 흥분된 감정을 일깨울 수 있었다. 그녀의 온기가 그를 관통했을 때, 그녀의 포옹이야말로 그가 경험해보고 싶었던 유일한 우주였다. 그런 것이 바로 요부의 능력이고, 또한 그 점은 지금도 늘 변함이 없다.

을 들어올려 한 번 휙 하고 휘두르자, 그녀가 탄 말의 고삐를 쥐고 있던 프로이센의 무장 경관은 움찔하며 뒤로 물러서서는 얼결에 그녀의 말이 금지구역 안으로 입장할 수 있도록 허락해주었다. 또 다른 남자가 다가와 이런 곳에서 롤라가 어떻게 처신해야 하는지 가르쳐주려고 했으나 그녀에게서 남성적인 권위에 대한 명백한 거부와 자신의 의지를 끝내 관철하고야 마는 불굴의 힘을 느끼고는 한 발 뒤로 물러서버렸다. 한눈에 들어오는 매력적인 외모와 날카로운 재치, 그리고 반짝이는 검은 눈동자를 가진 롤라 몬테즈는 절대로 허술히 다룰 수 있는 여인이 아니다. 원래는 아일랜드 태생이었던 그녀는 부단한 노력과 철저한 자기 은폐를 통해서 스스로를 에스파냐 여자로 완벽하게 탈바꿈시켰다.

롤라는 불같은 기질을 타고난 여인이었다. 어렸을 때 어떤 선생님은 그녀를 "새끼 암호랑이"라고 묘사하기도 했다. 두 살 때부터 여섯 살 때까지 그녀는 인도 북부 지방의 고혹적인 색깔과 소리와 향취 속에 파묻혀 맨발로 뛰어놀곤 하였다. 그녀의 아버지가 가족을 데리고 인도에 영국 주둔군으로 파견 나가 있었기 때문이다. 여섯 살 때 그녀는 제대로 교육을 받기 위해 영국으로 보내졌다. 그녀는 학교 공부에도 열심이었지만, 좀 더 넓은 세상을 경험하기 위해 더는 기다릴 수가 없었다. 그녀는 마침내 열일곱 살 때 본국을 잠시 방문 중이던 열세 살 연상의 육군 장교와 눈이 맞아 집을 나가버렸다. 그렇지만 우습게도 결국은 기껏해야 인도로 되돌아가는 꼴이 되고 말았다. 그곳이 그 남자의 주둔지였기 때문이다.

성년의 롤라는 영국군 수비대의 엄격한 규제를 몹시 싫어했고, 결국 남편을 졸라 영국으로 되돌아가게 되었다. 고향으로 돌아오는 긴 여행 중에, 그녀는 또 다른 육군 장교와 매우 공공연한 연애행각을 벌임으로써 다른 승객들을 분개하게 만들었다. 런던에 도착했을 즈음 그녀의 평판은 형편없이 망가져 있었다. 남편은 그녀와 이혼해버렸고, 여행 중에 사귄 새로운 애인도 그녀를 버리고 떠나가는 바람에, 이제 그녀는 완전히 홀로 남게 되었다.

그러나 그 무렵쯤 그녀는 이미 남자를 홀리는 자신의 능력을 아주 잘 파악하고 있었다. 그녀는 춤을 배워서 자신의 매력을 한층 더 강화해야겠다고 마음먹었다. 야생마와도 같은 그녀의 본성을 표현해내기에 플라멩코보다 더 좋은 춤이 어디에 있겠는가? 그녀를 추종하는 남자들을 부추겨 자금을 마련한 롤라는 기교를 좀 더 숙달하기 위해서 에스파냐의 안달루시아(Andalucia)로 배움의 길을 떠났다. 얼마 후 런던으로 돌아온 그녀는 더 이상 아일랜드 출신의 이혼녀가 아닌, 에스파냐 출신의 무희 마리아 돌로레스 드 포리스 이 몬테즈(Maria Dolores de Porris y Montez)가 되어 있었다. 그리고 이제 그녀는 본격적으로 런던의 귀족 관객들의 눈을 현란하게 만들기 시작했다.

• 왼쪽 : 엘리자 길버트 (Eliza Gilbert)는 아일랜드 리머릭(Limerick)에서 태어났으나, 20대 초반에 스스로 에스파냐 귀족가문의 여자로 변신하여, 무희로서 무대에 올랐다. 그런 다음 그녀는 전 유럽을 순회하였고, 가는 곳마다 저명한 인사들을 애인으로 사귀어 자신의 족적을 남겼다.

〈롤라 몬테즈〉, 게오르그 듀리 (Georg Dury), 1848년. (요셉 슈틸러(Joseph Stieler)의 1848년도 초상화를 모작함)

롤라 몬테즈는 매우 명성이 높은 공연장에서 데뷔 무대를 가질 수 있는 기회를 잡아냈다. 그곳은 바로 런던에 있는 여왕 폐하의 극장이었다. 관객들은 그녀의 춤에 담겨 있는 노골적인 감각적 본성에 호기심을 드러냈다. 나중에 한 평자는 「그녀의 완전무결한 육체에 관한 한 카사노바의 추억」이라는 글에서 그녀의 공연은 춤이라기보다 오히려 "육체적인 도발"에 가깝다고 적은 바 있다. 과도할 만큼의 대중적 찬사를 처음으로 접한 롤라는 그 맛에 완전히 길들여지고 말았다. 그리고 그녀의 나머지 인생은 무대 공연가로서의 인생이 되었다. 그녀가 춤을 추건, 연기를 하건, 혹은 사람들 앞에서 연설을 하건, 그녀는 순간순간 급변하는 다채로운 모습을 선보임으로써 자신의 말초적인 육체적 호소력을 뒷받침하였다. 그렇게 해서 청중은 마치 벌들이 꿀로 모여들 듯이 그녀에게로 빨려 들어갔다.

롤라는 자기의 공연은 색다른 경험을 제공하는 것이기 때문에 한곳에 너무 오래 머무르지 않는 편이 더 낫다는 사실을 잘 알고 있었다. 그녀는 자신의 전력 때문에 발목이 잡힐 위험이 닥치자 런던을 떠나 유럽 대륙으로 건너갔다. 베를린에서의 말채찍 사건 이후에, 그녀는 폴란드(그곳에서 그녀는 거의 정치적인 소동을 일으키는 여인으로 비추어졌다)와 러시아(그녀는 몇 가지 이유로 황급히 그곳에서 퇴출되었다) 등지를 돌아다니며 자신의 춤을 선보였고, 프란츠 리스트(Franz Liszt, 1811~1886)

• 위 : 유럽에서 자신에 대한 열기가 시들해지자 롤라는 신세계를 정복하는 일에 착수하였다. 롤라는 춤을 추고 있고, 충격을 받은 단골고객은 허연 이를 드러내고 뚫어져라 쳐다보고 있으며, 극장 주인은 그날 밤의 매상을 나누는 계약서를 주머니에 꾹 찔러 넣고 있다.

〈롤라가 왔네!(Lola Has Come!)〉, 데이비드 클레이풀 존스턴(David Claypoole Johnston, 1799~1865), 연도미상.

와 짧지만 전격적인 밀애를 가졌으며(그는 롤라야말로 자기가 일찍이 알았던 그 어떤 존재보다도 매혹적인 여인이라고 말했다), 파리에서는 나중에 결투에서 총을 맞고 죽게 되는 한 저명한 언론인과 기구한 운명의 연애를 즐기기도 하였고, 본에서는 추잡한 행동을 저지르다가 추방을 당하기도 하였다. 그러다 마침내 그녀는 1847년 27세의 나이에 나이 육십의 근엄하고 소박한 바이에른의 국왕 루트비히 1세의 품에 안기게 되었다. 몇 년 전 롤라를 처음 만나고 난 후에(그 만남에서 롤라는 분명히 지금까지 삶의 진실들이 보여줬던 것과 다를 바 없이 자유분방하게 처신하였을 것이다) 루트비히는 "육십을 바라보는 내가 아름다운 …… 스물 두 살의 …… 그녀로 인해 난생 처음으로 잠자던 열정을 일으켜 깨우게 되는구나! 나는 내 자신을, 완전히 소진된 줄 알았다가 어느 한 순간에 다시 한 번 갑자기 분출해 올랐던 베수비오(Vesuvius) 화산에 비유하련다."라고 적었다.

루트비히는 롤라를 통해 얻을 수 있었던 예민한 성애적인 물건들을 마음껏 음미하였다. 롤라는 플란넬 천 몇 조각을 몸에 바짝 걸쳐서 자신의 향취가 흠뻑 배게 만든 다음 그것을 루트비히에게 건네주었고, 루트비히는 킁킁거리며 그 천 조각들의 냄새를 맡았다. 또한 그는 그녀의 춤추는 작은 발을 몹시 좋아해서, 그녀의 발을(씻지 않은 상태를 더 좋아했다) 즐겨 핥곤 하였다. 그러나 몇 번의 경우들을 제외하고, 롤라는 육체적으로 그와 어느 정도 거리를 두었고, 그럼으로써 오히려 그녀를 향한 그의 욕정이 수그러들지 않도록 만들었다.

롤라는 뮌헨에서 새살림을 꾸렸고, 이제 루트비히 국왕의 돈은 그녀의 손을 거쳐 거침없이 새나갔다. 국왕의 신하들 중에 공공연하게 연이어 밝혀지는 그녀의 젊은 애인들이나, 끊임없이 계속되는 그녀의 국정 농단을 견딜 수 있는 사람은 아무도 없었다. 몇 명의 학생 무리가 그녀를 열렬하게 쫓아다닌 일이 있었고, 그런 사건은 특히 그녀가 어느 추운 날 밤에 샹들리에 불빛 아래서 완전히 뻗어버렸다는 소문이 장안에 돌면서 급기야 추문으로 발전하였다. 아마도 롤라의 돈으로 마음껏 술을 마신 학생들이 긴 셔츠와 바지를 모두 벗어 던지고, 그녀를 둘러업고는 의기양양하게 집 안을 이리저리 돌아다니다가, 샹들리에 매달린 수정 막대기가 낮게 늘어져 있는 것을 미처 발견하지 못해 그만 그녀를 거기에 부딪히게 만든 것 같다.

그러나 통치자인 루트비히는 확고한 독립심을 가진 한 여인의 진가를 인정하였다. 롤라는 권위 있는 인물들이나 적대적인 군중들에게 절대로 겁을 먹는 법이 없었다. 그렇기는커녕 오히려 그런

"당신은 나의 불행이 되기 위해 태어났소." 루트비히가 롤라에 관해 쓴 수많은 시 가운데 한 편에는 이렇게 적혀 있었다. "당신은 나의 눈을 멀게 하고 나를 태워버리는 빛이라오."

사람들은 그녀의 성품 안에 들어 있는 호전적인 성격을 자극할 뿐이었다. 하루는 루트비히 왕과 유난히 뜨겁게 의견대립을 빚은 후에, 그녀는 국왕을 자기 집 밖의 저자거리로 내쫓아버리고는, 할 수 있는 온갖 모욕을 퍼부으며 고래고래 소리를 질러댔다. 그녀의 오만하기 짝이 없는 행동에 몹시 격앙된 군중이 뮌헨에 있는 그녀의 집을 둘러싸고 소동을 부렸을 때에도, 그녀는 칼을 휘두르며 발코니에 나타나 항의자들을 향해 샴페인 잔을 치켜들어 보임으로써 분노의 돌멩이 세례를 유발하기도 하였다. 폭풍우와 같은 맹렬한 감정은 그녀의 멋진 미모를 한층 더 부추겨주는 것이었다. 그리고 뮌헨의 폭동을 목격한 어떤 사람은 그녀의 "격분해 있는 모습조차도 사랑스러웠다."고 적었다.

• 오른쪽 : 롤라는 무대 위에서건 무대 밖에서건 청중을 즐겁게 해줄 수 있는 방법을 알고 있었다. 프란츠 리스트는 그녀야말로 "매력과 사랑을 갖춘 천재다!"라고 적었다. 그리고 그녀를 나라 밖으로 호송하는 책임을 맡았던 한 러시아의 장교는 그녀를 "완전무결의 화신"이라고 기술했다.

〈발레를 추고 있는 마리퀴타 역의 롤라 몬테즈(Lola Montez as Mariquita, in the ballet)〉, 세비야(Sevilla) 축제 중의 어느 하루, 1889~1920년.

루트비히 국왕이 롤라를 추방하라는 국민들의 요구를 거부하자(심지어 국왕은 그녀를 백작부인으로 봉해주겠다는 약속까지 하였다), 바이에른의 국민들은 국왕에 대한 신뢰를 잃어가기 시작하였다. 1847년에는 바이에른의 각료들이 그녀의 영향력 행사에 항의하며 집단으로 사임하였고, 마침내 1848년에는 국민들과 사이가 틀어지고 이제는 권력의 유지조차도 불투명해진 국왕은 정부(情婦)와의 약속을 뒤집느니 차라리 왕위를 이양해버리기로 결정했다. 롤라는 어쩔 수 없이 그 도시에서 탈출해야 했다. "당신은 나의 불행이 되기 위해 태어났소." 루트비히가 롤라에 관해 쓴 수많은 시 가운데 한 편에는 이렇게 적혀 있었다. "당신은 나의 눈을 멀게 하고 나를 태워버리는 빛이라오."

루트비히는 롤라와 결합하게 되지만, 롤라가 뮌헨을 떠난 뒤에는 그들의 애정도 식어버렸다. 런던에서 불법적인 결혼을 한 후에(첫 남편과 이혼할 때 정한 조건에 따르면 롤라는 그 첫 남편이 살아 있는 동안에는 절대로 재혼할 수 없었다), 롤라는 북아메리카와 오스트레일리아에서 자신의 무대경력을 쌓아나갔다. 그녀는 춤에서 연기로 활동 영역을 넓혀 나갔는데, 연기에도 타고난 재능을 발휘했다. 그녀의 공연을 관람했던 한 평론가는, "지금까지 우리는 롤라가 도대체 어떻게 루트비히 국왕에게 그런 무제한적인 영향력을 행사할 수 있었는지 도저히 헤아릴 길이 없었다. 그전에 우리가 알고 있던 그 국왕은 절대로 온화하거나 말랑말랑한 성격의 군주가 아니었기 때문이다. 이제 그녀가 우리 앞의 무대 위에서 자신의 마술을 부리고 난 다음에야, 우리는 그 가엾은 사람(루트비히 국왕)이 무방비 상태일 수밖에 없었던 이유를 충분히 납득하게 되었다."라고 적었다. 마침내 롤라는 대중 강연에까지 나서게 되었고, 사람들에게 자기가 알고 있는 것들, 이를테면 사랑, 아름다움, 유행, 정사 그리고 대담한 여인들 등에 대해 말해주었다. 그녀는 강연의 내용보다는 오히려 강연의 스타일로 사람들을 매료시켰다. 즉 '투명한 설탕' 과도 같은 목소리로 재치 있게 자신의 견해를 전달함으로써 청중들이 그녀의 말 한마디 한마디에 온통 빠져들게 만들었던 것이다.

1860년 여름 마흔의 나이에 롤라는 뇌졸중으로 쓰러지고 말았다. 그러나 그녀는 병마와 싸웠고, 12월에 이르러서는 지팡이를 짚고 걸을 수 있게 되었다. 한동안은 롤라가 완전히 회복될 수 있을 것처럼 보이기도 했으나, 1861년 1월 17일에 결국 그녀는 세상을 떠나고 말았다. 그녀는 브루클린의 작은 공동묘지에 묻혔다. 그녀의 옛 애인이었던 바이에른의 군주 루트비히는 그녀의 죽음을 애도하였다. 그녀가 그에게 가져다준 그 모든 곤경에도 불구하고, 그는 결코 마음속에서 그녀를 완전히 지울 수가 없었던 것이다.

≫ **정부(情婦)는** 사회가 안정되고 남자들이 굳건하게 권력을 쥐고 있을 때 기세를 떨친다. 만약 첩 노릇을 하는 여성들이 자신의 후원자에게 의존해야 하는 상황을 말없이 받아들인다면, 그런 여인들은 그저 신사들의 재산 목록에 보태지는 사치스러운 항목 정도로 간단히 치부된다. 그러나 만일 이 여인들이 자신들의 그러한 현재 위치를 망각하고 그 이상의 것에 생각이 미친다면, 그들의 본성에 숨겨져 있던 요부적인 성격은 곧장 두드러지게 나타나고 만다. 그 여인들은 가만히 두었다면 고귀하기 짝이 없었을 그런 남자들을 올가미에 몰아넣는 유혹의 여인(seductress)이 되는 것이다. 그런 여인들의 미래는 변덕스러운 여론의 불평거리가

되기도 하고, 만일 연인이 죽거나 혹은 그녀에 대한 흥미를 모두 잃어버리기라도 한다면 그동안 그렇게 얻고자 애써왔던 모든 것들을 일거에 잃어버리는 위험에 처할 수도 있다.

Chapter 5
Subversive Seductresses
파멸의 씨앗

남성들의 집단 상상 속에 강하게 내재된 요부 공포는 사회적 혼란기에 마녀 사냥의 형태로 표출되곤 했다.

• 왼쪽 : 마타 하리의 의상 중에는 1800년대 후반 살로메 열풍이 불었을 당시에 널리 유행한 구슬 달린 가슴 가리개도 포함되어 있었다. 가학적인 전 남편이 갑작스러운 격분상태에서 그녀의 젖꼭지를 물어뜯어버렸기 때문에 그녀는 심지어 애인 앞에서도 가슴을 감춘다는 소문이 파다했다.

20세기 직전에 제작된 마타 하리 엽서.

정치풍자 만화가들이 엠마를 대중의 조롱거리로 만들고 있을 때에도, 넬슨 경은 자신의 엠마 곁에서 꼼짝하지 않았다. 바이에른의 군주 루트비히는 롤라 몬테즈를 위하여 왕위까지도 기꺼이 포기할 준비가 되어 있었다. 그 두 명의 정부는 자기들만의 힘으로는 결코 얻을 수 없는 부와 안전을 가져다줄 수 있는 그런 남자들을 찾아냈다. 그리고 그 두 여인은 모두, 여론이 그들에게 등을 돌렸을 때조차도 자신의 남자에게는 버림받지 않을 수 있을 만큼 충분히 매혹적이었다. 그러나 비록 미모를 가지고 거래에 나서기는 마찬가지지만, 그래도 남자들로부터 좀 더 독립하여(따라서 확실한 보호막을 보장받지는 못한다 하더라도) 자기 나름의 인생을 살아가고자 했던 여인들 또한 존재하였다. 그런 여인들은 보통은 고급 창부의 생활을 했다. 즉 화대를 지불하는 다양한 고객들에게, 섹스뿐 아니라 즐거운 교제의 기회까지 제공하는 일종의 고급스러운 매춘부였던 셈이다.

19세기 말에는, 그런 여성들 중에 많은 수가 사적인 매춘 활동에서 공적인 유희의 공간으로 그 무대를 옮기게 되었다. 가물거리는 가스등 불빛 아래서, 여배우들과 무희들은 관객들이 원하는 대로 어떤 모습으로든 변신하였다. 제1차 세계대전 이전의 파리 사회는 고급 창부와 무희들이 내뿜은 광채와 암시 그리고 성적인 에너지로 특히 더 활기에 넘쳤다.

• 오른쪽 : 살로메는 지난 세기 초의 화가들에게는 매우 인기가 높은 그림의 소재였다. 그녀는 어리고 보잘것없게 그려지거나, 혹은 성숙하고 빈틈없게 그려지거나, 혹은 교활하고 사악하게 그려졌다. 이 그림에서 그녀는 그저 어린 아이의 모습을 하고 있지만, 그 앞에 잘린 머리는 감상자로 하여금 어린 소녀 할지라도 치명적인 존재가 될 수 있다는 사실을 상기하게 해준다.

〈의기양양한 살로메〉, 에두아르 투드즈, 1886년.

죽음을 집행한 베일 뒤의 관능
살로메 | Salome

폴리베르제르(Folies-Bergère)나 물랭루주(Moulin Rouge) 같은 극장에서는, 늘씬한 다리를 자랑하는 미녀들이 줄지어 나와 하이힐을 높이 차올릴 때마다 치맛자락이 들썩들썩 추켜올려지고 그 안에 입고 있는 페티코트가 그대로 노출되었다. 당대의 화가 툴루즈-로트레크(Henri de Toulouse-Lautrec, 1864~1901)는 미국 출신의 무희인 "빛의 요정" 로이 풀러(Loïe Fuller)가 펼친 매혹적인 공연을 스케치한 적이 있었다. 그녀가 무대를 가로질러 다닐 때마다, 그녀의 몸에 소용돌이 모양으로 교묘하게 걸쳐진 베일에서는 관객들의 성욕을 자극하는 진한 향내가 퍼져 나왔다. 극장을 찾은 남자들은 의자에 몸을 깊게 파묻고는 자신의 오감이 공적인 공간에서 펼쳐지는 눈부신 무대 공연의 강렬한 집중포화에 사정없이 노출되도록 내버려둔다. 그리고 물론 그들은 그런 공적인 공연이 좀 더 사사로운 사건으로 이어질 수도 있지 않을까 내심 기대를 가져보기도 한다.

그러나 그러한 쾌감과 열기의 배후에는 섬뜩한 공포감이 도사리고 있다. 1896년 파리에서 오스카 와일드(Oscar Wilde, 1854~1900)의 단막극 〈살로메(Salome)〉의 초연이 있었다. 1893년에 프랑스어로 써서 발표된 이 희곡은 선정적인 색채가 과하다는 이유로 영국에서는 상연이 금지되어 있

었다. 당시의 상황은 여성들의 정치·사회적인 권리의 요구가 날로 증대함에 따라 불안감을 느낀 유럽 전역의 남자들이 인류 역사에 등장했던 위험한 여인들의 사례를 찾아서 막 과거를 뒤지기 시작하고 있을 때였다. 오스카 와일드도 성서에 등장하는 그 교태 많은 여인을 향해 사람들의 관심이 폭발하던 당시의 분위기에 편승하였다. 그 당시 살로메라는 여인의 이미지는 어떻게 하면 여자가 남자의 목이 달아나게 만들 수 있는지를 가장 잘 보여주는 전형적인 사례로 급격하게 변해가고 있었다.

1886년에 프랑스의 화가 에두아르 투드즈(Edouard Toudouze, 1848~1907)는 〈의기양양한 살로메(Salome Triumphant)〉라는 그림을 그렸다. 이 그림에서는 대략 열두 살 정도 되어 보이는 어린 소녀가 호랑이 가죽이 깔린 화려한 의자에 배를 대고 나른하게 엎드려 있다. 그녀의 오른쪽 발목에는 그렇게 어린 소녀의 체격에는 조금 무거워 보이는 묵직한 발찌가 끼워져 있다. 그녀의 머리 위에는 수많은 꽃들로 풍성하게 장식된 화관이 올려져 있다. 그녀의 손가락마다 보석 반지들이 반짝거리고 있으며, 팔에는 긴 팔찌가 휘감겨져 있다. 그녀의 드레스는 요염하게 그녀의 몸을 노출시키고 있다. 길고 얇은 치맛자락 사이를 가르고 나온 맨 다리는 사람들의 시선 따위는 별로 개의치 않는 듯 의자를 가로질러 걸쳐져 있다. 그녀의 가느다란 팔은 이제 막 봉곳해지는 가슴을 살짝

• 오른쪽 : 오스카 와일드의 단막희곡인 〈살로메〉의 삽화를 그린 데카당파 삽화가 오브리 비어즐리는 살로메의 포악한 성격을 두드러지게 강조했다.

〈절정(The Climax)〉, 오브리 비어즐리, 1893년.

감추고 있다.

여기까지만 보면 이것은 관능적인 느낌의 아름다움이 아니다. 그저 옷 입기 놀이를 즐기고 있는 한 어린 소녀의 모습일 뿐이다. 그러나 그녀의 눈빛과 조심스럽게 입가로 가져간 그녀의 손끝은 그녀가 나이보다는 성숙한 여인임을 짐작케 한다. 그녀는 의붓아버지의 굶주린 눈빛 속에서 노골적인 욕망을 알아차렸다. 장난감을 빙글빙글 돌리며 그것이 빛을 잡아내고 있는 모습을 지켜보고 있는 그녀는 새로 발견한 자신의 힘을 즐기고 있다. 그녀의 손 안에서 매우 유혹적으로 돌아가고 있는 것은 바로 그런 광채를 발하는 앙증맞은 물건이다. 그녀에게 이것은 시각적인 자극의 게임이다. 욕망은 얼마간 거리를 두고 떨어져 있다. 그녀가 무대를 떠나고 난 뒤에야 비로소 충족되게끔 되어 있는 정열을 일깨우는 것은 바로 그녀의 춤이다.

오스카 와일드의 희곡에서 살로메의 어머니 헤로디아(Herodias)는 살로메의 춤을 선보일 여흥의 밤을 준비한다. 한편 로마에 대한 반란을 계획하고 있는 열심당원들(Zealots)의 커다란 존경을 받고 있던 선지자, 세례요한은 궁전에 갇혀 있다. 로마가 임명한 갈릴리 지방의 분봉왕, 헤롯 안티파스(Herod Antipas, 기원전 21~기원후 39)는 이 불확실한 세상에서 흔들리지 않는 확고한 신념으로 사람들에게 해답을 제시하는 세례요한 때문에 곤혹스러워 한다. 아내 헤로디아는 세례요한이 그녀의 결혼에 대해 도덕성을 문제삼았기 때문에 그를 미워한다. 헤롯은 그녀의 첫 남편의 동생이며, 그 첫 남편은 아직도 살아 있기 때문이다. 이로써 살로메가 춤을 추어야 할 무대는 마련된 것이다.

와일드는 〈일곱 베일의 춤(Dance of the Seven Veils)〉이 어떤 식으로 공연되어야 하는지 아무런 암시도 주지 않았다. 그 희곡의 무대 지시사항을 해석하는 문제도 극을 무대에 올릴 연출자 각자의 상상력에 맡겨 두었다. 그 연극의 한 판본에 삽화를 그려 넣은 바 있는 오브리 비어즐리(Aubrey Beardsley, 1872~1898)는 이제 곧 나서서 곡선미 넘치는 아랫배를 과시하며 한바탕 '배꼽춤(stomach dance)'을 선보이게 될 음탕한 자태의 살로메를 상상해낸다. 얼마 안 있어 북아메리카에 몰아친 살로메 광풍의 시기에, 보드빌(vaudeville, 노래·춤·촌극 등을 결합하여 19세기 말 미국에서 크게 유행한 오락쇼—옮긴이) 배우들은 1893년 시카고 세계박람회(Chicago World's Fair)에서 "리틀 이집트(Little Egypt)"라고 불리는 한 무희가 처음으로 대중 앞에서 시도한 벨리 댄스(belly dance), 일명 '허리춤(hootchy kootchy)'을 널리 퍼뜨렸다. 그로부터 15년이 지난 1907년에 와일드의 희곡을 원작으로 한 리하르트 슈트라우스의 오페라가 뉴욕에서 초연되었을 때, 유혹적인 육체의 굽이침과 벗겨지는 베일은 대유행이 되었다. 1908년 늦여름 무렵에는, 무려 24명이나 되는 살로메들이 뉴욕의 무대 위를 활보하며 몸부림치고 있었고, 그들은 뒤이어 1930년대와 40년대에 본격 등장하게 되는 벌레스크 쇼(burlesque show, 버라이어티 쇼 등을 상연할 때 막간에 끼워 넣는 해학촌극 혹은 풍자극을 가리킴—옮긴이)나 스트립쇼 무희들의 앞길을 터주는 역할을 하게 되었다. 수컷들만 잔뜩 모여 있는 어두컴컴하고 담배 연기로 가득 찬 밀폐된 공간 안에서 나 홀로 스포트라이트를 받으며 연기하건, 사적인 환경 속에서 한 사람의 관객을 앞에 놓고 연기하건, 스트립쇼만큼 남자의 온 주의를 집중시키는 무대는 존재하지 않는다. 여인의 육체, 그 곡선 그리고 그 다음에 조금씩 드러나게 될 여인의 속살만이 객석의 관객들에게는 가장 중요할 뿐이다. 동작과 음악은 지금 이 시간과 상관없는 자질구레한 모든 것들을 잊게 해주고, 그 여인이 춤을 출 때면 나머지 온 세상은 나이트클럽의 무대 위나 침실 바닥에 슬그머니 벗겨져 있는 실크스타킹처럼, 그렇게 슬그머니 마음속에서 벗겨져 사라져버린다.

그녀는 의붓아버지의 굶주린 눈빛 속에서 노골적인 욕망을 알아차렸으며, 새로 발견한 자신의 힘을 즐기고 있다. 그녀에게 이것은 시각적인 자극의 게임이다. 조숙한 그 소녀는 그 순간이 지닌 역사의 무게 따위는 안중에도 없다.

살로메가 옷을 벗어 내리고, 이제 곧 성숙한 여인으로 자라날 탄력 넘치는 싱싱한 피부를 드러내자, 헤롯 왕은 마음껏 눈요기를 즐긴다. 그녀가 헤롯 앞에서 몸을 흔들 때, 헤롯은 자신의 입술이 그녀의 살갗에 닿을 때의 그 감촉을 상상할 수 있고, 자신의 혀가 그녀의 달콤함을 맛볼 때의 자극을 상상할 수 있다. 그녀가 그의 욕망에 불꽃을 당기며 관능적인 춤을 추기 시작하자, 급기야 그는 무엇이든 그녀가 원하는 것을 만족시켜주겠다고 약속한다. 그래 봤자, 도저히 감당할 수 없는 것을 원할 리야 있겠는가? 그러나 헤로디아는 살로메의 등 뒤에서 그녀의 귀에다 그녀가 꼭 얻어내야만 하는 포상이 뭔지를 속삭인다. 그것은 바로 세례요한의 목이다. 헤롯 왕은 어이가 없었지만, 그래도 그는 약속을 지킨다.

투드즈의 그림 전경에는 은쟁반 위에 올려져 있는 요한의 잘린 머리가 보인다. 그러나 조숙한 그 소녀는 그 순간이 지닌 역사의 무게 따위는 안중에도 없이 자신의 요청이 빚은 그 참혹한 결과를 그저 무시해버린다. 오로지 그녀의 관심은 지금 헤롯 왕을 황홀경에 빠뜨렸던 것처럼, 자신의 눈길만 가지고도 보는 이를 매혹시킬 수 있는지를 알아보는 것뿐이다.

시대의 덫에 걸린 희대의 요부
마타 하리 | Mata Hari

빅토리아시대에 남자들은 세상에서 자신들이 차지하고 있는 발군의 지위에 대한 득의의 만족감을 상실하기 시작하였다. 산업혁명이 예고한 근래의 경제학적 교훈이란 부귀영화는 순식간에 만들어질 수도, 순식간에 잃어버릴 수도 있다는 것이다. 사회의 오랜 위계질서는 거기에 가해진 예기치 못한 압박의 결과로 균열을 일으키고 있었다. 만약 상인들이 백만장자가 될 수 있고, 상류사회 사람들도 하루아침에 막대한 돈을 날려버릴 수 있다면, 과연 어떤 기준이 남자의 가치를 재는 척도로 사용될 것인가?

경제적인 변화와 더불어 여성들은 전례 없는 방법으로 조직화하기 시작하였다. 1792년에 메리 울스턴크래프트(Mary Wollstonecraft, 1759~1797)는 여성에게 좀 더 많은 자율권을 줄 것을 주장하는 대중적인 호소문 〈여성의 권리옹호(A Vindication of the Rights of Woman)〉를 작성하였다. 1848년에는

델릴라 | Delilah

　1894년에 프랑스의 화가 폴 알베르 루피오(Paul-Albert Rouffio)는 〈삼손과 델릴라(Samson et Dalila)〉라는 그림을 그렸다. 그 그림을 보면 델릴라의 무릎을 베고 잠들어 있는 삼손의 근사한 나신이 그림의 전경을 채우고 있다. 그의 숨통은 노출되어 있고, 길고 짙은 색의 머리 다발은 델릴라의 벗은 허벅지 위와 침대 위로 흩어져 있다. 바로 이 순간, 삼손은 완전히 기진맥진해 있다. 그의 마음은 서서히 사그라지고 있는 쾌락의 잔물결 위를 떠다니고 있다. 이러한 거대한 만족감 속에 다른 생각이 끼어들 여지는 전혀 없다. 오늘은 모든 것이 유난히 어둡다. 델릴라가 그의 포도주에 약을 탔기 때문이다. 인사불성인 연인의 머리 너머로 델릴라는 가위를 집는다.

    삼손이 지닌 괴력의 비밀을 알아내기 위해 필리스틴 사람들이 계획적으로 삼손에게 보낸 델릴라는 천천히 그러나 확실하게 그 장사를 피로에 지치게 만들었다. 처음에 그녀가 삼손에게 그 괴력의 비밀이 무엇인지를 물었을 때, 그는 결국엔 모두 거짓으로 판명된 여러 가지 답변을 이리저리 둘러대며 그녀를 애타게 만들었다. 그러나 그녀가 그에게 섹스의 즐거움을 허락하지 않겠다고 위협하자 그는 더 이상 버틸 수 없게 되었고, 결국은 머리카락이 잘린다면 자신의 초인적인 힘은 사라져버릴 것이라고 고백하고 말았다.

    삼손의 긴 머리 타래를 잘라버린 후에, 델릴라는 필리스틴 사람들을 불렀고 그들은 삼손을 결박하고 그의 눈을 빼버렸다. 어렵사리 획득한 전리품을 과시하고 싶은 마음에, 그들은 삼손을 새로 지은 신전으로 끌고 가 야유하는 군중들 앞에 전시해 보였다. 삼손은 자신을 신전 안으로 인도해 온 소년에게 자신이 서 있는 곳 양쪽으로 세워져 있는 대리석 기둥에 자신의 손이 닿게 해달라고 부탁했다. 그는 차가운 돌벽에 기대어 서서, 하나님에게 힘을 달라고 기도하였다. 그러고 나서 있는 힘껏 기둥을 밀었다. 신전은 무너져내렸고, 삼손은 마지막으로 한 번의 영광된 순간을 다시금 맞이하게 되었다. 그러나 델릴라의 이야기를 기록했던 사람들은 오로지 전쟁이나 억압의 시대에는 여성들이 특히 위험해질 수 있다는 사실을 남자들에게 상기시키는 데에만 열중하였을 뿐이다.

한 무리의 여성들이 뉴욕의 세네카폴스(Seneca Falls)에서 여성권리대회를 개최하였다. 거기서 결의된 「여권선언(Declaration of Sentiments)」에서 그들은 "여성들은 학대당하고 억압당할 뿐 아니라 여성들에게 주어진 가장 신성한 권리마저 부당하게 박탈당하고 있음을 절감하기 때문에, 우리는 미국의 시민으로서 여성들에게 속하는 모든 권리와 특권이 즉각적으로 그들에게 허용되어야만 한다고 주장한다."고 선언하였다. 그들이 결의한 내용 중 한 가지는 여성의 투표권 보장을 요구한 것이었다. 그로부터 50여 년이 지난 후에, 영국에서는 여성의 참정권을 주장하는 사람들이 자신들의 요구사항에 남성들이 귀를 기울이도록 만들기 위해 말 발굽아래에 자신들의 몸을 내던져 누워버리거나, 서로서로 팔을 걸어 버킹엄궁전까지 인간 사슬을 만들기도 했다.

남자들의 마음속에서는 '그렇게 되었으면 하고 원하는 여성상(정숙하고 고결하며 마음 편히 믿을 수 있는)'과 '그렇게 될까봐 두려워하는 여성상(탐욕스럽고 사악하며 약탈적인)' 사이의 긴장감이 자라나고 있었다. 여자들이 원하는 대로 내버려두었다가는, 이 세상의 모든 여성들이 전부 살로메가 될 것이고, 터무니없는 요구를 관철시키려고 옷부터 벗으려 할 것이 아니겠는가?

남자들은 신경질적으로 성서를 훑어가면서 경종이 될 만한 선례를 남긴 여성들의 긴 명단을 작성해냈다. 그 명단에는 자고 있는 홀로페르네스

(Holofernes)의 목을 잘라버린 유디트(Judith)와 필리스틴〔Philistine, 옛 팔레스타인인 필리스티아(블라셋) 사람—옮긴이〕 사람들에게 삼손을 팔아넘기기 위해 그의 기운을 빼앗아버린 델릴라(Delilah)의 이름이 포함되어 있다. 그리스 신화 역시 더 나을 게 없다. 트로이전쟁의 발단이 되었을 정도의 미모를 소유한 방심할 수 없는 여인 헬레네(Helene)가 대표적이다. 영국의 전설도 그런 측면에서 자유롭지 않다. 아서 왕을 기만했던 교활한 여인 모건 르 페이(Morgan Le Fay), 마법사 멀린을 수정동굴 안에 가두어버린 비비안, 뱃사람들을 품에 안고 바다 깊숙한 곳으로 끌고 들어가버린 인어들 등등. 라파엘 전파, 상징파(Symbolists) 그리고 데카당파(Décadents)의 화가들은 자신들의 작품 속에서 이런 위협적인 여성들의 모습을 거듭 그려댔고, 남자들은 그런 여인들이 과연 그저 지나간 과거의 인물들일 뿐인지, 아니면 장차 닥쳐올 미래의 전조인지를 규명하기 위해 고민하였다.

세기의 전환기에 점차 증대하는 세기말적 대혼란의 소용돌이 속으로 독립심이 강한 한 젊은 여인이 발을 들여놓았다. 그녀는 자신의 이국적인 용모와 눈부신 육체의 힘을 이용하여 세상에서 자신이 나아갈 길을 개척하겠다고 결심하였다. 그녀는 바로 나중에 마타 하리로 불리게 되는 마가레타 젤러(Margaretha Geertruida Zelle, 1876~1917)였다. 네덜란드 태생의 이 미모의 여인은 그녀 나이 열세 살 때 파산한 아버지가 가족을 버리고 어딘

가로 잠적해버림으로써 중류층 가정에서 가족과 평화롭던 보내던 생활에 종지부를 찍고 말았다. 1년 후 어머니마저 세상을 떠나자, 마가레타는 홀로 남겨진 채 혼자의 힘으로 살아갈 수밖에 없게 되었다. 그녀는 열다섯 살 때 교장과 관계를 맺은 사실이 들통 나는 바람에 유치원 교사 수련과정에서 쫓겨났고, 바로 그 시점에서부터 앞으로는 자신의 육체적인 매력을 보다 십분 활용하기로 결심했던 것 같다. 열여덟 살 때 그녀는 네덜란드의 한 육군 무관이 낸 아내를 구한다는 광고를 보고 답장을 보냈다. 서른아홉 살의 루돌프 매클라우드(Rudolph MacLeod)는 마가레타의 이국적인 용모와 노골적인 성적 매력에 완전히 매혹되었다. 모험을 두려워하지 않는 그녀는 사귄 지 겨우 넉 달 만에 그와 결혼생활을 시작하게 되었다.

　루돌프가 연장했던 귀향 휴가기간이 끝나자, 두 부부는 어린 아들을 데리고 유럽을 떠나 네덜란드령 동인도제국(지금의 인도네시아)의 푹푹 찌는 삼림지대에 위치한 육군 주둔 기지로 가게 되었다. 그러나 그곳에서는 만사가 순조롭게 진행되지 못했다. 미래의 배우자감으로서 연애하던 시절에 매클라우드를 완전히 매료시켰던 마가레타의 그 유혹적인 용모가, 아내가 된 이후에는 매클라우드를 격노하게 만드는 원인이 된 것이다. 매클라우드는 술을 마시고, 마가레타를 학대하기 시작했다. 그는 그녀가 남의 눈에 띄지 않도록 집에 틀어박혀서, 아들과 새로 태어난 딸아이의 엄마 노릇이나 잘하기만을 원했다. 그러나 그녀의 음험한 아름다움과 쾌활한 성격은 젊은 장교들의 시선을 사로잡기에 충분한 것이었다. 그들의 결혼생활은 강압적인 태도의 매클라우드에게 앙심을 품은 한 부하 병사가 부부의 두 아이를 독살하려는 시도를 획책했을 때 비로소 최종적인 한계에 도달하고 말았다. 그 사건으로 사내아이는 죽었지만, 딸아이 논(Non)은 간신히 목숨을 건졌다.

매클라우드가 마침내 본국인 네덜란드로 귀환 명령을 받게 되었을 때, 마가레타는 비로소 해방되었다. 본국에 돌아오자마자, 마가레타는 이혼 서류를 제출하였다. 스물여섯 살의 나이에 그녀는 같은 세대를 살아가는 다른 대부분의 여성들은 상상조차 하지 못했을 일을 하려고 하였다. 즉 자기 혼자만의 힘으로 성공해보고자 한 것이다. 아내의 천방지축에 화가 난 매클라우드는 논의 양육권을 빼앗아버렸고, 마가레타는 다시는 딸을 보지 못했다.

가진 돈도 없고 확실히 돈이 될 만한 기술도 없었던 마가레타는 이국적인 춤 쪽으로 관심을 기울이게 되었다. 자바(Java)의 문화를 접해봤다는 사실을 활용한 그녀는 밀림 사원의 무희 마타 하리로 다시 태어났다. 마타 하리란 말레이어로 '여명의 눈동자'를 뜻하는 말이다. 당시 유행에 민감한 사람들은 동양의 문화에 심취해 있었고, 마타 하리는 그런 사람들의 환상을 만족시켜주었다. 한 평자는 그녀의 공연이 마치 "누군지 모르는 그 누군가에게 바쳐진, 무언지 모르는 그 무언가에 대한 끝없는 욕망"과도 같았다고 촌평했으며, 프랜시스 케이저(Frances Keyzer)는 런던 사교계 잡지인 『더킹(The King)』지에 투고한 글에서 이렇게 적었다.

극동 지역에서 왔다는 한 여인에 관한 불분명한 소문들이 나에게 들려왔다. 자바 섬의 원주민이자 무관의 아내라는 그녀는 향수와 보석으로 잔뜩 치장을 하고는 신물 나는 유럽풍의 도시에 풍요로운 오리엔트풍의 색조와 삶의 방식을 소개하고자 유럽 사회에 도래하였다. 베일을 둘렀다 벗어버리면서, 거름 준 흙에서 자라나는 열매들처럼 사람들의 열정이 샘솟게 만들고, 신선하고 자유로운 삶의 분출을 이끌어내는, 문명에 의해 구속받지 않는 그 나름의 완연한 힘을 가진 자연 그대로의 여인으로서 말이다.

마타 하리는 1905년에 파리 사교계의 한 살롱에서 데뷔 무대를 가졌다. 동양적인 음악의 선율에 맞추어 그녀는 살색의 보디스타킹과 보석으로 잔뜩 치장된 가슴 가리개만 남을 때까지 한 겹 한 겹 차례로 베일을 벗어나갔고, 그러다 마침내 무대 바닥에 맥없이 주저앉으면서 신성한 형상 앞에 몸을 던졌다. 사적으로도 여성이 신체 부위를 그렇게 많이 노출시키는 경우는 흔한 것이 아니었다. 하물며 공개적으로 그런 행동을 선보였다는 것은 경천동지할 일이었다. 그러나 마타 하리는 자기가 형편없는 여자로 취급되지 않으려면 어느 수준까지 표현의 수위를 조절해야 할 것인지를 정확하게 계산하고 있었다. 따라서 그녀의 춤은 품위 없는 음탕한 행위라기보다는 풍미가 있는 하나의 문화적 표현으로 해석되었다.

데뷔 무대에서의 강렬한 인상 덕분에 마타 하리는 파리 동양예술박물관 측의 초청을 받아 춤을 선보이게 되었다. 박물관 측이 그녀의 공연이 지닌 인류학적인 의미를 인정한 것이다. 같은 해에 그녀는 파리의 수많은 공연장에 모습을 드러냈고, 얼마 지나지 않아 그 분야에서 최고의 자리에까지 오르게 되었다. 그 후로 10년 동안, 마타 하리는 몬테카를로 오페라극장(The Monte Carlo Opera), 밀라노의 라 스칼라(La Scala), 비엔나의 분리파예술회관(The Secession Art Hall) 등 유럽 전역의 여러 명소들을 오가며 청중들에게 동양의 신비를 선보였다.

마타 하리는 무대 밖에서 가진 일련의 인터뷰들을 통해서 무대 위에서 드러낸 자신의 신비로운 매력을 한층 더 배가시켰다. 마가레타는 남의 말을 쉽사리 잘 믿는 자신의 추종자들을 위해서 동양에서 지낸 자신의 생활에 적당히 살을 붙여가면서 자신이 겪은 폭력적인 개인 체험을 마타 하리라는 극적인 인격체 속으로 옮겨놓았다. 클레오파트라를 잔학무도한 '타인'으로 형상화하는 이야기들을 열심히도 꾸며내온 서구의 심리적인 성향

• 오른쪽 : 마타 하리를 보러 온 관객들은 황홀경에 빠졌다. 한 관람객은 이렇게 평했다. "만일에 구불구불한 파충류 한 마리를 여성의 몸속으로 들어가게 하는 것이 가능하다고 한다면, 지금의 내 두 눈앞에서도 그때와 같은 기적이 이뤄질 것이다. 꿈틀거리고, 이리저리 비틀고, 똘똘 몸을 휘감고, 뱀과 같은 우아함으로 몸을 떨면서, 마타 하리는 그렇게 타원형의 무대 위를 미끄러지듯 나아갔다."

〈마타 하리〉, 연도미상.

은 이제, 성적인 욕구를 드러내는 여인들은 채찍질을 당한다고 하는, 햇볕이 강렬하게 내리쬐는 이국에서 살다 온 마타 하리의 이야기에 온통 빠져들고 말았다. 마타 하리의 춤은 공연 내용과 성적 금기의 타파라는 생각을 교묘하게 연결시킴으로써 오히려 금지된 것들 속에서 쾌락을 즐기고 싶어한 관객들을 끌어 모았다.

마타 하리의 나이가 마흔에 가까워지자, 무대 위에서 그녀의 상품가치는 하락하게 되었다. 따라서 그녀는 이제는 완전히 몸에 배어 포기할 수 없게 되어버린 사치스러운 생활방식을 지속하기 위해 부유한 남성에게 점점 더 의존하게 되었다. 고급 창부(courtesan)들은 파리의 상류사회에서는 하나의 용인된 구성 요소였고, 간혹 정치·사회적으로 상당한 영향력을 행사하기도 하였다. 그들 계층에 합류함으로써 마타 하리는 자신의 독립심을 손상시키지 않고도 원하는 만큼의 수입을 벌어들일 수가 있었다. 그녀는 특유의 타고난 정력으로 조만간 터지게 될 제1차 세계대전 주요 참전국의 권세 있는 무관들을 녹여낼 수 있었다. 프랑스 전쟁성 장관 메시미(Messimy) 장군, 베를린의 경찰대장 그리벨(Griebel), 오스트리아 기마대 장교인 바론 프레디 라차리니(Baron Fredi Lazarini), 독일의 왕세자 등이 모두 그녀의 애인 명단에 들어 있었다.

1914년 전쟁이 터졌을 때, 마타 하리는 베를린에 있었다. 프랑스 국민으로 간주된 그녀는 즉시

베를린을 떠날 것을 요구받았고, 그녀의 독일 내 재산은 상당 부분 동결되고 말았다. 그녀는 무사히 네덜란드로 돌아오게 되었지만, 그곳은 하품이 나올 정도로 따분한 곳이었다. 그녀는 자신이 가장 큰 개가를 올린 장소인 파리로 되돌아가고자 필사적으로 애를 썼다. 전시 상황에 처한 파리로 들어가기 위해서 우선 영국으로 건너가야 했던 그녀는 그곳에서 독일 첩보원일지도 모른다는 의심을 받는 바람에 영국의 첩보기관에 의해 임시 억류되었다. 그녀는 본국인 네덜란드로 되돌려 보내졌으나, 마침내 1916년 마드리드를 경유하여 파리에 입성하는 데 성공하였다. 그러나 그 내막은 고달픈 것이었다. 그녀는 영국 측의 끈질긴 의혹 제기로 프랑스 입국이 거부되는 바람에 몇몇 개인적인 연줄의 도움을 받고서야 국경을 넘을 수 있었던 것이다.

그녀의 수상한 신분을 알려온 영국 측의 경고를 접한 프랑스의 첩보국장 조르주 라도(Georges Ladoux) 대령은 1916년 여름부터 6개월간 파리에서 그녀의 뒤를 밟았다. 그러나 이러한 비밀 감시를 통해 알아낸 것이라고는 그녀가 엄청난 수의 애인들을 사귀고 있다는 것과 그들 중 대부분이 군인이라는 사실뿐이었다. 프랑스인, 이탈리아인, 스코틀랜드인, 벨기에인, 러시아인 할 것 없이 그녀는 모두와 즐기고 있었다.

그러다가 마타 하리는 자식뻘 정도밖에는 안 되는 젊은 러시아 군인과 사랑에 빠지고 말았다.

나중에 그녀는 그를 위해서라면 "불속에라도 뛰어들어갈 것"이라고 맹세하였다. 그녀에게 당장 필요한 것은 돈이었다. 고급 창부로서의 삶을 청산하고서도 이 스물한 살의 젊은 연인 블라디미르 드 마슬로프(Vladimir de Masloff) 대위를 부양하려면 아주 큰 돈이 있어야 했다. 기회를 포착한 첩보국장 라도는 행동에 나섰다. 만일 마타 하리가 프랑스를 위해 첩보활동을 해주기로 동의한다면, 그 대가로 그녀는 그렇게도 원하던 현찰을 챙기게 될 것이다.

마타 하리는 야심적인 계획을 제안했다. 우선 그녀가 벨기에를 점령한 독일 주둔군 사령관인 모리츠 페르디난트 폰 비싱(Moritz Ferdinand von Bissing) 장군을 소개받고, 그 관계를 이용하여 한때 그녀의 연인이기도 했던 독일의 왕세자와 다시 접촉하겠다는 것이다. 자신의 임무에 스릴을 느낀 그녀는 남자들을 유혹하는 데 필요한 적절한 의상을 살 수 있게끔 선금을 지불해달라고 라도에게 (일반 편지로) 청원하였고, 그런 후에 드디어 영국을 경유하여 벨기에로 가는 험난한 여정에 나서게 되었다.

영국에 도착한 마타 하리는 다시 한 번 억류되었다. 런던 경찰국 부국장인 바질 톰슨 경(Sir Basil Thomson)은 나중에 회고하기를, 자신은 그녀를 취조하는 일이 대단히 즐거웠으며 그녀의 생기 넘치는 재치에 깊은 인상을 받았다고 적었다. 한편 마타 하리는 자신이 가짜로 꾸며낸 동양과의 연계성을 상세히 설명하였고, 지금 현재는 연합군을 위하여 수많은 첩보활동에 관여하고 있다고 주장했다. 톰슨은 그 주장의 진위를 가리기 위해 라도에게 연락을 취하였으나, 라도는 마타 하리의 활동에 관하여 아는 바가 전혀 없다는 답신을 보내왔을 뿐이다. 결국 마타 하리는 에스파냐로 가야만 했다. 아마도 톰슨은 만일 그녀가 영국첩보부의 의혹대로 정말 독일의 첩보원이라면, 그곳 에스파냐에서 본색을 드러내리라 생각했던 모양이다. 그렇게 해서 톰슨은 마타 하리가 네덜란드로 가는 여행을 허가하지 않고, 그녀를 열 개의 짐가방과 함께 에스파냐로 보냈다.

영국이 원래의 계획을 망쳐놓았음에도 전혀 기가 꺾이지 않은 그녀는 여전히 프랑스로부터 거액의 포상금을 받을 수 있기를 간절히 바라면서 이번에는 마드리드 주재 독일특사인 아르놀트 폰 칼레(Arnold von Kalle) 소령을 정복하기로 목표를 정했다. 그녀가 그와 접촉하기 위해 사전에 수행한 조사방법은 간단했다. 그녀는 전화번호부에서 그의 이름을 찾아냈고, 전화를 걸어 만나줄 것을 요청한 다음, 곧바로 작업에 들어갔다. 그녀는 수줍은 듯한 태도로 자신의 수법을 해명하였다. "나는 여자가 신사를 정복하고 싶은 경우에 하게 되는 그런 일을 한 것이었습니다. 그리고 나는 폰 칼레가 내 남자라는 사실을 곧 깨달았습니다."

마타 하리에게는 불행한 일이었지만, 폰 칼레는 그녀의 동기를 의심하였고, 그녀에 관한 내용을 언급한 전문을 본국에 전송하기로 결심하였다. 그런데 전문을 작성할 때 그는 일부러 연합군이 이미 다 해독할 줄 아는 암호를 사용하였다. 만일 그녀가 프랑스를 위해 일하고 있다면, 이 전문은 프랑스인들로 하여금 그녀가 독일을 위해서도 일하고 있다고 믿게 만들 것이다. 음모는 먹혀들었다. 황폐화된 조국의 사기를 진작시키기 위해 간첩들을 일망타진하는 데 안달이 나 있던 프랑스 첩보국은 마타 하리를 연행해 들였다. 무희에, 고급 창부에, 아마추어 첩보원인 그 여인은 이 사실을 도저히 믿을 수가 없었다. 그녀는 자기가 저지

> 매우 성적인 데다가 상대가 기겁을 하리만큼 독립심이 강한 그녀는 확실히 주변에 두고 있으면 위험한 여인이었다. 만약 여자들이 돈 때문에 남자들과 잤다면, 자기중심적이고 파멸적인 그 피조물들은 국가의 비밀을 캐내기 위해서도 능히 남자와 잠자리를 같이할 것이다.

른 유일한 간첩행위는 오직 프랑스를 위한 것이었을 뿐이라고 격렬하게 항변했다. 그러나 프랑스 당국으로서는 희생양이 필요했고, 마타 하리는 그 명목에 그야말로 딱 들어맞는 대상이었다.

매우 성적인 데다가 상대가 기겁을 하리만큼 독립심이 강한 그녀는 확실히 주변에 두고 있으면 위험한 그런 종류의 여인이었다. 20세기 초반의 극장 무대는 많은 여성들에게 일종의 해방의 장소로 인식되어 있었다. 대개 누군가의 정부나 고급 창부 노릇을 하면서 부족한 수입을 보충하곤 했던 여배우와 무희들은 전쟁이 터지고 나자 이제는 마

치 세상의 질서를 뒤집어엎을지도 모를 위험한 세력인양 세인의 경멸을 당하게 되었다. 세상이 올바로 돌아갈 때에는 그러한 공연들 덕분에 환대를 받던 여자들이 이제는 누구보다도 의심스러운 존재가 되어버린 것이다. 그 여자들은 규범을 무시했을 뿐 아니라, 유력한 남자들의 가장 심오한 사유세계와 가장 취약한 방심의 순간을 파고들어 그들의 일에 내밀하게 관여하였다. 만약 그 여자들이 돈 때문에 남자들과 잤다면, 자기중심적이고 파멸적인 그 피조물들은 국가의 비밀을 캐내기 위해서도 능히 남자와 잠자리를 같이할 것이다. 성애적인 여인일수록 그녀가 저지를 수 있는 파괴의 범위는 더욱 커진다. 그리고 넘을 수 없는 경계라는 것이 무의미했던 여인 마타 하리는 그 자체로 성애의 화신이었다. 그러니 이제는 그녀를 멈춰 세워야만 했다.

　1917년 2월 13일에 마타 하리는 간첩 혐의로 정식 체포되었고, 생-라자르(Saint-Lazare) 여성교도소에 수감되었다. 과거 자신의 무대 공연을 자신이 직접 안무했던 마타 하리는 클레오파트라의 금지된 희열 등과 같이 과거의 요부들을 연상시킬 수 있는 다양한 암시들을 뒤섞어 자신의 페르소나를 능숙하게 엮어내곤 했었다. 시절이 좋을 때는 그런 식의 연상 작용이 그녀의 호소력을 한층 더 고조시켜주었으나, 전시(戰時)라는 의혹과 음모의 분위기 속에서는 이국적인 '타인'을 연상시키는 요소들이 오히려 반역의 이미지를 떠오르게 만들

뿐이었다. 이전까지만 해도 사람들의 호기심을 자아냈던 마타 하리의 까무잡잡한 피부는 이제는 혐오감을 불러일으켰다. 그녀가 어떤 부류의 여인인지 이미 결정된 상황에서, 그녀를 기소한 프랑스 제3군법회의 검사관 앙드레 모네(André Mornet) 중위는 그녀가 유죄인 이유를 이렇게 설명했다.

> 젤러 여인은 교전상태 이후로 매우 위험스러운 존재가 된 그들 국제적인 여인들(이 말은 그녀 자신의 표현입니다) 중의 한 명으로 우리 앞에 등장하였습니다. 여러 나라 말, 그 중에서도 특히 프랑스어로 자신을 표현할 줄 아는 용이함, 그녀가 맺고 있는 수많은 사람들과의 관계, 그녀의 교활한 방법들과 태연자약한 태도, 놀랄 만한 지능, 그녀의 부도덕함 등 선천적인 것이든 배운 것이든 이 모든 것들이 그녀를 용의자로 만드는 데 일조한 것이었습니다.

이러한 순간만을 기다려온 언론 매체는, 지난 50년간 미술 작품의 변함없는 소재였고 문학작품 속에서 점점 살이 붙어 구체화된 사악한 여인들의 이미지와 마타 하리 사이의 연관성을 기민하게 꾸며냈다. 그녀는 "독일의 헤롯 앞에서 우리 병사들의 머리를 가지고 논 사악한 살로메"로 묘사되었다. 그녀는 남자로 하여금 치명적인 비밀을 누설하게 만드는 또 다른 전문가인 델릴라와도 비교되었다. 그녀의 노골적인 관능성은 그녀의 배신능력을 입증하는 증거로 인용되었다.

독일의 스파이 총책인 구스타프 슈타인하우어(Gustav Steinhauer)는 여자들은 희열을 갈구하기 때문에 첩보원이 된다고 적은 바 있다. 남성 첩보원들이 조국의 이익을 위해서 활동했던 반면, 여성 첩보원들은 자기만족에 초점이 있다는 것이다. 또한 천성적인 모반의 성향 탓에, 첩보활동을 했던 여자들은 "가장 능란한 남성 첩보원보다도 훨씬 더 교활하며, 훨씬 더 빈틈이 없다." 마타 하리의 이야기를 소재로 해서 발표된 한 소설은 여성이 배신을 통해서 이끌어내는 강렬한 개인적인 만족감을 강조한다. 그 소설의 한 핵심적인 등장인물은 이렇게 고함친다. "어떻게 하면 내 입으로 그자들의 심장을 확실히 물어뜯을 수 있을까, 그리고 어떻게 하면 그자들을 먹어 치워 없앨 수 있을 것인가, 아니, 어떻게 하면 단 한 방울의 피도 남기지 않고 다 빨아먹은 뒤 껍데기만 남은 그들의 송장 따위를 그냥 내던져버릴 수 있을 것인가." 소름끼치는 일이었지만, 대량 파괴의 시대에 질서 유지를 책임지던 사람들은 그 독립적이고 국제적인 여인이 자기들 계층에 파고들지 못하도록 단단히 봉쇄해버리고는, 결국엔 그녀를 총살시켜버리게 된다.

마타 하리는 남성 특권의 구역에서 무모하게도 여성으로서 자신의 권리를 주장했던 성적인 여류 모험가였다. 결국은 그녀 자신이 자신의 파멸을 약속하는 세부적인 계획들을 기획했던 셈이다.

그녀는 스스로를 넘지 못할 경계가 없는 여인, 섹스의 쾌락에 한껏 빠졌던 이국적인 과거사를 가진 여인으로 묘사했다. 평화가 유럽을 지배하는 동안에는, 그런 여성이 흥분을 대리 경험해보고 싶어 안달이 난 군중들을 끌어들였다. 그러나 전쟁이 터졌을 때라면, 남자들은 책에서 읽거나 이야기로 들어왔던 기존의 모든 경험에 비추어 마타 하리 같은 유형의 여성에 대해 오로지 치명적인 존재라는 생각만을 떠올리게 된다.

마타 하리 사건을 맡은 프랑스의 검찰관들은 그녀가 응분의 대가를 확실히 치르도록 만들기 위해 허겁지겁 정해진 법률적인 수순을 밟아 나갔다. 실제로는 훗날 검찰관들도 인정한 바와 같이, 마타 하리에 대해서 "고양이를 매질할" 만큼의 증거조차 없었음에도 불구하고, 당시 재판에 임한 배심원들은 검찰 측의 유죄 인정 요구에 그대로 호응하였다. 그녀가 매우 요염하게 자신의 어깨 위에 두른 요부의 망토는 그 효력이 크다 못해 지나쳤던 것으로 판명 난 셈이다. 프랑스의 총살 조는 마타 하리의 사형 집행이 신이 명령한 의무의 이행이라고 믿었다. 그 임무는, 아주 많은 남자들에게 아주 많은 기쁨을 가져다준 이 활력 넘치고 자존심 강한 여인을 이제는 위협적인 힘 따위는 모두 제거되어버린 '페티코트 속의 우그러진 고깃덩어리'에 불과한 존재로 고꾸라지게 만드는 일이었다.

≫ 이야기꾼들은 남자들이 살로메나 델릴라 같은 여자에게 도취되어버리면 무모한 약속을 하거나 파멸의 씨앗이 담긴 비밀을 누설하게 된다고 경고한다. 이런 족속에 속하는 파멸적인 요부들은 남성들의 집단적인 상상 속에 너무나 확고하게 자리잡고 있기 때문에, 파괴적이고 혼돈스러운 성향을 갖고 있을지도 모르는(혹은 전혀 갖고 있지 않을 수도 있는) 현실세계의 여성들로 그 이미지가 쉽게 전환되곤 한다. 필요하다면 남자들은 매우 신속하게 그런 성향을 그런 여자들에게 확실히 귀속시켜버린다. 마타 하리처럼 운이 나빴던 몇몇의 여인들은 미래가 밝게 보일 때 자신들을 성공으로 이끌어준 남성적 욕망의 파동이, 조류의 방향이 바뀌고 나면 자신들을 바닥까지 끌어내리는 남성적 의혹의 강한 역급류로 바뀌게 된다는 사실을 절감하게 된다.

Chapter 6
The Vamp
흡혈 본능, 뱀프

그녀는 강했다. 그는 그녀 안에서 완전히 사라져버릴 수도 있었다. 그것은 격렬한 만족감과 감미로운 혐오감을 동시에 선사하는 것이었다.

• 위 : 시대의 조류가 변해
감에 따라서 빅토리아시대
사람들은 점차 약탈적인 여
성성이라는 이미지에 관심
을 갖게 되었다. 성배를 찾
는 모험을 성공리에 완수해
낸 아서의 기사들 중 한 명
이었던 순결한 기사 퍼서벌
경(Sir Percival)은 자신을 몰
래 습격할 의도를 갖고 나
타난 위협적인 여인을 알아
채지 못한다.

〈퍼서벌 경의 유혹(The Temptation
of Sir Percival)〉, 아서 해커(Arthur
Hacker, 1858~1919), 1894년.

소설과도 같은 마타 하리의 이야기가 유럽에서 한창 전개되고 있을 때, 또 다른 치명적인 여성의 이미지가 북아메리카 지역에서도 유사하게 만들어지고 있었다. 그 이미지는 유럽의 낭만주의 시가(詩歌)와 상상력에 근원을 둔 것이었다.

18세기에 여성들이 좀 더 많은 자율권을 요구하고 나서기 시작하자, 남자들은 그에 대한 반응으로, 지나치게 과도한 정신활동은 여성들의 머리에 나쁜 영향을 미친다고 타이르면서 집에 편안히 머물러 있는 편이 더 낫다고 권장하였다. 빅토리아시대의 남자들은 여성의 가치란 힘든 일을 맡거나 지적인 능력을 통해서가 아니라 이른바 여성의 미덕에 의해 측정되는 것이라고 판단하였다. 이상적인 여인이란 남편과 함께 가족의 제반 업무를 애써 꾸려나가는 동반자의 역할이 아니라, 가족을 위해서 모든 것을 희생하는 가정의 성도로서의 역할을 수행하는 여인이었다. 그런 여인은 남자가 쉴 곳을 찾아 은둔해 들어갈 수 있게끔 그에게 평온한 안식처를 제공하게 될 것이다. 이러한 정숙한 백합과도 같은 여인이 성관계를 감수하는 것은 그녀가 성관계를 즐기기 때문이 아니라, 그것이 그녀의 의무이기 때문이다. 고상한 응접실 안에 갇히게 된 여성들은 눈에 띄게 창백해져갔고, 점차로 '우울증'의 습격에 시달리게 되었다. 한편 남자들은 금전적인 편의주의에 물든 흉악한 세계에서 그야말로 돈을 벌기 위한 비즈니스의 삶에 빠져 있었고, 육체의 욕망을 채우기 위해서는 매춘부들을 찾아갔다. 남성과 여성 사이에 가로놓인 심연의 폭은 더욱 더 넓어져버렸다.

1857년 샤를 보들레르(Charles Baudelaire, 1821~1867)는, 연인의 "바로 그 골수"를 뽑아내 버리고 자신은 썩어 들어가는 살덩어리로 녹아내리는, 그렇게 해서 자신의 진짜 본성을 드러내고 마는 한 여인에 관한 시 〈흡혈귀의 변신(Metamorphoses of the Vampire)〉을 썼다. 1897년 브람 스토커(Bram Stoker, 1847~1912)는 여성을 먹잇감으로 삼고 그 다음에는 그 여성을 사랑한 남성의 생명을 서서히 소진시켜가는 남성 흡혈귀 드라큘라(Dracula)를 창조해냈다. 빅토리아시대의 사람들이 그들의 가정생활에서 성적인 요소를 떨쳐버리려고 애쓰면 애쓸수록(피아노의 다리를 덮개로 가려놓는 일에 매달리거나, 어머니들은 쾌락이 아니라 오로지 후손을 생산하기 위해서만 성관계를 가져야 한다고 제안하는 등), 억압되지 않은 성욕의 묘사는 더욱 치명적이 되어갔다.

스토커가 드라큘라를 창조하고 있는 동안, 필립 번-존스(Philip Burne-Jones, 1833~1898)는 길고 검은 머리에 잠옷만을 걸친 채로, 잠자고 있는(어쩌면 죽어 있는 것인지도 모르는) 젊은 연인의 몸통 위에서 약탈자의 자세를 취하고 있는 창백한 여인의 이미지를 만들어냈다. 그는 그 그림을 〈흡혈귀(The Vampire)〉라고 이름 붙였다. 빅토리아시대의 작가 루드야드 키플링(Rudyard Kipling, 1865~1936)은 그 이미지에서 영감을 얻어 동일한 제목의 시를 단숨에 써내려갔다. 그 일부를 여기에 발췌해 보자.

한 어리석은 자가 있었다네, 그리고 기도했다네―
(꼭 당신과 나와 같이)
지쳐 쓰러질 때까지, 뼛속까지, 머리카락 한 줌 남을 때까지―
(우리는 그녀를 무심한 여인이라 불렀다네)
그러나 그 어리석은 자는 그녀를 자기의 고운 여인이라 불렀다네―
(꼭 당신과 나와 같이)

키플링은 그 시에 등장하는 흡혈귀가 어떤 식으로 자신의 연인이 소중히 여기는 모든 것들을 빼앗아버리는지 묘사하고 있다.

> 그 어리석은 자는 완전히 벗겨져 어리석은 가죽만 남겨졌다네—
> (꼭 당신과 나와 같이)
> 그녀가 그를 내쳐버렸을 때, 그녀도 아마 그 모습을 보았을지 모르지—
> (그러나 그녀가 그런 수고를 했는지는 기록에 남아 있지 않다네)
> 어쨌거나 그렇게 해서 그의 일부는 살았지만, 그의 대부분은 죽어버렸다네—
> (꼭 당신과 나와 같이)

여기에는 완전히 득의에 찬 치명적인 요부가 등장한다. 냉혹하고, 자기중심적이며, 무자비한 그녀는 남자의 모든 것을 홀랑 벗겨버리고는 그를 내쳐버린다. 사실, 빅토리아시대의 남자들은 스스로를 빠져나오기 힘든 궁지로 몰아갔던 셈이었다. 남자들은 여자를 그저 멀찍이 떨어져 바라보며 찬사를 보낼 수 있는 치장용 액세서리로 만들어버렸다. 그들은 상업적인 교류와 활동적인 사회적 상호작용의 분잡한 세상에서 그녀들을 빼낸 다음, 여러 가지 흥미로운 물건들로 가득 찬 어두침침한 집안 응접실에 가두어놓았다. 남편들은 아내에게 섹스의 기쁨을 금지하였고, 남자들은 자기가 꾸린 가정의 안락함 속에서 여성적 미덕의 끝없는 공급을 통해 힘을 충전할 수 있었다. 그런데 이제 그 냉랭하고 창백한 존재들이 복수를 다짐하고 있었던 것이다. 자기 남자의 남성성과 성공을 반영하기로 되어 있던 그 여신은 바닥이 보이지 않는 욕망의 구덩이 속으로 빠져들고 있었다. 그녀는 가면을 벗어버리고 이제 그만 천상에서 내려오고 있었다. 그녀는 자신과 남자 사이의 심연의 간격을 좁혀가면서 그 남자를 육박해오고 있었다. 그녀가 남자를 향해 자신의 손을 내밀었을 때, 그것은 그의 뺨을 어루만지거나 그의 귀에 부드럽게 속삭이려는 것이 아니었다. 그녀가 내민 손은 그녀가 잘 돌보아주기로 되어 있던 그 남자의 영혼을 그의 몸에서 꺼내 갈가리 찢어놓으려는 손이다. 생각만 해도 끔찍한 일이지만, 이제 남자들의 꿈은 악몽으로 바뀌어버렸다.

억압된 여성상의 반격
테다 바라 | Theda Bara

1909년에 포터 에머슨 브라운(Porter Emerson Browne, 1879~1934)이 키플링의 시를 바탕으로 해서 쓴 희곡 한 편이 뉴욕의 브로드웨이 극장가를 강타했다. 〈어리석은 자가 있었다네(A Fool There Was)〉라는 제목의 그 희곡은, 칠흑 같은 검은 머리를 가진 이름 없는 한 여인의 최면을 거는 듯한 시선과 광포한 성적 욕구 앞에 저항할 수 없었던,

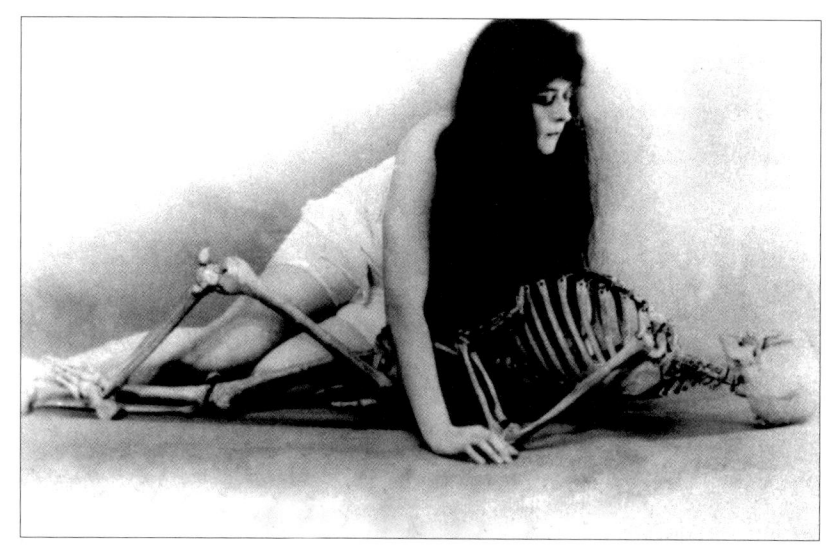

• 위 : 할리우드가 약탈자로서의 여성이라는 이미지에 손을 뻗쳤을 무렵, 이미 남자의 운명은 생생하고도 냉정한 방식으로 낱낱이 표현되고 있었다. 1915년도 영화 〈어리석은 자가 있었다네〉를 홍보하기 위해 찍은 광고사진 속에서 테다 바라가 자신의 희생양 중 한 명인 뼈만 앙상하게 남은 시체 잔해 위에 몸을 웅크리고 있다

비록 특권을 가졌으나 허약하기 짝이 없던 한 남성의 파멸의 궤적을 추적하고 있다. 그녀는 그 남자가 있는 쪽으로 시선을 옮기기만 하면 될 뿐이었고, 그럴 때 그의 마음은 산산이 조각나버리고 말았다. 그는 그녀를 위해 모든 것을 포기하게 된다. 사랑스럽고 덕스러운 아내, 아름다운 어린 딸, 그리고 성공적으로 일구어낸 자신의 비즈니스제국까지 모두 다 내버리게 되는 것이다. 순결한 백합과는 전혀 거리가 먼 그녀, 바로 그 흡혈귀는 사람의 오관을 넌더리나게 만들 만큼 자극적인 향취를 풍기는 핏빛의 붉은 장미였다. 그녀는 새로운 이브였고, 클레오파트라의 부활이자, 살로메의 재림이었으며, 그 모든 이미지가 하나로 똘똘 뭉쳐진 그런 파멸적인 존재였다. 그녀는 그 남자가 지난 세월 무척이나 열심히 노력해서 성취해낸 모든 것들을 분별없이 파괴해버렸다.

• 오른쪽 : 음침한 눈, 거무칙칙한 긴 머리, 위협적인 풍채의 바라는 모든 것을 다 갖추었다. 여기 이 1915년도 영화 〈죄악(Sin)〉의 홍보사진에서도 그녀는 자신의 뱀프다운 매력을 유감없이 드러내고 있다.

1915년에 할리우드는 포터 에머슨 브라운의 희곡을 영화화하였다. 주연은 테오도시아 굿맨(Theodosia Goodman)이라는 여배우였고, 그녀는 테다 바라(Theda Bara), 혹은 뱀프라는 별명으로 널리 알려져 있었다. 창백하고 육감적인 데다 음침한 눈가를 먹으로 시커멓게 화장한 바라는 영화 홍보용 사진을 찍기 위해, 생명의 정수가 완전히 빠져나가서 이제는 뼈만 앙상하게 남아 있는 희생자의 잔해 위에서 포즈를 취했다. 그 영화에서 그녀의 입맞춤은 남자의 원기를 돋우어주기는커녕, 오히려 그의 원기를 완벽하게 고갈시키는 끔찍한 효과를 확실하게 발휘한다. 그녀는 자신의 강렬한 성적인 자력(磁力)을 이용해 어두컴컴한 저 깊은 후미에서 발톱을 치켜세우고 위쪽을 향해 서서히 기어오른다. 아무리 많이 잡아먹어도 그녀에게는 결코 충분치가 않다. 일단 그녀가 한 남자를 통째로 구워 먹고 나면, 그 남자는 이제 그녀에게 줄 수 있는 것이 아무것도 없게 되고, 그렇게 되면 그녀는 다른 남자에게로 옮겨간다. 아무도 그녀를 막을 수 없다. 그녀는 희생자의 곁을 떠나지 않고 지키고 있는 연약하고 덕스러운 여인 따위는 철저히 무시한다. 왜냐하면 그 흡혈귀와도 같은 약탈적인 여인 뱀프는 자신의 게걸스런 성욕 앞에서 희생자의 보잘것없는 아내가 무언가 기회를 잡을 수 있을 가능성이란 전혀 존재하지 않는다는 사실을 잘 알고 있기 때문이다.

그 영화 속에서 바라가 선사한 입맞춤의 장면

들은 강렬한 인상을 풍기는 육감적이고 관능적인 것들이었다. 카메라는 적극적으로 그 장면들에 탐닉하였다. 일상의 삶 속에서 섹스를 멀리하고자 안간힘을 써왔던 남자 주인공은 이제 그 영역을 단 한 줌도 남김없이 다시 환수해 들이려 한다. 그가 절박하고 격렬한 섹스로부터 헤어날 길은 없었으며 그러한 섹스가 그 남자를 무겁게 억누르고

아무리 많이 잡아먹어도 그녀에게는 결코 충분치가 않다. 일단 그녀가 한 남자를 통째로 구워 먹고 나면, 그 남자는 이제 그녀에게 줄 수 있는 것이 아무것도 없게 되고, 그렇게 되면 그녀는 다른 남자에게로 옮겨간다. 아무도 그녀를 막을 수 없다.

있었다. 그동안 단단하게 지탱해온 남자의 둑이 파열된 것은 그의 책임이 아니다. 그녀는 육욕 덩어리였고, 그리고 그녀는 강했다. 그는 실제로 그녀 안에서 완전히 사라져버릴 수 있었다. 그것은 격렬한 만족감과 감미로운 혐오감을 동시에 느끼게 해주는 것이었다.

그녀의 강렬한 인상에도 불구하고(사실상 바로 그 이유 때문에), 바라의 뱀프 연기는 제한된 수명 밖에는 누리지 못했다. 일단 그런 방식으로 최초의 충격이 사람들을 전율시키고 나자, 그녀의 가장 열성적인 팬들조차도 그녀를 조금은 도가 지나친 여자로 보게 된 것이다. 그러나 그녀의 이미지는 남자들의 상상 속에 좀처럼 사라지지 않는 심대한 영향력을 발휘하였다. 그리고 그 뱀프의 이미지는 바로 제2차 세계대전 무렵에 치명적인 여

인 팜므 파탈의 이미지로 다시금 변신하게 된다. 양성적이면서 대단히 세련된 자태를 갖고 있는 독일 출신의 여배우 마를렌 디트리히(Marlene Dietrich, 1901~1992)가 열연했던 1930년 영화 〈블루 엔젤〉의 주인공 롤라 롤라는 그러한 변신을 향해 가는 첫걸음이었다.

약한 남성들의 포식자
블루 엔젤 | The Blue Angel

〈블루 엔젤〉에 등장하는 뱀프는 육욕을 자극하는 곡선미를 발산하였다. 그리고 발성영화의 시대가 되어서 비로소 들어보게 된 그녀의 허스키한 목소리에는 남성적인 억양마저 담겨 있었다. 상대를 매혹시켜 파괴하는 자신의 능력을 계속 사용하기는 했지만, 이 요부는 만만한 남자를 찾아서 자기가 직접 코를 킁킁거리며 세상을 헤매고 다닌 것은 아니었다. 오히려 그녀는 남자들이 자기에게 다가오기를 기다렸다. 그리고 이런 의미에서 그녀의 속박에 걸려든 남자들은 스스로 파멸을 초래한 장본인들이었다. 강한 남자들이나 혹은 그녀에게서 멀찌감치 떨어져 있던 남자들은 안전했다. 그녀는 오로지 자신의 소굴에 제 발로 걸어 들어온 천성적으로 나약한 기질을 타고난 그런 남자들만을 건드렸다. 그녀는 치명적인 여인이었으나, 또한 남자들이 중심을 되찾고 있음을 보여주는 상징이기도 하였다. 왜냐하면 오직 나약한 자들만이

빅토리아시대 그림 속 여인들 | Painted Ladies

20세기의 전환기에 뱀프에 대한 생각은 빅토리아시대의 사회 속에 지나칠 정도로 깊게 스며들었기 때문에, 상류사회의 숙녀들마저도 마치 유행처럼 사악하게 보이기 시작했다. 초상화가들은 튼튼한 금박의 액자 속에 감금된 채 마치 도적떼의 두건을 두른 듯 악의에 찬 시선으로 바깥을 응시하는 그 사회 엘리트계층 여인들의 모습을 화폭에 담았다.

존 싱어 사전트(John Singer Sargent, 1856~1925)가 그린 이 스코틀랜드 귀족부인의 초상화에서, 그림의 주인공인 애그뉴부인(Lady Agnew)은 한 팔을 의자 옆으로 늘어뜨린 채 더할 나위 없이 편안한 마음으로 구경꾼이 침입해 들어와 있는 셈이나 다름없는 그 사적인 공간에 앉아 있다. 그녀가 의자 다리를 움켜쥐고 있는 방식에는 권위적인 도도한 기운이 흐른다. 그녀는 긴장을 풀고 있는 듯 보이지만 실은 모든 준비를 갖추고 있다. 액자 속의 모든 곳이 다 그녀의 영역이며, 구경꾼은 위험을 무릅쓰고 그 안에 들어선다. 그녀의 오른손은 주름 잡힌 치맛자락 속에 감추어져 있다. 먼저 그녀가 환영의 의미로 그 손을 내밀 것인가, 아니면 깜빡이지도 않는 그 커다란 두 눈으로 방문자를 뚫어지게 응시하면서 이쪽에서 먼저 행동을 취하기를 기다릴 것인가. 그녀에게는 기다릴 수 있는 여유가 있을 것이다. 모든 것이 정지된 침묵이 길어지면 길어질수록 그 방문객은 그 미지의 세계에 발을 들여놓을 수밖에 없다는 사실로 인해 점점 더 흥분에 빠져들게 될 것이다.

이 여인은 관찰당하는 객체가 아니라, 모든 상황을 통제하는 주체이다. 다만 그녀가 정확히 어떤 종류의 통제력을 행사할 작정인지는 분명치 않다. 보일 듯 말 듯 아주 희미한 미소의 흔적은 혹시 그녀가 구경꾼을 제물로 삼아 자신의 어떤 개인적인 쾌락을 추구하고자 획책하고 있는 것은 아닌지 암시해준다. 그녀는 자기가 어떤 계획을 세우든 간에 그것을 완수하는 데는 아무런 어려움이 없을 것이라고 확신한다. 살짝 치켜세운 눈썹은 남자로 하여금 그녀와 관계 맺는 일을 감당해내라고 도전하는 것이기도 하면서, 동시에 그가 과연 그렇게 할 수 있을 것인가 하는 그녀의 의구심을 드러내 보여주는 것이기도 하다.

뱀프에 대한 이러한 선입관은 극단적인 형태로 나타나 일군의 창백한 여인들을 양산하는 결과로 이어졌다. 그런 여인들의 음산한 외모는 그녀들이 혹시 다른 세상의 삶과 관계가 있는 것은 아닌지 하는 의혹까지 제기하게 만들었다. 흡혈 본능을 가졌다는 여성들로 인해 혼란스러워진 시대를 이용하여 자신의 신비함을 배가하기 위해, 프랑스의 여배우 사라 베르나르(Sarah Bernhardt, 1844~1923)는 비단으로 안감을 댄 관 속에서 낮잠을 잔다는 이야기를 널리 퍼뜨렸다. 무희인 이다 루빈슈타인(Ida Rubinstein, 1885~1960) 역시 자기를 둘러싼 세상을 집어삼킬지도 모르는 야위고 음습한 여인으로 사람들에게 비치기 위해서 말기 환자처럼 창백한 안색에 분홍빛 연지 따위는 거의 바르지 않은 모습으로 사람들 앞에 나타나 스스로 뱀프의 이미지를 조장하였다. 〈죽음(The Passing)〉(1911년)에서 그녀의 연인인 미국인 화가 로메인 브룩스(Romaine Brooks, 1874~1970)는 긴 검은 머리를 온통 바닥으로 내리운 채 세상의 고통에서 해방된 송장처럼 검시(檢屍) 탁자 위에 올려져 있는 그녀의 나신을 그렸다.

• 오른쪽 : 1930년 영화 〈블루 엔젤〉에서, 마를렌 디트리히가 연기한 주인공 롤라 롤라는 한 작은 마을의 남자 교사를 유혹하여, 그로 하여금 온화하고 안전한 독신 남성의 삶에서 벗어나 떠돌이 밤무대 가수들의 음침한 환경 속으로 빠져들게 만든다. 그리고 그곳에서 그 남자는 완전히 제정신을 잃고 만다.

그녀에게 굴복했기 때문이다.

영화가 시작할 때, 에밀 재닝스(Emil Jannings)가 연기한 남자 주인공 래스 선생은 지역 사회에서 좋은 평판이 난 올곧은 남성으로 등장한다. 남자 고등학교의 교사로서 그의 직업은 차세대를 이끌 남자다운 지도자들이 갖춰가야 할 인품을 구체화해주고, 그들의 성적인 충동을 억제하는 것이다. 그런데 그가 나쁜 길로 빠져든 담당 학생들을 쫓아서 한 밤무대까지 가게 되었을 때, 정작 관능적인 여배우 롤라 롤라에 의해 모든 것을 잃게 되는 사람은 바로 그 자신이었다. 쇼가 끝난 후 사람의 애를 태우듯 힐끗 드러난 롤라의 레이스 달린 란제리에 완전히 매료되어버린 그 근엄한 학교 선생님은 지금까지 교실 안에 마련해온 자신의 인격적인 영지를 그녀의 무대 세계와 맞바꾸게 된다.

자신의 자연스러운 거주공간 안에서 래스는 대체로 예측 가능한 행동을 하고 양심적이며 조금은 고리타분한 사람이다. 자신의 자연스러운 거주공간 안에서 롤라 롤라는 남자들이 쏟아내는 욕망을 받아내는 그릇과도 같은 존재이다. 그 훌륭한 선생은 비좁지만 안정적인 세계에 안주하고 있고, 그 음탕한 여배우는 늘 변화하는 자신의 주변 환경을 자신의 다음번 표적을 염두에 두고 늘 깨끗이 정돈해 놓는다. 그는 정신적인 소양을 길러주는 고전들을 다루고, 그녀는 환상적인 꿈들을 다룬다. 그는 아직까지 이해하지 못하고 있었지만

언젠가는 반드시 경험해보고 싶었던 여성적인 본성에 완전히 매료되고 만다. 그리고 그녀는 그런 남자가 보내는 추파에 어떤 식으로 대응해야 하는

지를 너무 잘 알고 있을 뿐이다.

래스에게 타고난 저항력이 결여되어 있다는 점은 곧 그가 몰락하는 원인이 된다. 세상 물정 모르는 순진무구한 그 남자는 롤라의 번지르르한 마력에 너무나도 쉽게 굴복해버린다. 그녀와 결혼하고 나자 그는 그녀의 애완견 신세가 된다. 그는 그녀를 위해 잡일과 온갖 심부름을 다한다. 그리고 그는 자기 아내가 다른 남자들의 눈을 즐겁게 하

그녀는 오로지 자신의 소굴에 제 발로 걸어 들어온 천성적으로 나약한 기질을 타고난 그런 남자들만을 건드렸다. 그녀는 치명적인 여인이었으나, 또한 남자들이 중심을 되찾고 있음을 보여주는 상징이기도 하였다.

는 매혹적인 미모와 자태로 거듭날 수 있게끔 돕는다. 그녀는 객석에 있는 남자들을 향해 도발적인 모습을 선사한다. 그들 역시 그녀의 남편과 마찬가지로 저항하지 못한다. 한마디로 래스는 무력하다. 그는 롤라가 천천히 그러나 확실하게 그에게서 남성다움을 뽑아내버리고 있는 동안 아무것도 할 수가 없다.

영화의 끝부분은 한없이 굴욕적이다. 롤라의 극단이 공연을 위해 래스의 고향 마을을 다시 찾게 되었을 때, 래스는 예전에 자신이 가르쳤던 학생들 앞에서 바람난 어릿광대의 모습으로 행진하게 된다. 한때 그의 권위가 먹혀들곤 했던 사람들이 그렇게 왜소해져버린 그의 모습을 목격하고는 허리를 잡고 박장대소한다.

이것이 1930년대의 요부인 뱀프의 능력이다.

• 위 : 모자를 눌러 쓴 냉혹하고 초연한 여인의 시선을 완벽하게 연기한 마를렌 디트리히는 남자들을 유혹하여 그들을 자신의 검정 단도의 칼날 앞에서 꼼짝 못하게 만들었다.

그녀는 남자의 생기를 뽑아낼 뿐만 아니라, 남자가 이 세상에서 제 위치를 지키며 살아가기 위해서 반드시 좋은 인상을 심어주어야만 하는 실력자 무리나 동료 집단 앞에서 그를 바보로 만들기까지 하게 된다. 나약한 남자들은 절대로 여성의 세계에 휩쓸려 들어가도록 스스로를 방치해서는 안 된다고 이 영화는 암시한다. 그런 남자들은 그런 여성적인 세계에서 멀리 떨어진 채 남자들이 해온 일에만 열심히 종사해야 한다. 여성화된 남자는 조롱의 대상이다. 여성의 평등권 요구에 너무 열심히 동조하는 남자들도 놀림감이 된다. 그들은 나약한 바보들이다. "그녀의 침대를 떠나라. 그리고 너의 술친구들 곁으로 돌아오라." 다른 남자들은 이렇게 촉구한다. "그녀는 결국엔 너를 땅바닥에 내팽개칠 뿐이다. 우리 곁에 단단히 붙어 있기만 하면 우리는 너에게 세상을 줄 수도 있다."

≫ **롤라** 롤라는 1940년대의 사악한 요부인 팜므 파탈의 이미지가 만들어지기 전까지 파괴적인 요부 이야기의 명맥을 이어갔다. 그리고 그러는 와중에 조금은 덜 위협적인 또 다른 요부의 이미지가 만들어지고 있었다.

Chapter 7

The Bombshell
쾌활한 섹스심벌, 밤쉘

밝고 생동감이 넘치며 자신의 육체적 매력을 드러내는 데 거침없는 그들은 은막의 섹스심벌이었다. 그리고 은막의 환상은 곧 현실이 되었다.

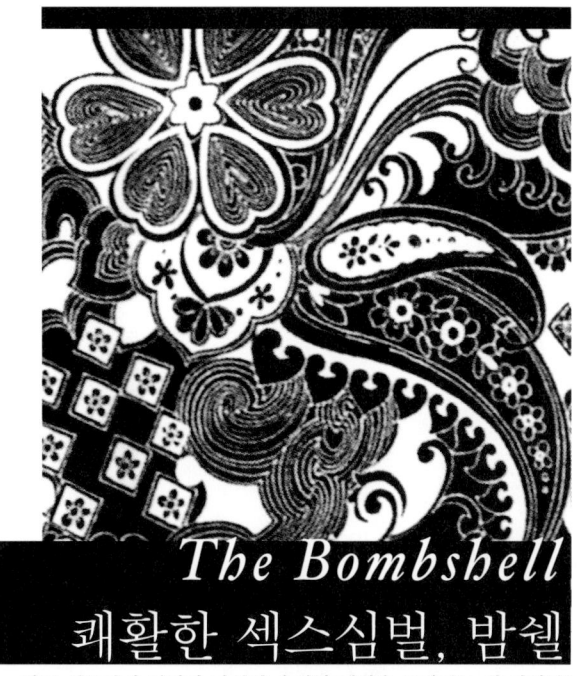

• 왼쪽 : 진 할로우는 아름다운 육체를 가졌고, 그 육체의 적극적인 활용을 두려워하지 않았다. 그녀는 카메라맨들에게는 이상과도 같았다. 수줍어하는 기색이라고는 전혀 없이 효과의 극대화를 위해서 기꺼이 그들이 원하는 자세를 잡아주었기 때문이다.

〈공적〉에 출연한 할로우의 사진. 1931년.

관능적인 여첩보원 마타 하리와 약탈적인 뱀프 테다 바라는, 격변을 일으킨 세계사적인 사건들과 여성의 권리를 요구하는 대중 선동이 미래 세계를 살아갈 남성들의 자신감을 동시다발적으로 심각하게 위협하게 되었을 때 창조된 파괴적인 요부들이었다. 제1차 세계대전이 끝난 후에는 생활이 다시 괜찮아졌다. 특히 북아메리카 지역에는 번영이 다시 찾아왔다. 몇몇 사람이 두려워했던 것처럼 전쟁이 이 세상 종말을 가져온 것은 아니었다. 여성들은 여전히 도움이 되는 존재로 사회에 힘을 보탤 수 있었고, 사랑과 결혼에 관한 전통적인 가치도 손상되지 않은 것 같았다. 남자들은 전쟁을 치르는 동안 잘 협조해준 것을 치하하는 의미에서 상당수 여성들에게 투표권을 부여하였다. 영국에서는 65년간의 공손한 투표권 요청과 5년간의 성난 요구가 있은 후에 마침내 30세 이상의 여성들이 국민투표에 참여할 수 있게 되었다. 캐나다와 유럽의 대부분 지역에서도 동일한 청원이 잇달았고, 1920년에는 미국의 여성들도 같은 권리를 획득하였다.

민주정치에 여성의 참여를 허락한 일련의 사건들이 즉각적인 혼돈으로 이어지지 않자, 남자들은 조금 긴장을 풀게 되었다. 그리고 1920년대가 되었을 때, 건강미 넘치는 왈가닥 아가씨들이 북아메리카에 등장하였다. 이 생기발랄한 젊은 여성은 사람들 앞에서 자신의 위험천만한 곡선미를 한껏 드러냈으며, 다니는 곳마다 자신의 음탕한 품행의 흔적을 남겨놓았다. 그녀의 단단히 여민 가슴과 짧게 친 단발머리 그리고 짧게 쫙 펴진 스커트는 영락없는 선머슴의 모습과 같았다. 뱀프와는 달리 그녀에게는 남자를 파멸시킬 장기적인 종합 계획 따위는 없었다. 그녀는 쾌활했다. 그녀는 생동감이 넘쳤다. 그녀는 새로운 것을 시험해보려는 열망으로 가득 차 있었다.

이렇게 좋은 시절에, 남자들은 언젠가는 부주의하고 나약한 자들을 덮치게 될 날이 오리라 꿈꾸며 어두운 거리 모퉁이에서 도사리는 그런 파멸적인 요부들을 더 이상 볼 수 없었다. 인생에는 밝은 빛이 돌았고, 사방은 파티로 흥청댔으며, 술은 넘쳐흘렀다. 분명히 남자를 홀려 돈을 우려내는 여자도 간혹 있었고, 감정적인 집착 따위에는 전혀 무심했던(자기중심적이고 냉혹한 뱀프의 흔적이라 할 수 있다) 별스러운 여인들도 있었다. 그러나 남자들은 부유했고, 그들에게는 예쁜 물건들을 갖고 싶어하는 매력적인 여성들을 계속 부양할 수 있는 여유가 있었다. 어떤 여인들은 빈틈이 안 보일 정도로 예민했고, 어떤 여인들은 신랄했다. 그러나 파티 걸(party girl)들도 그들 못지않게 많이 존재했다. 1930년대에 할리우드에서는 1910년대의 약탈적인 뱀프가 원기 왕성한 성적 매력을 자랑하는 요부, 이른바 밤쉘(bombshell)로 대체되었다. 밤쉘은 은막의 섹스심벌이었고, 은막의 환상은 현실이 되었다. 뱀프가 차갑고 사악했던 것만큼이나, 그녀는 밝고 기운찼다. 그리고 뱀프가 어둡고 음탕한 이미지를 심어주었다면, 그녀는 눈이 부실 정도로 강렬한 금발머리를 하고 있었다.

그 새로운 기쁨의 전형은 영화배우 진 할로우(Jean Harlow, 1911~1937)였다. 그녀는 영화 스튜디오가 세운 홍보 전략이 먹혀든 이후로는 이른바 '백금발 머리의 여인(Platinum Blonde)'으로 세상에 알려지게 되었다. 할로우는 십 대 시절에도 이미 유혹녀의 역할을 하기에 충분할 정도의 외모를 갖추고 있었다. 훗날 그녀와 가까운 사이가 된 한 친구는, 아버지가 카드놀이를 하기 위해 동료들을 집으로 불러들여 한창 즐기고 있을 때 마침 십 대의 할린 카펜터(Harlean Carpenter, 진 할로우의 어릴 때 이름)가 집에 놀러 오자 집 안에서 어떤 일이 일어났는지를 이렇게 묘사하고 있다. "현관의 벨이 울려 나가보니, 문 앞에는 백금발의 머릿결에 눈부신 초록빛 눈을 가진 '굉장한' 소녀가 서 있었죠. 남자들은 그저 넋이 나가서 '뚫어지게' 바라만 볼 뿐이었습니다." 또 다른 사람은 그녀의 십 대 시절을 이렇게 회상한다. "그 정도 나이(열여섯 살 정도)밖에 안 되었는데도, 할린 카펜터는 지금까지 내가 본 살아 있는 생명체 중에서 가장 눈부신 존재였지요. 한 점의 티도 없는 백옥 같은 살결, 피부가 너무나 하얘 꼭 백피증에 걸린 사람처럼 보일 정도였으니까요. …… 그녀의 키는 155센티미터 정도에 불과했지만, 몸매는 전체적으로 정말 아름답게 균형 잡혀 있었죠. 쭉 뻗은 두 다리와 215밀리미터 크기의 발 그리고 그 대단한 미소

"…… 거리를 걷고 있을 때 그녀가 보이면 그녀는 말 그대로 우리의 정지 신호등이 되었습니다. 남자들은 아무 데나 차를 세우고 뛰어 내려 그녀를 쫓아가곤 했지요."

한창 자라나는 어린 요부들은 어떤 옷을 걸치더라도 섹시하게 보일 수밖에 없는 것 같다. 할로우는 초등학교 학생일 때조차도 성적인 매력이 흘러넘쳤다. "할린 카펜터 양은 잊을 수가 없습니다. 교복을 입었을 때에도 그녀는 그저 매력적으로만 보일 뿐이었지요. 아동용 교복 블라우스를 그렇게 짧게 재단하고 다니는 아이는 그녀뿐이었습니다. 그렇게 훈계를 했음에도 불구하고, 그녀의 엉덩이는 한 뼘 길이 정도밖에 안 되는 주름스커트 안에서 흔들리고 있었습니다." 할로우는 그냥 멀뚱히 서 있는 것보다 더 아름답게 보일 수 있는 방법이 있다는 사실을 알고 있었다. 활동적인 관능성에 필적할 만한 것은 있을 수 없다. 또래의 한 학생은 자기 아버지가 학교에서 할린을 보고 드러낸 반응을 이렇게 전해줌으로써 그 사실을 확인해주었다. 나이 지긋한 그 남자는 자기 딸에게 이렇게 털어놓았다고 한다. "아이들(다른 아이들)은 다 그냥 걷고 있더구나. …… 그런데 할린만은 아니야, 그 애는 아주 미끄러지듯 걷던데."

그런 유쾌한 유형의 요부는 자기의 육체가 지닌 아름다움을 건강하게 향유한다. 할리우드 데뷔 초기 시절에도 할로우는 자신의 육체적인 외형이 다른 사람에게 미치는 효과를 조금도 불편해하지 않았다. 1929년에 그녀는 스탠 로렐(Stan Laurel), 올리버 하디(Oliver Hardy) 등과 함께 무성영화인 〈더블 후피(Double Whoopee)〉에 출연하였다. 영화 속의 한 장면은 택시에서 내리는 할로우의 치마가 로렐이 배역을 맡은 서투른 도어맨 때문에 문틈에 끼는 것으로 되어 있었다. 즉 그녀가 차에서 내려 앞으로 발을 디딜 때 치마가 택시 문틈에 끼인 채로 벗겨져버린다는 설정이었다. 그리고 그녀는 심각한 문제가 발생한 사실도 모르고 속이 훤히 비치는 속치마만 걸치고 호텔 로비로 걸어 들어가게 되어 있었다.

그런데 누군가가 할로우에게 이 장면을 찍을 때는 "안에 옷을 입지 말아야 한다."고 말해주었다. 아직은 영화의 세계에 익숙하지 않던 그녀는 그 말이 의상 안에 살색의 타이츠를 입으라는 의미라는 것을 알지 못하고, 그냥 속옷을 입지 말라는 뜻으로 알아들었다. 수줍음이라곤 전혀 모르는 성격의 할로우는 기꺼이 그 요구를 받아들였다. 호텔의 접수계원 역을 맡았던 롤프 세단(Rolfe Sedan)은 이렇게 그 장면을 회상했다. "우리는 그녀가 벌거벗은 채로 들어올 거라는 얘기는 전혀 듣지 못했죠. 아무도 몰랐어요. …… 그녀가 접수 데스크에 가까이 왔을 때, 그만 나는 잠깐 동안 할 말을 잃어버리고 말았답니다."

할로우가 1932년에 영화 〈붉은 머리의 여인(Red-Headed Woman)〉에 출연했을 때, 그녀는 촬영 도중 재킷을 벗으라는 요구를 받았다. 안에 실

• 오른쪽 : 1930년대 중반 할리우드에 검열 압박이 가해지기 이전에, 할로우는 남자들에게 자유분방한 성적 욕구를 소유한 여인들과 간접적으로 즐겨볼 수 있는 간편한 기회를 제공하는 역할을 하였다.

영화 〈공적〉에 출연한 진 할로우, 1931년.

오라기 하나 걸치지 않은 상태였음에도 불구하고 그녀는 주저없이 재킷을 벗어버렸다. "그 시절에 나체는 흔히 볼 수 있는 것이 아니었습니다. 할로우의 나체는 마치 설화석고로 만든 조각상인양 실로 놀라울 정도의 높은 품격을 지녔습니다. 세트를 찾은 사람들은 자신의 눈을 믿을 수가 없었어요. 조명기사들은 충격을 받아 거의 천장에서 떨어질 지경이었습니다. (조명 장치는 아주 높은 곳에 설치되어 있잖아요.)"

대체로 쾌활한 요부들은 자신들의 매력을 노

출시키는 일에서 긍정적인 기쁨을 찾는다. 1932년도 영화 〈붉은 먼지(Red Dust)〉에는 할로우가 빗물받이 드럼통 안에서 벌거벗은 채로 목욕하는 장면이 나온다. 카메라가 막 돌아가는 찰나, 그녀는 맨가슴을 드러낸 채 몸을 벌떡 일으키면서 이렇게 외쳤다. "필름 현상소에 있는 꼬마들을 위해서!" 감독인 빅터 플레밍(Victor Fleming)은 할로우의 이런 도색적인 장면들이 세트장 밖으로 절대 나가지 못하도록 아예 카메라에서 필름을 뽑아버렸다. 그녀가 제아무리 섹스심벌이라고 해도, 영화 제작사의 입장으로서는 그녀의 그런 이미지가 밑도 끝도 없이 확대되도록 내버려둘 수는 없었던 것이다.

할로우의 가장 유명한 대사 중 한 구절은 괴짜 인생의 하워드 휴스(Howard Hughes)가 영화계를 떠나기 직전인 1930년에 연출한 영화 〈지옥의 천사(Hell's Angel)〉에서 들어볼 수 있다. 이 영화에서 할로우는 담배도 피우고 술도 진탕 마시며 그 사랑스러운 백옥 같은 피부를 자주 노출시키는, 성적으로 매우 진취적인 여성의 역할을 맡아 연기하였다. 그 영화 속의 한 장면에서, 최근에 자기에게 구혼한 남자의 남동생을 자기 아파트로 끌어들인 그녀는 외투를 벗으면서 자기 술잔에 술을 따른다. "내가 좀 더 편안한 옷을 걸치면 당신은 무척 놀라겠죠?" 그녀가 묻는다. 이 대사를 조금 다른 형태의 일상적인 어투로 바꾼다면 그저 "내가 좀 더 편안한 옷으로 갈아입어도 괜찮겠어요?"라는 뜻이 될 것이다. 어쨌거나 할로우의 그 대사는 그

클라라 보우 | Clara Bow

밤쉘의 개념은 무성영화가 유성영화에 그 자리를 내어줄 무렵에 생겨난 것이다. 그러나 유혹적인 섹스심벌이었으면서도 유성영화시대로의 전환기를 결국은 버티지 못한 한 명의 스타 여배우가 있었다. 그녀는 소위 '잇 걸('it' girl, 섹시한 여자를 가리키는 속어—옮긴이)'이었던 클라라 보우(Clara Bow)이다. 에드워드 통치시대에 사회명사였다가 훗날 할리우드의 섹스구루(sex guru, 섹스 전문가—옮긴이)로 변신하게 되는 엘리노 글린(Elinor Glyn)은, "그것(it, 즉 섹시함)"은 마치 농익은 과일이 말벌을 불러들이듯 이성을 끌어들이는 성질이라고 묘사한 바 있다.

보우를 동시대의 다른 여배우들과 구별하게 해준 특징이란 그녀의 연기에서 볼 수 있는, 생기가 넘치다 못해 거의 조병(躁病)에 이를 정도의 쾌활함이었다. 제작자인 아돌프 쥬커(Adolph Zukor)는 보우에 관하여 이렇게 적고 있다. "하여튼 그녀의 어떤 부분은 끊임없이 움직였다. 하다못해 그녀의 멋진 눈동자만이라도 돌아가고 있었다. 그것은 굉장한 자력으로 사람의 마음을 잡아끄는 힘이자, 동물적인 생명력이었다." 감독인 도로시 아즈너(Dorothy Arzner)는 그녀를 "은막 위에서 춤추는 불꽃"에 견주었다. 보우가 고정 마이크를 설치해야 하는 유성영화시대에 성공하지 못한 이유 중 하나는, 그녀가 한곳에 충분히 오래 서 있는 법이 절대로 없었기 때문에 음향 담당자들이 녹음 장비를 정확한 위치에 장치해놓을 수 없었다는 것이다. 그녀는 꿀을 찾아 다음 꽃으로 날아가는 벌새처럼 이러저리 획획 옮겨 다니며 사람들을 눈부시게 만들었다.

『버라이어티(Variety)』지는 은막의 세계를 벗어난 그녀의 실제 모습은 남자의 덫이었다고 전하였고, 들리는 소문에 의하면 오리엔탈풍으로 꾸며진 그녀 집의 어떤 방은 그녀의 '연애' 방으로 사용되었다고 한다. 게리 쿠퍼(Gary Cooper)가 이 부정의 소굴로 이끌려 들어왔을 때, 그가 할 수 있던 일이라고는 침을 꿀꺽 삼키며 이렇게 말하는 것뿐이었다. "에, 그러니까, 저기……." 한 연인이 애인의 사진 위에 피를 뚝뚝 흘려가며 죽어가는 극적인 자살 시도를 계획했다는 말을 들었을 때, 보우는 별로 공감하지 않았다. "내 말 좀 들어보세요." 보우는 그 이야기를 전해준 사람에게 이렇게 말했다. "남자가 여자 때문에 자살하려고 할 때는 말이죠, 면도날 같은 걸로 손목을 긋고 나서 소파 위에 몸을 축 늘어뜨려 누운 상태에서 입에 담배를 끼워 무는 등등의 짓거리는 하지 않아요. 그럼요, 그들은 그런 식으로 자살하지 않아요. 그들은 피스톨을 사용한다고요."

이 자그마한 홍겨운 아가씨는 1929년 진 할로우라는 신인이 영화 〈토요일 밤의 젊은이(The Saturday Night Kid)〉의 촬영장에 들어섰을 때 최고의 서열을 자랑하던 자신의 시대가 이제 위험받게 되었다는 사실을 알아차렸다. 어느 날 조감독인 아티 제이콥슨(Artie Jacobson)이 "(할로우는) 안에 한 조각의 천도 덧대지 않은 구멍이 숭숭 뚫린 까만색 니트 드레스를 입고 있었어요. 내가 앉아 있던 곳에서 봤을 때는, 그녀가 옷을 입고 있는 건지 아니면 몸에다 그런 식으로 그림을 그리고 다니는 건지 구분할 수 없을 정도였죠."라고 말했을 때, 보우의 반응은 즉각적이었다. "그러니 그녀 옆에 있는 나를 누가 거들떠나 보겠어요?" 그녀는 그렇게 탁 쏘아붙였다.

이후로 요부들이 즐겨 쓰는 고전적인 유혹의 대사가 되었다.

할로우에게는 알고 지내면 위험에 빠질지도 모르는 못된 여자라는 세간의 평판을 더욱 부추기는 배역들이 계속 주어졌다. 그리고 그녀는 노출 연기를 거의 주저하지 않는 여배우로 악명을 떨치게 되었다. 그녀는 속옷 그 자체를 경멸하였고, 그래서 가끔은 그녀의 의상에 안감을 덧대놓아야 하는 경우도 있었다. 1931년도 영화 〈철인(Iron Man)〉의 촬영 세트장은, 속이 훤히 비치는 얇은 겉옷 한 꺼풀만을 걸치고 파티 장면을 찍기로 되어 있는 그녀의 모습을 보기 위해 남자배우와 제작진들이 한꺼번에 몰려들어 그야말로 북새통을 이루었다. 그 광경을 목격한 누군가는 이렇게 말한다. "드디어 그녀가 계단을 걸어 내려와 촬영장에 들어섰습니다. 그러고 나니 그녀의 드레스 안쪽으로 있는 모든 것들이 또렷이 모습을 드러냈고, 그러고는 촬영하는 내내 계속해서 그 상태 그대로였던 겁니다! 사람들은 그 광경을 보기 위해 사방에서 떼 지어 몰려들고 있었죠." 할로우는 살에 딱 달라붙는 가운을 입고 가장 효과적으로 자신을 돋보이게 만들 수 있는 여러 가지 요령을 알고 있었다. 그녀는 음부의 털을 탈색해버렸다고도 알려져 있으며, 그래서 얇고 딱 달라붙는 옷을 입어도 그 부분이 비쳐 보이지 않았다고 한다. 그리고 1931년 영화 〈공적(Public Enemy)〉의 촬영 세트장에서, 그녀가 유혹하기로 설정되어 있는 상대역 제임스 캐

• 위 : 클라라 보우는 할로우가 그 뒤를 잇기 전까지 무성영화시대의 은막을 지배하던, 정력 넘치고 성적인 측면에서도 매우 진취적이었던 붉은 머리의 여인이었다. 어떤 사무실의 한 사환은 이렇게 열변했다. "나는 한 번도 마약을 해본 적이 없습니다. 그러나 이 여자를 보게 되면 마치 마약 주사를 한 방 맞은 것처럼 느껴지게 됩니다." 『뉴욕 타임스(The New York Times)』지도 동의하면서 이렇게 언급한다. "그녀는 무지막지한 불곰과도 불장난을 할 수 있을 것이다."

그니(James Cagney)는 그녀의 유두가 언제나 그렇게 힘차게 솟아 있는 것에 매료되어, 결국에는 호기심을 참지 못하고 말았다. "어떻게 당신은 그것들을 그렇게 늘 곤추세워놓을 수 있는 거죠?" 그가 물었다. "얼려두죠." 그녀가 대답했다.

어느 정도의 뻔뻔한 성격은 요부들이 나름의 목적을 성취하는 데 가끔은 도움이 되기도 한다. 그리고 할로우는 영화 세트장 밖에서도 그 점을 확실히 보여주었다. 그녀는 할리우드에서 열린 한 파티 장소에 자신의 이미지를 한껏 강조하면서 유난히 짧은 야외용 드레스를 입고 도착했다. 그녀를 파티에 초대한 여주인이 심술궂게 한마디 던졌다. "어머나 저런, 그 드레스는 허리까지만 내려오게 되어 있는 것이로군요." 할로우는 말없이 어깨에 걸친 가운을 뒤로 제쳐서 정말로 그녀의 허리

춤에 걸려 있게 만들었다. 평소대로 그녀는 브래지어를 하지 않고 있었다. "커피 좀 더 주시겠어요?" 그녀는 기절초풍할 지경이 된 여주인에게 조용히 부탁했다.

할로우가 백만장자 윌리엄 랜돌프 허스트(William Randolph Hearst)의 저녁 만찬 파티에 초대받아 6만 7,000에이커의 면적에 달하는 그의 대저택에 모습을 드러냈을 때, 허스트는 그녀가 걸친

할로우가 발산하는 은막의 열기에서 엿볼 수 있는 가장 유쾌한 측면은, 불결한 그을음을 전혀 배출하지 않으면서 그 은막을 열기로 가득 채운다는 점이다. 그녀는 정력적이고 의욕에 넘치는 데다가 즐거운 마음으로 신에게서 받은 자신의 매력을 발산했던 여인이었다.

옷이 이브닝드레스라기보다는 나이트가운에 가깝다고 생각했다. 그는 자신의 정부인 은막의 스타 메리언 데이비스(Marion Davies)를 시켜서 할로우에게 옷을 제대로 갖추어 입도록 충고하게 했다. 할로우는 마지못해 만찬장 식탁을 떠났다가 곧이어 외투를 걸치고 되돌아 왔다. 그리고 할로우는 허스트의 고리타분함에 항의의 뜻을 전달하기 위해 만찬이 진행되는 내내 말없이 그 외투를 입고 있었다.

할로우의 은막활동 대부분은 당시의 남성지배적인 영화 제작 회사들의 입김에 의해 주로 이글거리는 그녀의 성적인 자태를 노골적으로 드러내는 방향으로 기획되었다. 작가인 그레이엄 그린(Graham Greene)은 그녀의 마지막 영화인 〈사라토

가(Saratoga)〉를 보고 "그녀는 마치 남자가 총을 차 듯이 가슴을 '차고' 있었다."라고 글을 쓴 바 있다. 그리고 촬영 기사 레온 샴로이(Leon Shamroy)는 1946년에 또 다른 섹스심벌 마릴린 먼로(Marilyn Monroe, 1926~1962)의 테스트 필름을 찍고 나서 이렇게 언급하였다. "(먼로는) 마치 진 할로우처럼 필름 위에서 성적인 매력을 발산하였다."

할로우가 발산하는 은막의 열기에서 엿볼 수 있는 가장 유쾌한 측면은, 불결한 그을음을 전혀 배출하지 않으면서 그 은막을 열기로 가득 채운다는 점이다. 그녀는 정력적이고 의욕에 넘치는 데다가 즐거운 마음으로 신에게서 받은 자신의 매력을 발산했던 여인이었다. 또한 그녀는 클라크 게이블(Clark Gable) 같은 멋진 남자 배우들에게 조금의 혹평을 듣는 것 정도는 그다지 싫어하지 않는 성격이기도 했다. 지금 좌석을 메우고 있는 대부분의 남자들은 의자에 편안히 몸을 기대고 앉아서 이렇게 생각하고 있을 것이기 때문이다. '여자란 이런 편이 훨씬 낫군.'

≫ 영화는 요부의 이미지를 반영하는 완벽한 매체이다. 제1차 세계대전 중, 그리고 그 전쟁이 끝난 후에 뱀프에서 밤쉘로 이미지의 전환이 이루어졌다. 그 소름끼치던 약탈자는 남자들이 돈을 써도 좋을 만큼 달콤한 보람을 제공하면서도 끝에 가면 또한 순순히 항복해버리고 마는 쾌활한 여인으로 대체되었다. 진 할로우가 연기했던 것과 같은 유

형의 밤셸은 남성과 여성 간의 크고 작은 우발적인 싸움들을 즐기면서도 그런 표면적인 싸움의 배후에서는 양측 모두가 서로를 이해하고 상대방을 수용한다는 의미를 담고 있다. 그리고 무엇보다 중요한 것은, 남성과 여성 모두가 결국에는 여성이 굴복하게 되리라는 사실을 알고 있다는 점이다.

치명적인 여인과 어수룩한 여인 사이를 오가는 순환은 제2차 세계대전과 그 이후 시기에 반복적으로 나타나게 된다. 음탕한 팜므 파탈이 등장하게 되지만, 결국에는 그녀들 또한 1950년대에 진 할로우의 뒤를 이어 혜성처럼 등장하는 마릴린 먼로 같은 여인이 구현하게 될 사랑스러운 섹스 키튼(sex kitten)들에 의해 물러나게 되는 것이다. 남자들의 두려움 역시 주변상황에 따라 바뀌어갔다. 전쟁이 삶의 안정을 위협할 때 그들의 근심걱정은 커졌고, 그들의 두려움이 근거 없는 것으로 판명되었을 때 걱정은 수그러들었다. 다시 한 번 남성들은 자기들 스스로가 초래한 정신적인 소동을 극복해가면서 자신들의 여성관을 바꾸어보려 하였다. 한편 여성들은 욕망의 풍조를 이겨내기 위해 최선을 다했다.

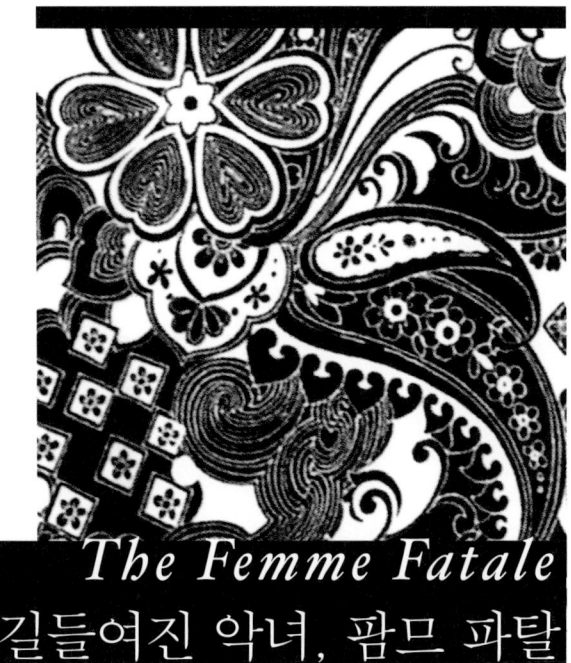

Chapter 8
The Femme Fatale
길들여진 악녀, 팜므 파탈

남성들이 만들어낸 규칙의 범위 내에서만 움직이는 팜므 파탈은 혼돈의 원인이긴 하나 끝내 승리자가 될 수는 없는 위치에 있다.

불행하게도 1920년대에 불꽃처럼 반짝였던 앞날에 대한 기대감은 그리 오래가지 않았다. 북아메리카의 기나긴 궁핍과 1930년대의 세계 대공황을 유발한 월스트리트 주식시장의 붕괴는 남성들의 자신감을 산산조각 내버리고 말았다. 설상가상으로 1940년대 초에는 또 다른 전쟁의 기미가

• 왼쪽 : 루벤 마물리안 (Rouben Mamoulian) 감독은 리타 헤이워스에 대해 "그녀는 내면적인 우아함을 사람들에게 전해주었습니다. 그것은 후천적으로 결코 습득할 수 없는 능력이며, 그 안에는 관객들로 하여금 곧바로 욕망의 감정을 품게 만드는 모종의 전율 같은 것을 방출하는 추가적인 매력까지 들어 있었습니다."라고 말했다.

어렴풋이 나타나고 있었다. 살로메, 델릴라, 마타하리 등 여성의 변절에 관한 이야기에 통달해 있던 남자들은 시절이 불안정해지자 또 다시 여성을 향해 의혹의 눈초리를 던지기 시작했다.

남성적인 신경과민은 제1차 세계대전 중에 여성들이 스스로 역량 있는 존재임을 입증해냈다는 사실 때문에 더욱 악화되었다. 남자들이 멀리 전쟁터에 나가 있는 동안 렌치를 돌리고 비행기 부품을 용접하고 문제를 해결했던 여성들은 또다시 그런 일이 벌어져도 능히 책임을 다 해낼 수 있을 것 같았다. 비로소 이 시기에 여성들은 투표권과 더불어 1920년대의 자유로움을 만끽하고 있었다. 남자들은 자신들의 생계가 걱정스러웠다. 군인들이 전쟁에서 돌아오면, 여자들이 순순히 나사 박는 기계를 내려놓고 부엌으로 돌아갈까? 남자들이 원했던 것은 안도감이었다. 그렇지만 그들이 얻은 것은 팜므 파탈이었다.

1940년대 필름 느와르(film noir)에 등장하는 팜므 파탈은 자신이 원하는 것을 얻기 위해 남자를 도구로 이용하는 성적인 포식자였다. 섹스를 사랑 그리고 안전과 동일시했던 온순하고 왜소한 아내와는 달리, 팜므 파탈은 섹스를 권력 그리고 야망과 동일시했다. 그 여인은 남자로 하여금 동료를 배신하게 만들고, 자기를 위해 온갖 추잡한 일들을 도맡아 하게끔 만들 수 있는 그런 여인이었다. 영화 제작자들은 그런 여인의 접근방식을 은막 위에서 해부해봄으로써 그녀의 마수에서 자

• 오른쪽 : 아름다운 여인들의 변절을 경고하는 이런 식의 포스터들은 제2차 세계대전 중에 영국에서 광범위하게 배포되었다.

Keep mum she's not so dumb!
CARELESS TALK COSTS LIVES

유로워질 수 있는 열쇠를 남자들에게 제공하고 있었다. 전장에서 돌아온 병사들이 집 앞 현관 계단에서 바로 그런 여인이 자기를 맞이하고 있다는 사실을 깨닫게 되는 경우에 대비해서 말이다.

교활한 요부의 위험한 게임
디트리히슨 부인 | Mrs. Dietrichson

마를렌 디트리히의 롤라 롤라는 뱀프와 팜므 파탈을 이어주는 가교였다. 뱀프는 적극적인 포식자로서, 마치 호랑이처럼 능동적으로 희생자를 찾아 접근해 가서는 자신의 송곳니를 꽂아서 그의 피를 말려버린다. 같은 뱀프이지만, 롤라 롤라는 끈적끈적한 거미줄에 파리가 날아들기를 기다리는 거미처럼 어둑한 곳에 도사리고 있다가 희생양이 걸려들면 그 남성다움을 천천히 그러나 확실하게 쥐어짜낸다. 대조적으로 팜므 파탈은 넋을 나가게 할 정도의 매혹적인 시선으로 남자를 홀려서 그 스스로가 파멸의 대리인이 되게끔 유도하는 아름다운 뱀과 같은 존재이다. 영국의 낭만주의 시인 존 키츠(John Keats, 1759~1821)는 서사시〈라미아(Lamia)〉에서 그러한 유형의 요부가 어떤 여자인지 그 윤곽을 그려주고 있다. 〈라미아〉는 유한한 인간을 유혹하기 위해 여자로 변신한 어떤 교활한 뱀에 관한 이야기이다. 키츠는 그녀의 매력을 이렇게 기술한다.

    그녀는 눈부신 색조를 띤 고르디우스(Gordius)의 모습을 하고 있었다.
    주홍빛 얼룩에, 금빛, 초록 그리고 파랑까지.
    얼룩말 같은 줄무늬에, 표범 같은 반점,
    공작새 같은 눈매에, 진한 심홍색의 가로무늬까지……
    희미한 발광체가 씌워져 있는 그녀의 머리 꼭대기 위로는
    아리아드네(Ariadne)의 금관처럼 별들이 흩어져 있다.

그녀의 머리는 뱀이었지만, 그러나 아, 달콤 쌉쓸하구나!

그녀는 그 모든 진주로 완전히 가득 찬 여인의 입을 가졌다……

그녀의 목은 뱀이었지만, 그러나 그녀가 뱉어낸 말들은

기운 나는 꿀을 탄 듯 사랑 그 자체를 위하여 다가왔다……

19세기의 낭만주의 시인들은 "폭풍우와도 같은 사랑스러운 공포"를 확인하였고, 1940년대 할리우드의 영화 제작자들은 그 개념을 가져다가 팜므 파탈의 이미지를 구현해냈다.

1944년의 영화 〈이중배상(Double Indemnity)〉에서 냉정한 금발의 미녀 바버라 스탠윅(Barbara Stanwyck)은 음흉하고 불만스런 아내인 디트리히슨 부인 역을 연기했다. 그녀의 성공한 남편은 풍요와 사회적 지위에 대한 그녀의 기대를 부풀려주었지만, 결코 그녀의 손에 그것들을 완전히 쥐어주지 않았다. 그렇기는커녕 그는 아내가 쓸데없는 물건들을 사들이는 데 흥청망청 돈을 다 쓴다고 야단스레 불평하면서, 힘들여 번 돈을 전부 다 자신의 벤처사업에 다시 쏟아부었다. 아내는 남편이 죽더라도 유산의 혜택조차 볼 수 없었다. 그의 생명보험금 수령인이 전처의 딸 롤라의 이름으로 되어 있었기 때문이다.

어느 날 보험 영업사원인 월터 네프(프레드 맥

머레이(Fred MacMurray) 분)가 그녀 남편의 자동차 보험 갱신 문제로 그녀의 집 현관문을 두드렸다. 네프는 젊고 똑똑했으며, 아주 조금은 자만심도 있는 사내였다. 디트리히슨 부인은 바로 이와 같은 순간을 기다려왔다는 듯 기회를 놓치지 않고 자신의 매력을 발산한다. 응접실의 분위기는 일순간에 자극적인 상황으로 변모한다. 영업사원과 비참한 처지의 아내 사이에서 빙빙 돌려 말하는 성적으로 음탕한 대화들이 오고 갔다. 네프가 그런 대화를 통해 얻게 된 설레는 느낌을 음미하고 있는 동안에, 디트리히슨 부인은 자신의 뜨거운 에너지를 행동으로 전환시키고 있다. 그녀는 농염한 목소리로 그에게 묻는다. 남편의 생명보험을 계약하고 난 후에 사고가 생겨 남편이 죽는다면 어떻게 되는 건가요?

이런 특별한 종류의 요부에게 말려들어가는 수많은 남자들이 다 그렇듯이 네프 역시 자기 분야의 전문가이다. 그는 보험사업에 관해 모든 것을 알고 있다. 보험은 확고한 규칙이 있는 게임이다. 어쩌다 누군가가 사기를 쳐보려고 시도하지만, 그런 범죄의 냄새를 맡고 사태를 바로잡는 것은 그리 어려운 일이 아니다. 보험업자들은 마치 한 가족처럼 자주 만나 함께 즐기며 단결력도 뛰어나다. 일터에서 네프는 존경과 지지를 받고 있다. 인생은 즐겁다. 그런데 바로 이 여인이 그에게 도전하고 나선 것이다. 그녀는 지금의 절망적인 처지에서 자신을 구원해달라고 그에게 감히 요구한다. 그녀는 아첨을 늘어놓으며 그를 유혹한다. "아마 당신의 업무와 관련해서 모든 가능성을 고려해봐야 할 테지요." 그녀는 다정하게 말한다.

네프는 바보가 아니고 그녀의 음모에 동참하기를 원치 않는다. 그럴 이유가 뭐가 있겠는가? 그러나 요부는 그런 남자의 마음을 파고드는 법을 알고 있다. 무언가 심상치 않은 기운을 뒤늦게 깨닫게 된 그 얼간이 사내는 가엾게도 자신의 심경을 이렇게 토로한다. "나는 내가 불이 훨훨 타오르는 포커 패를 쥐고 있다는 것을 알고 있어요. 그리고 지금은 내 손이 불타버리기 전에 그 패를 내려놓아야 할 때라는 것도 말이죠." 그러나 두말할 필요도 없이, 그는 그 패를 꽉 쥐고 내려놓지 않는다. 그녀는 그가 감히 거절하지 못할 것이라고 계산하고 그의 아파트로 찾아온다. "아까 오후에 모자를 두고 가셨더군요. 제가 그걸 안으로 가지고 들어가도 괜찮겠어요?"

팜므 파탈은 두 가지 차원에서 희생자를 공략한다. 그녀는 아름다운 여인과 잠자리를 같이하고 싶어하고, 동료 남성들보다 한발 앞서고 싶어하는 남자의 두 가지 욕망을 동시에 자극한다. 그런 욕망들은 남자를 반성적인 행동이 아니라 반사적인 행동으로 몰아갈 수 있는 강렬하고도 원초적인 감정들이다. 남자는 팜므 파탈의 육체를 탐닉하고 싶어하지만, 그는 또한 세상에서 남성이 무엇인지를 규정해주는 이른바 성공의 사다리 계단을 밟고 올라설 수 있다는 생각에 유혹을 받기도 한다. 디

• 오른쪽 : 팜므 파탈의 극한적인 경지는 애인이 찾아올 것에 대비해 디트리히슨 부인이 소파 쿠션 밑에 총을 숨겨두는 장면에서 최고조에 달한다.

영화 〈이중배상〉, 바버라 스탠윅, 1944년.

트리히슨 부인은 네프에게 짜릿한 흥분을 즐기게 해줄 뿐 아니라, 거기에 더하여 그가 직장 상사를 상대로 자신의 능력을 검증해볼 수 있는 기회까지도 제공한다.

네프의 상사 바튼 키이스〔에드워드 G. 로빈슨(Edward G. Robinson) 분〕는 잘못된 보험금 청구의 냄새를 맡는 데는 최고의 재능을 가진 사람이다. 이제 네프에게는 제자가 스승을 어떻게 능가하는지 과시할 수 있는 기회가 주어진 셈이다. 디트리히슨 부인의 살인사건이 그에게는 이 업계에서 정상으로 갈 수 있는 통과의례가 될 것이며, 진정으로 특별한 부류에 합류할 수 있는 보증수표가 될 것이다. 디트리히슨 부인은 그의 야망을 감지하고, 그의 야망을 자신의 목적을 위해 활용한다. 그녀는 그에게 그의 질서 잡힌 세계 안에 혼돈을 창조할 수 있는 기회를 제공한다. 그는 자신의 동료 집단에서 뛰쳐나와 한 명의 개인으로서 자신의 야심을 성취할 수 있게 될 것이다. 그가 결코 자기 혼자 생각으로 그렇게 할 리는 없겠기에, 그녀는 그로 하여금 자신이 천하제일의 존재인양 느끼게끔 은근히 조장한다. 오디세우스를 불러 세우려고 애썼던 사이렌들처럼, 그녀 역시 묶여 있던 남자의 가장 깊숙한 욕망들을 풀어헤치고 부추기기 때문에 위험한 존재이다.

그녀의 착상이 스릴 넘치는 것이기는 하지만, 적어도 1940년대의 현실을 고려할 때 그런 계획은 절대로 성공할 수 없는 것이고, 그것은 영화 속에서도 마찬가지이다. 필름 느와르 영화에서는 여자와 그 여자가 유혹한 남자가 대개 그들의 목숨으로 자신들이 저지른 죄의 대가를 치른다. 이것이 객석에 앉아 있는 남자들에게 보내는 메시지이다. 당신은 자신의 모든 책임을 내팽개치고 모든 일을 혼자 알아서 처리해버리고 싶을 수도 있다. 당신은 관습 따위는 무시하고, 사회 규범을 존중하지 않는 여인과도 능히 관계를 맺을 수 있다고 생각할 수도 있다. 그러나 그래서는 안 된다. 우리처럼 추호도 경계를 늦추지 않는 다른 남자들이 당신을 붙잡아 죗값을 치르게 만들 것이기 때문이다. 우리가 약속하건대, 그런 식의 행동은 그다지 할 만한 가치가 없는 일이 될 것이다. 그럼에도 불구하고 경쟁심이란 유혹당한 남자가 떨쳐버리기 어려운 본능이다. 그러니 누가 알겠는가, 혹시라도 계획을 아주 잘 짠다면 애초의 목적을 달성할 수도 있고 결국에는 그 눈부신 여인을 차지할 수도 있을지 말이다.

영화 〈이중배상〉에서, 보험업계의 내부자 정보를 이용한 네프는 완전한 살인범죄를 계획한다. 그는 유혹적인 디트리히슨 부인과 한 배를 탄다. 그들은 계획을 철저히 숙지한다. 그러나 주의 깊게 그리고 끈기 있게, 바튼 키이스는 사건의 실마리를 한 가닥 한 가닥 풀어나가기 시작한다. 그가 진실을 제대로 규명하지 못했다고 볼 수도 있지만, 결국에는 그럴 필요도 없었던 셈이다. 왜냐하면 네프와 디트리히슨 부인이 스스로 자멸의 대리인이 되기 때문이다. 분열된 마음은 범죄의 공모자들 사이에서 신뢰의 붕괴를 낳는다. 다른 사람을 또 살해하려고 기회를 노리게 된 네프는 먼저 디트리히슨 부인을 죽일 계획으로 늦은 밤에 그녀를 찾아간다. 네프가 더 이상 자기편이 아니라는 사실을 깨달은 디트리히슨 부인 역시 네프를 제거하기 위해 비슷한 계획을 꾸민다. 그들의 인생은 서로에게 총을 쏘면서 끝난다. 그들의 뜨거운 격정은 흉한 몰골로 바꾸어버린다.

위험한 측면도 있지만 팜므 파탈은 직계 선배 격인 뱀프만큼 사악하지는 않다. 뱀프가 자기 주변의 남성세계로부터 아무런 제약을 받지 않았던 반면, 팜므 파탈은 남성들이 만들어낸 규칙의 범위 내에서만 움직였다. 팜므 파탈은 앞서의 그 포식적인 자매들이 그랬던 것처럼 단독으로 활동하지 않는다. 남자들이 두려워 함에도 불구하고, 그녀는 남자들에 대한 자신의 의존성을 깨고 나올 수가 없는 존재이다. 대개의 필름 느와르 영화는 요부와 그녀의 희생자 사이에 빚어지는 성적 유혹의 관계가 아니라, 두 남자 주인공 간의 미묘한 관계에 그 초점을 맞추고 있다. 우위를 차지하려는

1910년대에 등장했던 테다 바라의 흡혈귀나 1930년대 마를렌 디트리히가 연기한 롤라 롤라와는 다르게, 1940년대의 팜므 파탈은 결코 자신이 저지른 범죄에서 벗어나지 못한다. 대미는 결국에는 남성지배의 사회체계가 승리하는 것으로 장식된다.

그들의 경쟁은 어떻게 전개되어갈 것인가? 〈이중배상〉에서는 네프와 키이스의 관계가 그 기본 틀을 형성한다. 네프는 자기가 키이스를 앞지를 수 있다는 사실을 입증하고 싶어하지만, 키이스는 남자가 자신을 키워준 기존의 체계에 도전하는 것은 위험한 행동이라는 사실을 증명해준다. 특히 아름다운 여인이 지나치게 호의적인 태도로 그렇게 해달라고 요구해왔을 때는 말이다.

그러나 무엇보다 의미심장한 것은, 1910년대에 등장했던 테다 바라의 흡혈귀나 1930년대 마

스핑크스 | Sphinx

팜므 파탈의 수상쩍은 동기들은 남성들에게 여성이란 얼마나 수수께끼 같은 존재인지를 잘 보여준다. 만약 남자가 지금 요부가 무슨 일을 꾸미고 있는지 알아차리지 못한다면, 그는 파멸적인 위험에 처할 수도 있다. 불가사의하면서도 쉽게 믿을 수 없는 여성의 본성은 고대그리스의 스핑크스 이야기에서 두드러지게 나타난다. 스핑크스는 영웅 오이디푸스에게 무너지기 전까지 테베 시를 공포에 몰아넣고 있던 존재였다.

스핑크스는 전통적으로 사자의 몸통과 독수리의 날개에 가슴과 얼굴은 여자의 형상을 한 괴물로 묘사된다. 그녀는 불을 내뿜는 독살스런 괴수 티폰(Typhon)과 아름답지만 교활한 에키드나(Echidna) 사이에서 태어난 딸이었다. 그녀는 테베 시 관문 근처에 있는 바위에 올라앉아 지나가는 모든 사람들에게 문제를 내고 답을 요구했다. "아침에는 다리가 넷이고, 점심에는 다리가 둘이다가, 저녁에는 다리가 셋이 되는 것은 무엇인가?" 대답하지 못한 사람들을 그녀는 모조리 목 졸라 죽여버렸다. 오이디푸스가 "사람"이라고 정답을 맞히자, 스핑크스는 바위에서 몸을 던져 스스로 죽고 말았다.

스핑크스는 부모로부터 치명적인 정열과 뱀의 간계가 결합된 육체적인 아름다움을 물려받았다. 그녀는 매의 날카로운 발톱과 사나운 사자의 파괴력을 자신의 육체적인 성질 속에 결합시켰다. 그녀는 목표를 정하고, 그 목표를 은밀히 추적하고, 그렇게 선택된 먹잇감을 파멸시킬 수 있는 능력을 가진 존재였다. 그러나 그녀는 희생양을 순식간에 해치워버리기보다는 정신을 어지럽게 하는 수수께끼를 가지고 사람들에게 싸움을 걸어 자기만족을 얻고자 하였다. 20세기가 경과하면서 약탈자 뱀프는 교활한 팜므 파탈에게 그 자리를 내주게 되지만, 섹스 키튼의 환한 아우라가 장밋빛 광채 속에서 스핑크스의 사악한 그림자를 지워버리기 전까지, 어쨌거나 그 두 이미지는 불가사의한 스핑크스의 어떤 측면을 제각기 반영하게 된다.

를렌 디트리히가 연기한 롤라 롤라와는 다르게, 1940년대의 팜므 파탈은 결코 자신이 저지른 범죄에서 벗어나지 못한다는 사실이다. 영화의 대미는 결국에는 남성지배의 사회체계가 승리하는 것으로 장식된다. 사악한 요부는 그 체계를 전복시키기 위해 무진 애를 쓰지만 끝에 가서는 선한 힘이 승리하고 만다. 남자들은 자기들이 없는 동안에도 그 체계가 절대로 무너지지 않았으리라는 확신을 가지고 전쟁터를 떠나 고향으로 돌아올 수 있을 것이다. 그들은 그 체계가 파괴될 수 없다는 사실에 안도하면서, 팜므 파탈이 헛되이 거미줄을 치고 있는 모습을 마음껏 즐길 수 있으며, 그녀의 마음을 무너뜨리고 들어가는 일보다는 그녀의 육체가 주는 쾌락에 온 신경을 집중할 수 있을 것이다. 다루기 힘든 사납던 그 여인은 이제 그 나름대로 온순하게 길들여졌다.

팜므 파탈 이미지의 전형
질다 | Gilda

어느 누구도 여배우 리타 헤이워스(Rita Hayworth, 1918~1987)가 1946년의 필름 느와르 〈질다(Gilda)〉에서 주역을 맡아 열연했던 1940년대식 팜므 파탈의 아우라를 감히 상상하지 못했다. 영화의 주제는 삼각관계이다. 한편에는 카지노 주인 발린 먼슨[조지 매크레디(George Macready) 분]과 조니 패럴[글렌 포드(Glenn Ford) 분] 사이에

• 오른쪽 : 리타 헤이워스가 1946년도 영화 〈질다〉에서 노래 〈메임을 비난하세요〉를 부르면서 장갑을 벗고 있다. 마물리안은 헤이워스의 감각적이고 동물적인 우아함이 무희로 생활했던 그녀의 초창기 활동에서 비롯된 것일 거라고 생각하였다.

존재하는 사업상의 관계가, 그리고 다른 한편으로는 조니와 카지노 가수 질다 사이에 존재하는 강렬한 낭만적 관계가 설정되어 있다. 영화의 갈등 구조는 질다가 조니에 대한 반발심에서 발린과 결혼을 하여 그의 소유가 되었는데, 역설적이게도 조니의 직업은 발린의 소유물을 하나도 빠짐 없이 잘 간수하는 일이었다는 데 있다.

영화는 이전에 연인이었을 때 저질러진 잘못된 일들 때문에 서로를 응징하고 싶어하는 조니와 질다의 욕망들에서 강렬한 감정적 에너지를 끄집어낸다. 질다에게는 조니가 질투심에 눈이 멀어 미쳐버리게끔 만들고 싶은 의도가 있는 것 같다. 그녀는 바로 그의 눈앞에서 다른 남자의 품에 자신을 던진다. 그녀는 그가 억지로 강요하지 않는 한 그가 시키는 대로 하기를 거절한다. 그러나 무엇보다도 그녀는 더 이상 자신에게는 그가 아무런 의미도 없는 사람이라는 사실을 입증해 보이고 싶기라도 한 듯 닥치는 대로 모든 남자를 유혹하려 한다. 그녀는 카지노를 찾는 개인 단골 고객들에게 꼬리를 치는 것으로 시작해서, 급기야는 무대 여흥에 뛰어올라가 남자들이 무대 앞으로 우르르 몰려드는 상황을 연출하기에 이른다.

〈질다〉에는 요부 이야기에서 익숙하게 볼 수 있는 많은 테마들이 등장한다. 남자들은 주사위나 카드 도박을 할 때에는 스스로를 통제하려고 하는 것도 같지만, 그들이 자신의 끗발을 여성에게까지 확장해보고자 할 때에는 위험천만의 지면 위를 걷는 것과 같은 꼴이 되고 만다. 발린과 질다가 결혼하고 나자, 조니는 자기보다 더 나은 짝을 구했다며 발린보다는 질다에게 축하를 건넨다. 그리고 질다가 침실에서 발린을 호출하면, 성공한 사업가인 발린은 혼이 빠져서 내쳐 달려 들어간다. 조니는 발린의 비밀 병기는 다름 아닌 여성이라는 바로 그 존재임에 틀림없는 것 같다고 말하면서, 여성의 이중성을 직접적으로 언급한다. 즉 "여성은 어떤 일정한 한 존재로 보이지만, 바로 당신의 눈

앞에서 금방 또 다른 존재로 변신한다."는 것이다.

발린과 조니는 그들 둘만 놓고 보면 거의 절친한 친구사이라 할 만큼 강한 유대 관계를 맺고 있는 사이이다. 그렇지만 참으로 놀랍게도, 그들 사이에 끼어들어 혼돈을 야기한 사람이 바로 질다이다. 그녀는 자신의 테마곡인 〈메임을 비난하세요(Put the Blame on Mame)〉를 부르며, 홍수나 지진 같은 자연 재해는 자기 주변의 에너지 장(場)을 파괴할 수 있는 메임의 위력 탓이라고 말한다. 자연의 딸인 질다는 지구를 뒤흔들어놓을 수 있다. 다른 팜므 파탈들이 조심스레 수립하는 파멸적인 계략들과는 달리, 혼돈은 질다로부터 그저 자연스럽게 흘러나오는 것 같다. 조니를 되찾으려는 노력은 감정상의 추구이며, 그녀는 그에 뒤따르는 결과가 어찌될 것인지는 조금도 개의치 않는다.

질다는 분명히 남자들이 마음의 평정을 되찾아가기 전까지만 요부로 존재할 수 있었던 셈이다. 왜냐하면 결국에 가서는 그녀가 남자에게 애정을 갈구하게 되기 때문이다. 영화의 마지막 부분은 현대판 〈말괄량이 길들이기(Taming of the Shrew)〉와 비슷하게 전개된다. 조니는 질다에게 삶의 교훈을 가르치는 일에 열중한다. 그녀는 반항한다. 두 사람은 각자가 할 수 있는 최대한의 공격을 서로에게 퍼부은 다음에야 비로소 휴전하기로 한다. 그리고 자신들이 결국은 서로를 위해 존재하고 있다는 사실을 인정한다. 질다 역시 전형적인 팜므 파탈 스타일의 요부들이 그렇듯 조니와 발린을 상대로 승리를 거두지 못한다. 그러나 필름 느와르에 등장하는 대부분의 팜므 파탈형의 주인공들과는 달리, 질다는 너무 늦기 전에 자신의 방법에서 잘못된 점을 발견한다. 영화의 결말에서는 발린이 죽고 조니와 질다는 함께 미래를 향해 나아간다. 질다가 전통적인 아내의 역할을 맡게 될 때, 조니 역시 그녀가 기댈 수 있는 튼튼한 어

치명적인 악녀 팜므 파탈은 흔히 수수께끼 같은 존재이고, 그녀의 동기나 감정은 불확실하며, 그녀의 과거는 부서진 꿈과 깨진 약속의 아픈 이야기들로 채워져 있다. 그녀가 머물렀던 공간에는 어두운 그림자가 드리워지며, 그 바깥으로의 풍경은 포괄적이고 억압적이다.

깨가 되어주리라는 데에는 의심의 여지가 없다.

영화 전체를 통해서 리타 헤이워스는 팜므 파탈의 이미지를 육체적으로 구현한다. 고전적인 팜므 파탈은 끝없이 내려갈 것만 같은 긴 다리를 가진 훤칠한 몸매의 소유자이다. 그녀는 여성스러우나, 그녀의 여성다움은 그녀의 깊숙하고 음침한 음부에서 발견되는 것이 아니라 그녀의 포식자 같은 약탈적인 행실과 고양이 같은 우아함 속에서 드러난다. 뱀처럼 에스 자로 물결치는 그녀의 걸음걸이와 자신을 둘러싸고 있는 것들을 희롱할 때 나타나는, 마치 최면에 걸린 듯 느릿느릿하고 감각적인 동작들을 통해서 우리는 그런 측면들을 경험하게 된다. 질다가 혼자 텅 빈 클럽에서 길고도 우아한 손가락으로 기타 줄을 튕기며 감미로운 목소리로 〈메임을 비난하세요〉를 부를 때, 과연 어

떤 남자가 그녀의 무릎 위에 올려진 그 기타처럼 나도 그녀의 부드러운 손길을 한번 받아봤으면 하고 생각해보지 않겠는가?

치명적인 악녀 팜므 파탈은 흔히 수수께끼 같은 존재이고, 그녀의 동기나 감정은 불확실하며, 그녀의 과거는 부서진 꿈과 깨진 약속의 아픈 이야기들로 채워져 있다. 그녀가 긴 담뱃대로 담배 한 모금을 빨아들이면 담배 연기는 구름처럼 그녀를 감싸고, 그럴 때 대개 그녀의 얼굴은 챙 넓은 모자로 가려지거나 아예 감춰져 있다. 권태로운 기운이 온통 그녀를 둘러싼다. 말을 할 때도, 그녀의 목소리는 낮고 허스키하다. 그녀가 스쳐 지나가는 내부 공간에는 어두운 그림자가 드리워지며, 그 바깥으로의 풍경은 포괄적이고 억압적이다. (질다 자신이 자기의 남자들과 함께 어둠 속으로 사라져버리는 밤의 자식인 셈이다.) 사실들이 부분적으로만 드러난 그 장면의 빈틈은 관객의 상상력이 채운다. 그리고 그것이 오싹한 효과를 불러일으킨다.

긴 다리와 강철 같은 내면을 가진 이 요부에게는 남성적인 분위기가 느껴진다. 그러나 그것은 남성들에게는 그다지 익숙지 않은, 다듬어지지 않은 날것 그대로의 육욕성이 가득 스며 있는 그런 남성성이다. 그녀의 시야에 들어온 남자는 그런 육욕성에 반응하지만, 그것을 이해하지는 못한다. 그는 매혹되면서도 동시에 반발한다. 그의 이러한 감정의 충돌이 필름 느와르가 지닌 긴장의 칼날을 창조한다.

팜므 파탈은 기꺼이 모험을 감수할 의사가 있는 남자를 찾는다. 자신이 가진 모든 것을 기꺼이 다 걸고 '큰 거 한방'을 당기려는 그런 남자를 말이다. 만약 그가 주저한다면, 그녀는 줄곧 그가 행동에 나설 것을 재촉할 것이다. 그녀의 목표물은 그녀에게 완전히 빠져 있으며, 그녀는 자신의 욕망을 제한하게 될 일상세계의 규칙 따위는 그냥 무시해버린다. 그녀는 일상적인 품격의 한계를 아주 멀리까지 넘어서곤 하지만, 개의치 않는다. 그리고 그는 그녀의 당돌함에 그만 넘어가버린다. 그녀의 대담무쌍함은 그를 전율케 하고 오싹하게 만든다. 미덕의 여신이 백합이고, 뱀프가 퇴폐적인 붉은 장미라면, 팜므 파탈은 자신이 선택한 먹이를 집어삼키기 위해 그림자 속에서 조용히 기다리고 있는 파리지옥(Venus's flytrap, 끈끈이귀이갯과의 식충식물—옮긴이)이다. 그리고 남자는 그녀를 베어 넘길 준비가 되어 있는 용맹한 탐험가이다.

≫ **요부는** 부단한 부침의 상태에 있는 존재이다. 정력적인 뱀프가 발랄한 금발에게 자리를 내주었듯이, 음탕한 팜므 파탈 역시 적수가 있었다. 그 여인 역시 금발이지만, 강렬한 이미지를 가진 1930년대의 밤쉘보다는 날 끝이 좀 더 부드럽다. 요부 탄생의 주기적인 발전은 1950년대에 들어서 빼어난 곡선미를 갖춘, 조금은 백치미도 엿보이는 이른바 섹스 키튼을 만들어냈다.

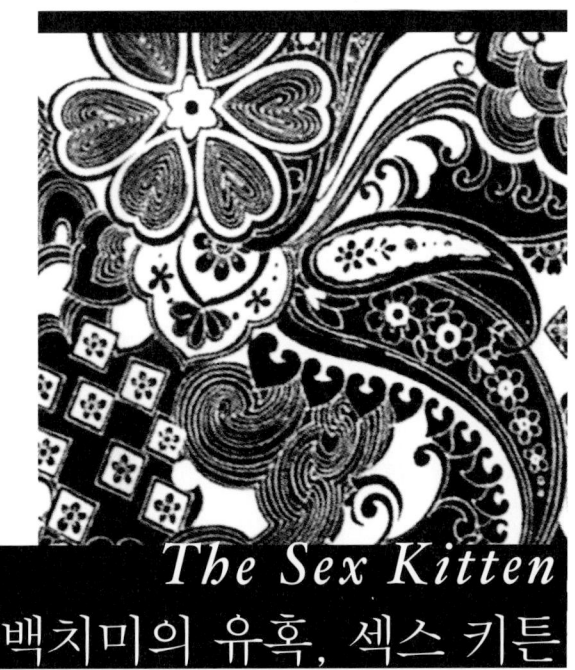

Chapter 9

The Sex Kitten
백치미의 유혹, 섹스 키튼

먼로 같은 은막의 섹스 키튼은 계략이나 세상사에는 관심 없다. 오로지 남자들에게 사랑받는 일만이 중요할 뿐이다.

• 왼쪽 : 마릴린 먼로는 그녀를 쳐다보는 이로 하여금 그녀와 함께하는 아기자기하고도 은밀한 환상에 빠져들게끔 만든다. 그녀가 맡은 배역들은 무언가를 필요로 하는 남자들에게 언제나 기꺼운 마음으로 호의를 베풀어주는 역할이었다.

1940년대 후반 전쟁의 포연이 가라앉고 나서, 여자들이 사무실에서 자기가 쓰던 서류철과 사무용구들을 가방에 쑤셔 넣고 짐을 꾸려 가정으로 복귀하자 남자들은 기뻐했다. 그리고 사회에 나가 있을 때에도 그런 여자들은 결혼생활을 아예 내팽개쳐버리거나 팜므 파탈의 이미지를 통해 떠올릴 수 있는 것처럼 어떤 심각한 말썽을 일으키거나 하지는 않았다. 오히려 그것은 천만의 말씀이다. 1950년대의 여성들은 얼굴에 미소를 머금으며, 갓난아이들을 정성껏 키워가는 행복한 가정을 꾸렸고, 식탁 위에는 집에서 손수 만든 저녁 식사를 내놓았다. 결국 사회 내에서 남자들의 위치는 안전했다.

결과적으로 다시 한 번 요부의 이미지는 약간의 조정을 필요로 했다. 완전히 정상적인 공간에서 남성들의 마음을 흔들고, 그러면서도 너무 많은 보상은 요구하지 않는, 또 다른 유형의 사랑스러운 금발미녀의 유령이 등장해야 할 시기였던 것이다. 바로 그때를 맞춰 마릴린 먼로가 무대에 등장한다. 밤쉘이 뱀프의 냉기와는 정반대로 행동했던 것처럼, 섹스 키튼 또한 남자들이 팜므 파탈의 피로에서 회복되기 위해 필요로 했던 일종의 강장제와 같은 역할을 했다.

처음부터 마릴린 먼로의 육체는 진 할로우가 자신의 육체를 통해 보여주었던 것과 같은 종류의 위안을 제공하고 있었다. 영화 〈7년만의 외출(The Seven Year Itch)〉의 그 유명한 장면에서, 먼로는 뉴욕의 지하철 환풍구 위에 다리를 벌린 채 서 있다. 그녀는 지나가는 전철 때문에 발생한 공기의 상승력이 자신의 치맛자락을 한껏 밀어 올리는 바람에 자신의 그 균형 잡힌 허벅지가 훤히 드러나는 뜻밖의 상황을 마음껏 즐긴다. 다시 한 번 남자들은, 적절한 수준 이상으로 기꺼이 속살을 드러내길 좋아하고, 그러한 행동 속에서 긍정적인 기쁨을 찾아내는 것처럼 보이는 한 여인에게 빠져들게 되었다. 사실 먼로가 남자들에게 영향을 미칠 때 늘 천진난만한 순수함을 유지했다는 사실은 단지 그녀가 가진 원래의 매력에 부가된 요소였을 뿐이다. 1947년에 그녀의 초창기 영화 중 한 편인 〈스쿠다 후! 스쿠다 헤이!(Scudda Hoo! Scudda Hay!)〉를 촬영하는 동안, 먼로는 맨살에 작은 핑크빛 솜털 스웨터 하나만 달랑 입고 촬영장 구내 카페테리아에 모습을 드러내곤 하였다. 그녀를 20세기폭스사에 소개해준 벤 라이언(Ben Lyon)이 한번은 그녀에게 옷을 좀 잘 갖춰 입으면 어떻겠냐고 충고한 적이 있었다. 그가 자리를 뜨고 난 후에, 그녀는 씰룩거리며 이렇게 말했다고 전해진다. "벤은 핑크색을 별로 안 좋아하나 봐요."

팜므 파탈은 행위의 동기와 계략을 갖고 있었다. 먼로 같은 섹스 키튼들은 그런 복잡한 것과는 거리가 멀다. 우리는 단지 그녀를 쳐다보기만 하면 된다. 먼로가 은막 위에 관능미를 투사하는 데 있어서 어떤 줄거리의 전개 같은 것은 필요치 않았다. 그녀가 등장하면 성적인 분위기는 저절로

• 위 : 성적인 매력이 흘러넘치는 제인 맨스필드(Jayne Mansfield)는 가슴의 크기를 숭배하는 시대를 위해 태어난 여자였다. 그녀는 42인치에 달하는 자신의 풍만한 자산을 위해 수백만 달러의 보험까지 들어놓았다고 전해진다.

그녀가 있는 주변공간을 감돌았다. 시들해가던 막스(Marx) 형제의 출세 가도를 부활시킨 작품으로 간주되는 초대형 흥행 영화인 〈러브 해피(Love Happy)〉에서 가장 인상적인 장면은 먼로가 탐정 그루니언(그루초 막스(Groucho Marx) 분)의 사무실로 몸을 흔들며 들어와서는 이렇게 말하는 부분이다. "남자들 몇이 나를 따라오고 있어요." 그녀가 그 경이로운 엉덩이를 좌우로 흔들며 사무실을 걸어 나가자, 막스는 이렇게 혼잣말로 답한다. "왜들 그랬는지 상상이 안 되는군."

남자들은 먼로의 젊음, 생명력 그리고 잘빠진 몸매에 즉각적으로 관심을 기울이게 되었다. 오늘날에도 성적인 매력은 유전자를 다음 세대로 전송하기 위한 무의식적인 충동에 의해 추진력을 받는다. 그리고 먼로를 통해서 남자들은 번식에 필요한 실로 완벽한 용기(用器)란 어떤 것인지를 알게

그리고 신은 여성을 창조했다 | And God Created Woman

　1956년 한창 젊은 나이의 브리지트 바르도(Brigitte Bardot, 1934~)는 영화 〈그리고 신은 여성을 창조했다(And God Created Woman)〉에 출연하여, 특유의 톡 쏘는 혼돈의 칼날을 잃지 않은 여자의 모습과 남자는(아마도 젊고 강인한 남자는) 여전히 그런 여자를 잘 길들일 수 있다는 사실을 보여주었다.
　바르도가 연기한 여주인공 쥘리에트는 고아로 거칠게 자란 열일곱 살의 처녀로, 곧 고아원으로 되돌려 보내질 참이다. 그녀의 양어머니가 도저히 그녀를 통제할 수 없었기 때문이다. 우리가 빨랫줄에 널려 있는 축 늘어진 빨래들 사이로 살짝 삐져나온 그녀의 맨발을 보게 되는 그 순간부터 그녀는 자신의 관능미를 뿜낸다. 그녀는 요트를 갖고 있는 나이 지긋한 캐러딘 씨의 눈에는 미래의 정부감으로 비치고, 야심 찬 사업가 앙트완의 눈에는 확실한 매춘부감으로 비치며, 앙트완의 순진한 동생인 미셸에게는 미래의 동반자감으로 비친다.

우여곡절 끝에 쥘리에트는 미셸과 결혼하기로 합의한다. 고아원으로 가지는 않게 되었지만, 이제부터 그녀는 시집살이 때문에 겪는 자유의 박탈에 저항하기 시작한다. 그녀는 남편을 즐겁게 해주고 싶어하지만, 아직 길들여지지 않은 천성을 가진 그녀의 성격은 너무 강하다. 그녀는 자신을 갈망하는 그 요트 주인을 찾아가지만, 캐러딘 씨는 만일 쥘리에트를 정부로 삼았다가는 오히려 자신이 그녀의 노예가 되리라는 생각에 두려워한다. 그러고 나서 우연히 쥘리에트와 앙트완은 해변에서 지독한 싸움을 벌이게 되고 그 이후에 그만 뜨거운 시간을 갖게 되지만, 이렇듯 부정한 사랑행각은 그녀가 너무 음탕해 결국 어떤 남자와도 어울리는 짝이 될 수 없으리라는 앙트완의 원래 생각이 맞았음을 확인해주었을 뿐이다.

쥘리에트가 저지른 간통은 형제간에는 분란을 일으키고, 그녀 자신에게는 자포자기의 심정을 유발한다. 그녀는 어두컴컴한 지하 술집으로 도피하여, 떠돌이 칼립소 밴드의 강렬한 리듬에 자신을 내맡겨버린다. 캐러딘 씨도, 앙트완도 더 이상 그녀에게 공을 들이려 하지 않지만, 미셸만큼은 기꺼이 그녀를 다시 받아들이고자 애쓴다. 끝에 가서 영화는 관객들에게 결국은 그가 성공하게 되며, 그의 노력은 풍요로운 결실을 맺게 되리라는 강한 암시를 주면서 막을 내린다. 야성적인 맨발의 소녀라도 일단 그녀의 생명력이 적절한 방향으로 발산될 수 있게만 해준다면 분명히 만족스러운 아내로 만들 수 있는 것이다.

된 것이다. 그것은 푸짐한 엉덩이를 가진 젊고 건강한 여인상이었다. 남자들이 그녀에게 시선을 던졌을 때 그들 마음속에 부성(父性) 같은 것이 떠올랐을 리야 만무하겠지만, 어쨌거나 그러한 인간의 근원적인 진화론적 성향에 그녀가 고마워해야 한다는 점에는 의심의 여지가 없다.

먼로는 외모만 뛰어난 것이 아니라, 꾸준한 노력도 게을리하지 않았던 존재로 알려져 있다. 그녀는 자신의 이미지를 개발하기 위해 애쓰던 중에, 1950년대를 주름잡은 유명한 나체 예술가 릴리 세인트 사이어(Lili St. Cyr)의 기교들을 연구하기도 하였다. 세인트 사이어는 신체를 조금만 노출시키면서 많은 것을 암시하는 방식으로 자신의 쇼를 완성시킨 여인이었다. 먼로는 세인트 사이어의 무대 인물 설정에 매혹당했고, 그녀로부터 카메라 앞에서 촉촉한 입술로 입을 살짝 벌리고 얼굴 표정을 짓는 법을 배웠다. 촉촉함과 개방성의 도발적인 결합은 그녀의 입술이 남자들에게는 즐거움의 대상이었음을, 혹은 조만간 그렇게 될 것임을 암시하는 것이었다. 또한 세인트 사이어 덕분에 먼로는 자신의 대명사라고도 할 수 있는, 억압된 감정을 표출하는 듯 무겁게 느껴지는 눈꺼풀과 약간은 졸린 듯이 보이는 시선을 개발해냈다. 그 시선은 마치 이렇게 말하고 있는 것 같다. "나는 방금 누군가와 환각적인 섹스를 나누었어요. 그리고 다음 상대는 당신이 될 수도 있어요." 그녀는 확실히 상대해볼 만한 가치가 있었다.

• 오른쪽 : 마릴린 먼로의 가장 결정적인 매력은 익히 알려진 관능미에 어린 소녀 같은 천진무구함과 연약함이 결합되어 있다는 데 있다.

또한 먼로의 가슴도 있었다. 1950년대의 미국 남자들은 여성의 가슴을 마음껏 향유하고 싶은 욕망으로 충만했다. 전시에는 마치 어뢰와도 같은 풍만한 가슴이 큰 인기를 누렸다. 그런 여자들의 사진은 행군 장비나 전폭기의 기수를 장식하며 병사들의 전투 의지를 굳건하게 만들어주었다. 전쟁을 끝낸 남자들이 집으로 돌아왔을 때 풍만하고 비옥한 여인의 젖가슴 사이로 얼굴을 부벼보고 싶다는 생각을 거부하기는 어려웠을 것이다. 그리고 먼로의 가슴 계곡은 그런 가슴들 중에서도 단연 최고라 부를 수 있을 법한 것이었다.

먼로에게는 결정적으로 성적인 비장의 카드가 있었다. 그녀는 익히 알려진 관능미에다 어린 소녀의 천진무구함과 연약함을 결합시킨 여자이다. 그녀는 조그마한 어린 소녀의 목소리로 대사를 내뱉었고, 그것은 그녀 주변에 있는 어떤 남자라도 그녀의 든든한 보호자를 자처하고 나서도록 만들기에 충분한 것이었다. 여자로서 그녀는 섹스를 약속하고, 어린 소녀로서 그녀는 주위의 제안을 기쁜 마음으로 따르면서 다른 사람들을 즐겁게 해주고자 열심히 노력할 것을 약속한다. 여성적인 매력과 남성적인 공격성 사이의 긴장을 구현한 팜므 파탈처럼, 먼로라는 섹스 키튼은 여성적인 경험과 어린아이 같은 천진난만함이 한데 뭉쳐져 흥겹게 돌아가는 일종의 병렬식 전기장치나 다름없었다.

먼로의 초기 영화에서 그녀가 맡은 단역들은 금방 스쳐 지나가는 것들이었고, 따라서 그녀로서는 연기를 선보일 기회도 별로 없었지만, 최소한 그녀에게 세련미가 부족하다는 약점만큼은 추호도 문제가 되지 않았다. 그녀는 특유의 외모와 특유의 걸음걸이와 특유의 어린 소녀 같은 숨 찬 목소리를 가졌고, 이 모든 것들은 뭇 남성들을 녹여내기에 충분한 것이었다. 팜므 파탈을 자신들의 삶 속에 끌어들이는 문제를 공상해본 남자들은 수없이 많은 불면의 밤을 지새워야 했지만, 섹스 키튼을 공상했던 남자들은 그런 고민을 겪지 않았다. 먼로는 섹스의 향유라는 개방적인 생각을 가

• 오른쪽 : 하워드 휴스 감독의 1943년도 영화 〈무법자(Outlaw)〉의 진정한 스타감은 제인 러셀(Jane Russell)의 가슴이었다. 휴스는 그녀의 가슴을 가장 아름답게 보여줄 수 있는 브래지어를 고안하는 데 몇 주의 시간을 소비하였다. 메릴랜드 주에서 그 영화의 상영을 금지한 한 판사는 러셀의 가슴이 "마치 어떤 한 지역을 온통 뒤덮고 있는 폭풍우처럼" 화면에서 불쑥 솟아나와 있었다고 불평을 터뜨렸다.

진 것처럼 보이는, 누구라도 꼭 껴안아주고 싶은 기쁨의 대상이었다. 그 정도면 무슨 설명이 더 필요하겠는가. 그리고 무엇보다도 유쾌한 것은, 영화 속에서 그녀가 반했던 남자들은 할리우드의 전형적인 멋쟁이들이 아니라는 점이다. 그녀는 아름다운 마음씨를 지녔고, 그녀를 필요로 하는 곳이라면 어디든지 달려가 남자들에게 활력을 불어넣어 주었다. 이런 부류의 여자라면 어떤 남자라도 자기 주변에 두고 싶지 않을 리 없을 터였다.

1950년대에 영화는 점점 대중적인 매체로 자리잡아가는 텔레비전과 경쟁을 해야만 했다. 영화

제작자들이 지닌 이점은 대형 화면을 이용해 가정에서라면 적절한 것으로 인정될 수 없는 고감도의 성적인 표현을 좀 더 많이 보여줄 수 있다는 것이었고, 그들도 그 사실을 잘 알고 있었다. 먼로의 인상적인 외모에서 마지막 한 방울의 관능미까지 모조리 쥐어짜내고 싶어한 영화계의 큰 손들은 그녀에게 가운과 수영복을 몸에 걸칠 것을 주문했다. 동시에 그녀는 아주 많이 배우지는 않은 여자

그녀는 아름다운 마음씨를 지녔고, 그녀를 필요로 하는 곳이라면 어디든지 달려가 남자들에게 활력을 불어넣어 주었다. 이런 부류의 여자라면 어떤 남자라도 자기 주변에 두고 싶지 않을 리 없을 터였다.

로 일반 대중에게 비치도록 되어 있었고, 그럼으로써 어떤 남자보다도 우월해 보이지 않는 여자로 연출되곤 하였다. 〈7년만의 외출〉에서는 "학교 교육"의 부족이 그녀가 가진 매력의 중요한 부분이었다. 그녀는 라흐마니노프의 음악을 알아듣지 못하지만, 가사가 없는 걸로 봐서 클래식 음악이 틀림없다는 것을 아는 수준이다. 〈신사는 금발을 좋아해(Gentlemen Prefer Blondes)〉에서 그녀는 자신의 철학을 한마디로 요약한다. "영리한 것이 중요할 때는 나도 영리할 수 있어요. 그렇지만 대부분의 남자들은 그걸 좋아하지 않더군요." 남자들은 이렇게 말한다. "아름답게만 보이면 우리는 당신을 사랑할 거예요." 그녀는 말한다. "좋아요, 그럼 이 기막힌 미녀를 한번 가져보시죠."

먼로는 남자들이 거부할 수 없는 존재이다. 왜

냐하면 그녀는 남자를 기쁘게 해주는 것 말고는 다른 꿍꿍이가 없음을 그들에게 약속하기 때문이다. 거기에 담긴 언외(言外)의 의미란, 그녀 자신도 물론 섹스를 즐기지만 특히 남자들이 원할 때면 언제든지 그것을 베풀어줄 용의가 있다는 것이다. 남자들은 자신이 그녀를 원한다는 것에 대해 죄의식을 가질 필요가 없다. 왜냐하면 그녀는 그들이 그렇게 행동하는 것이 전적으로 자연스럽다고 생각하기 때문이다. 그리고 그것이 바로 그녀의 존재 이유이다. 그녀는 남자들이 세상을 어떻게 이끌어 나가든 간섭하지 않을 것이다. 왜냐하면 그녀는 그런 문제를 이해하지도 못하고 또 관심도 없기 때문이다. 그녀가 필요로 하는 전부는 오로지 남자들의 애정을 받는 일뿐이다. 그리고 그에 덧붙여 그녀는 생활에 찌든 남자들에게 환각의 재현을 보장하는, 일종의 심리적 비아그라와도 같은 인생과 체험의 풍미를 갖고 있다. 남자들이 그녀의 영화를 보기 위해 줄을 섰던 것은 이상한 일이 아니었다. 그리고 아직도 그녀의 사진이 세계 곳곳의 카페나 식당의 벽면을 장식하고 있는 것도 전혀 이상한 일이 아니다.

》 팜므 파탈에서 섹스 키튼으로 무게추가 이동한 것은 이 세상 남자들의 틈새에서 성공적으로 살아남은 또 다른 요부의 출현 주기를 확실하게 보여주는 것이었다. 쾌활한 금발의 미녀가 오로지 자신의 육체만을 향유하고 싶어하는 남자들을 찾아

서 문을 박차고 무대에 들어섰을 때, 팜므 파탈은 서서히 사라지고 말았다. 그런 여인들이 제아무리 꽉 조이는 연분홍빛 스웨터를 입고 있어도 그 끈이 제대로 된 실매듭으로 묶여져 있기만 하다면 어떤 남자라도 손쉽게 풀어버릴 수 있듯이, 팜므 파탈의 음모, 계략 그리고 끝없는 기만의 고통 또한 그렇게 해서 빠른 속도로 무력화되어 갔다. 1950년대 할리우드의 우상들을 기준으로 보면, 이제 여자들은 남편을 곤경에 빠뜨릴 수 있는 일 따위는 거의 염두에 두지 않았고, 그래서 그들은 다시 한 번 남성들의 온전한 성적 향유의 대상이 되었다. 태양은 다시 떠올랐고, 세상의 모든 것들은 제자리를 찾아가고 있었다.

Chapter 10
The Matron and the Nymphet
완숙과 조숙, 극단의 미혹

자유분방한 사회 분위기는 어린아이에서 어머니뻘의 여인까지 사회적 관습을 거스르는 다양한 요부의 모습을 만들어냈다.

• 왼쪽 : 나보코프의 소설 첫머리에서, 어린 소녀티를 벗지 못한 롤리타는 순간순간의 감각에 몰입한다. 노쇠한 험버트는 그녀의 티 없이 맑은 원시적인 생명력을 갈구하면서, 그녀의 내면적인 동물적 본성이 자신을 부르고 있다고 스스로를 설득시킨다.

1960년대는 양성 간 싸움의 긴장이 비교적 느슨해진 막간의 시기였다. 피임약의 출현으로 쾌락을 위한 섹스(그리고 모두를 위한 섹스)는 돌연 가능해진 것처럼 보였다. 당시는 요부가 얼마나 많은 다양한 모습을 소화할 수 있을 것인지 관찰하면서 그러한 요부의 이미지를 즐기던 시기였다. 그리고 그 시대 자체의 주요한 초점이 장년과 젊은이의 대결에 맞춰져 있었듯이, 이 시대에 탄생한 유력한 두 부류의 요부들도 그런 세대차를 그대로 반영하고 있다는 사실이 그리 놀라운 일은 아니다. 은막의 경우를 보면, 훗날까지 사람들에게 강한 인상을 남기게 되는 상류사회의 사모님인 로빈슨 부인이 대학을 갓 졸업한 순진한 젊은이를 유혹하는가 하면, 블라디미르 나보코프(Vladimir Nabokov, 1899~1977)가 1950년대 후반에 발표한 소설 《롤리타(Lolita)》에서는 사춘기도 채 지나지 않은 나이 어린 요부가 유년기의 첫사랑 때문에 자유롭지 못한 비정상적인 성적 상상력의 소유자인 중년의 문학 교수에게 마법을 휘두른다.

쾌락을 위한 노련한 게임
로빈슨 부인 | Mrs. Robinson

비록 연상의 여인이 젊은 남자와 짝을 이루는 경우가 전혀 없는 것은 아니지만, 그런 식의 짝짓기는 일반적이라기보다는 예외에 가깝다고 말할 수 있을 것이다. 다윈주의 이론가들은 여자가 배우자감으로 찾는 대상은 자손을 위해 무언가를 투자할 수 있는 여력을 가진 권세 있는 남성이라고 설명한다. 그런 보호자야말로 아이들에게 좀 더 나은 생존의 기회를 제공해줄 것이기 때문이다. 남자들이 권력과 부를 성취하기까지는 대개 어느 정도의 시간이 걸리게 되므로, 여자들은 주로 자기보다 더 나이가 많은 남자를 배우자로 선택하는 경향을 띠게 된다. 그와는 반대로 남자는 건강과 생명력을 추구한다. 그러한 성질들은 여성이 임신을 하고 분만의 고통을 이겨냄으로써 남자가 자신의 유전자를 후대에 전수할 수 있는 기회를 극대화할 수 있음을 상징하기 때문이다. 그런데 보통 그러한 건강한 생명력은 젊은 여성이 지니는 것이므로, 남자들은 배우자를 고를 때 자기보다 어린 여자를 선택하는 경향을 보인다.

이론적으로는 간혹 여성이 젊은 남자를 배우자로 선택하게 되는 이유는 여성 자신이 원래 많은 자원을 가지고 있어서 남자가 훌륭한 부양자가 될 것인지 여부에는 그다지 신경 쓰지 않기 때문이라고 한다. 요부와의 관계 속에서 흔히 발생하는 또 다른 유형의 미묘한 성적 역할의 전환 사례를 보면, 보통은 남자가 여자에게서 추구하게 되어 있는 건강과 생명력을 얻기 위해 연상의 여자가 젊은 남자를 유혹하는 경우가 있다. 그러나 그것은 번식을 위한 것이 아니며, 이제는 과거의 추억거리로 급격하게 전락해가고 있을 뿐인 자신의 육체적 감각을 되살려내기 위한 것이다. 연상의 여인은 예기치 않은 섹스의 자극적인 격렬함을 원한다. 그리고 그럴 때 그녀는 자신이 조수석이 아닌 운전석에 앉아 있다는 생각을 즐긴다. 게다가 운 좋게도, 바로 그 자리는 연상의 여인이 지닌 매력에 푹 빠진 그런 부류의 젊은 남자가 그녀에게 바라는 위치이기도 하다.

이제는 고전이 된 1967년도 영화 〈졸업(The Graduate)〉의 시작 장면에서부터, 벌써 로빈슨 부인은 공격자의 모습으로 등장한다. 친구 집에서 열린 그 집 아들 벤의 대학졸업 축하 파티가 끝났을 때, 그녀는 벤의 침실까지 그를 쫓아가서는, 깨끗한 생활을 하는 대학 운동선수의 면전에서 도발적으로 담배에 불을 붙이면서 그에게 자기를 집까지 태워다 달라고 부탁한다. 벤은 수줍음을 많이 타지만, 믿음직해 보이는 체구에 누가 시키든 그대로 따를 만큼 매우 온순한 성격을 지녔다. 그가 차를 빌려줄 테니 집까지 직접 몰고 가는 것이 어떻겠냐고 말하자, 그녀는 수동 기어를 조작할 줄 모른다고 둘러댄다.

그들이 그녀의 집에 도착해서도 유혹은 계속된다. 안으로 들어오지 않을래? 싫어? 그녀는 다만 혼자 있기가 조금 두려운 것이고, 여기까지 데려다준 것이 고마워서 잠자리에 들기 전에 잠깐 술 한잔을 권하는 것뿐이다. 벤의 술잔에 떨어지는 얼음 덩어리들의 쨍그랑 하는 소음은 로빈슨 부인이 대답 따위를 기다리고 있을 여자가 아니라는 사실을 경고한다. 벤은 자신의 의견을 말하고

• 오른쪽 : 로빈슨 부인의 생각에는, 벤이 대학은 졸업했을지언정 아직 광활한 거친 세계로 나갈 준비가 되어 있지 않았다. 그녀는 그의 정규 교육과정이 미처 채워주지 못한 빈틈을 메우는 일에 착수한다.

자 한다. 그렇지만 그는 당황하고 만다. 벤의 마음 속은 갖가지 감정들로 어지럽지만 로빈슨 부인은 전혀 침착함을 잃지 않는다. 마침내 그는 마치 특별히 성가신 수학 문제 하나를 막 해결했다는 듯이 우쭐한 기색을 띠며 이렇게 말한다. "로빈슨 부인, 당신은 지금 날 유혹하고 있는 거로군요." 로빈슨 부인은, 정말로 흥미로운 생각이기는 하지만 절대로 자신은 지금 그런 생각을 하고 있지 않다고 맹세한다.

이제 벤은 어떤 식으로든 그녀에게 품었던 오

해를 풀어야만 하고, 이를 이용해 그녀는 벤을 이층으로 데리고 가 자신의 딸 일레인의 사진을 보여준다. 로빈슨 부인이 보석들을 몸에서 풀어놓기 시작하자, 벤은 자기를 유혹하고 있는 것이 아니라는 그녀의 얄팍한 속임수를 이겨내기 위해서 온 정신을 집중한다. 그러나 그녀가 옷 벗는 일을 도와달라고 하자, 그는 감히 그녀의 드레스 지퍼를 만지지 못한다. 벤이 계단을 따라 아래층으로 도망치려 하자, 로빈슨 부인은 간단한 도움조차 주려고 하지 않는 그를 비난한다. 벤의 신경은 이제는 너무나 곤두서서 언제라도 방에서 뛰쳐나갈 태세이다. 로빈슨 부인은 방문을 잠근다. 이제부터 무슨 일이 일어나든, 그것은 벤이 한 일이 아니다. 그는 자신의 의지를 거스르는 일을 하게끔 강요받게 될 것이다. 말하자면 그의 의지는 외부의 누군가의 힘에 의해 거역되고 있는 셈이다. 글쎄, 이렇게 말하면 될 것 같다. 이를테면 그는 그녀에게 절대로 옷을 벗으라고 요구하지 않았다.

   보통은 남자들이 먼저 선수를 치는 것으로 되어 있다. 그리고 벤은 일면 당혹스러워하면서도 그러한 신경 쓰이는 단계를 거치지 않아도 된다는 사실에 안심하는 것 같다. 이런 방식이 더 낫다. 아니, 훨씬 낫다. 그녀는 나신이 되고 그는 옷을 모두 입고 있다. 그에게 있어 그녀는 감탄의 대상이다. 그는 시선을 돌렸다가 쳐다보고 또 시선을 돌렸다가 다시 쳐다본다. 그의 어머니 연배의 여성들이 이런 식으로 행동하리라고는 상상조차 할 수 없었고, 게다가 그 모습이 이렇게 멋지게 보일 리는 절대로 없었다. 로빈슨 부인은 벤이 자신의 맨가슴을 그의 마음속에서 지우지 못하게 되리라는 사실을 알고 있다. 씨앗은 뿌려졌다. 그녀가 할 일은 이제 기다리는 것뿐이다.

우리는 다음 장면에서 벤이 부모님과 친구들이 지켜보고 있는 가운데 스쿠버다이빙 장비를 차려 입고 가족의 저택 수영장 안으로 뛰어들어갈 준비를 하고 있는 모습을 보게 된다. 물속에서 쳐다본 그의 친숙한 세계는 저 멀리에 희미한 모습으로 나타나고, 그는 물속의 낯선 환경에 적응해 보고자 애쓴다. 일단 그렇게 적응하고 나자, 그는 세계를 투과해 바라보게 되어 있는 지금의 새로운 렌즈가 마음에 든다는 사실을 깨닫는다. 며칠이 지난 후, 통제할 수 없는 마음의 동요를 겪은 끝에 그는 로빈슨 부인에게 전화를 걸어 호텔에서 만나기로 약속을 정한다.

호텔에서의 벤은 한 단계 나아가고 있는 상태임이 분명하다. 그는 술도 마시고 담배도 피운다. 그는 아직 웨이터의 주의를 대번에 끌 수 있을 만큼의 단호한 몸짓을 보여주지는 못하지만 때마침 마실 것을 원한 로빈슨 부인은 그런 일을 어떻게 하는 것인지 그에게 보여준다. 그녀는 그의 서투른 행동에 재미있어한다. 그가 그녀를 위층 객실로 초대하고도 그녀에게 방 번호를 알려주는 일조차 여태 잊어버리고 있다는 사실도 그렇다. 그녀는 그가 걸음마를 내딛는 모습을 지켜보고 있는 따스한 어머니이자, 자기의 학생이 성공하기를 원하는 관대한 선생님이다.

일단 둘이 방에 들어서자 그녀가 주도권을 쥔다. 그가 방의 불을 끄자 그녀가 다시 켠다. 그가 그 다음에는 무엇을 해야 할지 제대로 알지 못하자, 그녀가 암시를 준다. 그가 시작부터 실수를 저지르자, 그녀가 진행과정을 다시 정상 궤도에 올려놓는다. 그가 자신의 서투름을 걱정할 필요는 없다. 왜냐하면 그것이 바로 그녀가 그에게서 느끼는 매력이기 때문이다. 자신의 부족함에 대한 그의 두려움은 성애의 방해물이 아니라, 오히려 최음제의 역할을 한다. 그녀는 이미 세상에서 큰 성공을 거둔 남자와 살고 있으나, 결혼생활은 그녀의 삶의 열정을 억눌러왔다. 벤의 젊음과 순수함은 그녀가 잃어버린 것들을 다시 얻을 수 있는 기회를(비록 아주 잠깐 동안만이라고 하더라도) 그녀에게 제공한다. 그리고 그는 짜릿한 흥분을 느끼며 자신이 그녀가 원하는 그 무언가를 갖고 있다는 사실에 안도한다.

로빈슨 부인이 침실에서 남성적인 능력의 부족함에 매력을 느꼈다는 사실은 많은 남자들의 마음을 달래주는 일종의 환상을 부채질한다. 남자들이 마치 선천적으로 호색한의 기질을 타고난 것처럼 간주되는 세계에서, 여성이 침실에서 효과가 있는 것과 효과가 없는 것에 관하여 확실한 지침과 피드백을 제공해준다는 것은 그야말로 대단한 구원이 아닐 수 없다. 더 이상 추측의 게임은 필요가 없다. 더 이상 비난을 두려워하지 않아도 된다. 과연 끝까지 해낼 수 있을지 벤이 자신의 능력에 의심을 품자, 로빈슨 부인은 그의 미숙함을 비웃으면서 마치 금방 방을 떠날 것처럼 행동한다. 그녀를 잃을지도 모른다는 두려움은 그로 하여금 지금 그가 필요로 하는 아드레날린을 샘솟게 만들고, 그렇게 해서 그는 지금의 난국에 제대로 대처하게 된다.

비록 미국의 1960년대가 자유로웠다고는 하지만, 문제가 세대를 넘나드는 섹스에 관한 것이라면 사람들은 여전히 팔짱을 끼고 의심쩍어하면서 사태의 추이를 관망하는 정도였다. 그리고 결과적으로는, 예상했던 대로 요부란 오로지 자신의 쾌락만을 염두에 두는 이기적인 존재로 판명된다. 로빈슨 부인이 제공하게 되어 있는 쾌락은 벤을 그리 오랫동안 붙잡아 둘 수 없는 것이다. 그가 연상의 여인과 맺은 관계는 자신의 주된 과제를 잠시 대체해준 우회로에 불과한 것이었음이 밝혀진다. 그 과제란 바로 그가 안주할 수 있는, 고결하고 사랑스럽고 싱그러운 젊은 여인을 발견하는 것이다.

영화의 종결부에서, 벤이 가장 간절히 원하는 대상은 섹시하고 경험 많은 로빈슨 부인이 아니라, 그녀의 순결한 딸인 일레인이다. 그리스 선원들이 노래를 멈추고 본색을 드러낸 사이렌들을 보게 되었을 때처럼, 일레인과 사귀지 말라는 로빈슨 부인의 명령에 벤이 대들고 나섰을 때 그는 그녀의 추악한 일면을 보게 된다. 매혹적인 겉모습과 달리 로빈슨 부인은 하피(Harpy, 그리스 신화에 등장하는 새의 몸통에 추녀의 얼굴을 한 괴수—옮긴이)의 발톱과 뱀처럼 생긴 고르곤(Gorgon, 그리스 신화에 등장하는 머리카락이 뱀처럼 뒤엉켜 있는 세 자매 괴물—옮긴이)의 머리타래를 가진 간악한 늙은 마녀이다. 벤은 너무 늦기 전에 그녀의 마수에서 벗어나야만 한다.

좀 더 빡빡한 시대였다면, 로빈슨 부인은 벤을 파멸시켜버렸을 가능성이 높다. 그러나 벤에게는 그가 자신의 서투름을 걱정할 필요는 없다. 왜냐하면 그것이 바로 그녀가 그에게서 느끼는 매력이기 때문이다. 자신의 부족함에 대한 그의 두려움은 성애의 방해물이 아니라, 오히려 최음제의 역할을 한다.

다행스럽게도 1960년대는 빈둥거리기에 열중하던 시대였고, 로빈슨 부인의 위력은 젊음과 진정한 사랑 앞에 용해되고 만다. 젊고 덕스러운 여성이 교활한 요부를 압도한다. 그리고 일레인은 자신의 어머니와 잠자리를 함께한 벤을 기꺼이 용서하기까지 한다. 일단 경험 많은 여성에게서 성에 관한 교육을 전수받은 벤은 경험이 전혀 없는 여성과의 관계에서는 우월한 위치를 회복하고자 열심이다. 벤은 실제로 자신의 여자를 가질 수도 있고, 그녀를 얼마든지 요리할 수도 있다.

그러나 그 당시의 관객들이 과연 진정한 변화를 수용할 자세가 되어 있었는가를 보여주는 한 가지 암시가 있다. 마지막 장면에서, 벤과 일레인은 함께 앉아 있지 않고 따로 떨어져서 앉는다. 그리고 벤은 그들이 함께할 미래가 아니라 조금 전까지의 과거를 생각하고 있는 것처럼 보인다. 관객들에게는 과연 벤이 옳은 선택을 한 것인가 의문이 남는다. 벤에게 일레인은 정말로 더 나은 인생의 목표인가, 아니면 그는 사회의 관습 따위는 멀리 차버리고 그로서는 상상조차 할 수 없던 사실, 즉 로빈슨 부인이 그야말로 천생연분의 짝일지도 모른다는 사실을 받아들였어야 했는가?

욕망의 시선이 만들어낸 환상
롤리타 | Lolita

그래도 확실한 것은 선택권이 벤에게 있었다는 사실이다. 소설 《롤리타》에서 여주인공 롤리타에게 은밀히 접근하는 험버트 험버트는 그 정도로 운이 좋은 사람이 아니었다. 그 역시 자신의 환상을 계속 살려내고 싶지만, 그의 터널 끝에는 탈출구가 없다. 그 이유는 그가 벤보다 훨씬 더 위험한 영역을 선택했기 때문이다. 그는 어린아이에 대해 성적인 욕망을 품게 된다.

로빈슨 부인이 벤을 유혹하기 위한 모든 단계를 주의 깊게 계획하고 진행해 나갔던 반면에, 롤리타는 그저 존재 그 자체로 유혹한다. 험버트는 자신의 과거 경험과 개인적인 성적 선호도 때문에 그녀를 보고 반응을 일으킬 만한 충분한 소지가 있는 사람이다. 숙소 여주인의 앞뜰에서 열두 살

난 어린 롤리타를 처음 본 순간 그는 자신이 그녀를 가져야만 한다는 사실을 알게 된다. 그 목표를 달성하기 위해 먼저 혐오감을 꾹 참고 그 여주인과 결혼을 해서라도 말이다.

애초부터 롤리타에게는 교활함의 기색이라고는 전혀 찾아볼 수가 없다. 그럼에도 불구하고 험버트를 지배하는 그녀의 영향력은 거의 완벽에 가깝다. 그녀에 관한 모든 것이 험버트에게는 사이렌의 부름이다. "그녀의 걸음걸이는 어째서……이다지도 나를 지독하게 흥분시킨단 말인가?" 그는 스스로에게 묻는다. "안짱다리로 걷는 그 모습이 풍기는 어렴풋한 암시. 무릎 아래로 두 발치 끝까지 이어지는 그다지 볼품없이 흐느적거리는 걸음걸이." 이러한 특징들은 대개의 남자에게는 전혀 자극적이지 않은 요소들이지만, 성적인 자각이 시작되기 이전의 무심한 소녀가 풍기는 별것도 아닌 이런 뉘앙스가 자신의 성적 기호에 가장 잘 맞는 한 남자에게는 그렇지 않았다. 그녀의 비속함, 그녀의 '저속한 말투' 조차도(그래서 그것이 험버트의 유럽적인 감수성에는 거슬리는 것이라 해도), 그에게는 자극이 된다. 그녀는 철저하고도 완벽하게 험버트라는 한 개인의 마음속 카메라 렌즈를 통해 보이는 대상이다. 놀랄 일도 아니지만, 그는 그녀를 거부할 수 없다는 사실을 곧 깨닫는다.

롤리타는 이 남자가 도대체 왜 자기를 갈망하게 된 것인지 전혀 이해하지 못하지만, 어쨌거나 그녀는 자신이 매력적인 여자라는 사실을 받아들인다. 그의 시선에 적나라하게 투영되는 자신의 모습을 바라보면서, 점차 그녀는 그의 정념을 조종하는 법을 배워 나간다. 그러나 그녀가 그의 정념을 피하는 방법을 이해하게 되기까지는 훨씬 더 오랜 시간이 걸린다. 그리고 그녀가 그렇게 할 수 있게 되었을 즈음에는, 그녀의 소녀시절은 그녀를 향한 험버트의 강렬한 열망과 그로부터 자유로워지려는 그녀의 강렬한 열망에 의해 이미 소진된 상태이다.

험버트가 롤리타에게 시선을 준 바로 그 순간, 그는 잃어버린 과거의 첫사랑이자 그의 추억 속에 늘 자리 잡고 있는 애너벨을 떠올리게 된다. 롤리타가 그의 인생에 등장한 순간 과거의 아픈 경험이 다시 한 번 환기되고 만 것이다. 그녀는 요부이지만, 그것은 단지 그가 그녀를 요부로 만들기 때문이다. 험버트는 롤리타에게 유혹의 씨앗을 심는다. 그는 그녀가 님펫(nymphet)이라는 사실을 독자에게 확인시켜준다. 그 표현은 악마적인 의미의 님프(nymph)라는 용어를 활용하여 자기만이 독특하게 알아볼 수 있는 그런 유형의 유혹적인 어린 소녀를 가리키기 위해 그가 일부러 지어낸 말이다. "당신은 예술가이자 광인이 되어야 합니다. …… 말로는 표현할 수 없는 징후들을 가지고 정상적인 어린아이들 사이에서 그 조그만 치명적인 악마를 대번에 식별해내기 위해서는 말이죠. 이를테면 조금은 음험하게 보이는 광대뼈의 윤곽, 솜털이 보송보송한 다리의 가냘픔 그리고 절망과 수

• 위 : 스탠리 큐브릭(Stanley Kubrick)의 1962년도 영화에서, 험버트는 롤리타(수 라이언(Sue Lyon) 분)를 자신의 첫사랑 애너벨의 환생으로 여긴다. 숙소 여주인의 딸에게 처음 시선이 머무는 순간 그는 그녀에게 완전히 사로잡히고 만다. "푸른빛의 파장이 나의 가슴 아래서 부풀어 올랐다. …… 그때 이후로 지금껏 내가 살아온 25년간의 세월은 고동치는 한 점을 향해 점차 소멸되어가다가 마침내 자취를 감췄다."

치와 미숙함의 눈물 때문에 나로서는 그 어떤 표준적인 인식의 틀도 구성할 수 없는 그러한 흔적들을 가지고 말입니다." 그러나 한편으로 그는 그녀의 순진무구함을 인정한다. "그녀는 환상적인 능력을 갖고 있지만, 다른 이들은 그것을 알아보지 못하며 그녀 자신도 의식하지 못하고 있지요." 그리고 그는 자신의 죄악도 인정한다. "오 이런, 당신 같으면 그런 감정을 어떻게 비굴하게 숨긴단 말인가요?"

험버트는 롤리타와 좀 더 가까워지기 위해 그녀의 엄마와 결혼한다. 그리고 그녀의 어머니가 사고로 죽게 되자, 그는 자기가 그렇게도 간절히 희망했던 그 길로 들어서기 위해서 딸을 데리고 자동차 여행을 떠날 궁리를 한다. 어떻게 하면 둘이서 한 방을 빌릴 수 있을 것인지, 그녀에게 어떻게 접근해야 할지, 그리고 그녀가 잠자고 있는 사이에 그녀를 덮치기 위해 그녀에게 과연 진정제를 제대로 먹일 수 있을 것인지 등을 한창 고민하고 있는데, 정작 당사자인 그녀가 자신의 성적인 솜씨를 그에게 입증해 보이겠다고 제안하고 나서자, 그는 완전히 멍한 꼴이 되고 만다. 그들은 연인이 된다.

두 연인은 한 대학가에서 잠깐이지만 아버지와 딸로 함께 정착하게 된다. 그리고 그곳에서 험버트는 그 대학의 교수직을 얻고 롤리타는 여학교에 등록한다. 그 어느 때보다도 험버트에 대한 자신의 영향력을 확실히 자각하게 된 롤리타는 성적 호혜의 대가로 돈을 요구하기 시작한다. 험버트는 자신이 갈망해온 대상이 끔찍하리만큼 독립적인 의지를 가진 무서운 존재로 판명되자 자신의 세계가 서서히 해체되어가고 있음을 깨닫는다. 험버트가 롤리타의 영혼 속에 열어놓은 틈새가 점점 더 벌어지고 있음을 보여주는 또 다른 징후들도 포착된다. 롤리타는 홀로 그녀를 차지하기를 염원하는 그 남자 말고도 좀 더 많은 성적인 포식자들을 받아들이게 된다.

롤리타가 지금의 관계에 짜증을 내자, 험버트는 그 피할 수 없는 운명에서 달아나고자 그녀를 차 안에 쑤셔 넣는다. 롤리타는 놀라울 정도로 고분고분하다. 연인을 태우고 전국을 누비는 그 미친 듯한 질주가 끝없이 계속될 수 없다는 사실을 험버트 역시 잘 알고 있지만, 그 자신도 어쩔 수가

제임스 본드의 여인들 | James Bond's Women

1960년대에 탄생해서 21세기까지도 계속되고 있는 하나의 환상적인 이미지(비록 몇 차례의 수정과 변형을 통해 계속 갱신되어오기는 했지만)는 바로 영국 첩보원 007, 이른바 제임스 본드의 뒤를 밟는, 눈부시게 아름답고 치명적인 여첩보원의 이미지이다. 오랜 세월 이 사랑스러운 여인은 섹스 키튼의 란제리 의상을 빌려 입고, 수수께끼 같은 팜므 파탈의 뾰족 구두를 신어왔으며, 1960년대 자유분방한 여인들의 성적 독립성을 표방해왔다. 그러나 뱀프와 두 차례의 세계대전은 이미 잊혀진 지 오래고, 이 영화에 등장하는 적국의 미녀 첩보원들 역시 최첨단의 장치들로 무장한 언변 좋고 잘생긴 남자 첩보원의 적수는 되지 못한다. 그녀를 탄생시킨 페미니즘 이전 시대의 보수적인 사회원리에 걸맞게, 그녀는 오로지 극복되기 위해 존재하는 여성일 뿐이다.

본드는 자기가 속한 세계의 가장 아름다운 여인들과 성적인 농탕을 마음껏 즐길 수 있으며, 그럴 때 여성들이 자신의 구애를 기꺼이 받아들일 것이고, 그렇게 자신의 욕망이 충족된다 하여 임박한 위험을 예리하게 감지해내는 자신의 감각이 무뎌지지는 않으리라고 확신한다. 심지어는 가장 치명적인 여자 적수들과도 대개 성애적인 교제 관계의 불꽃이 튄다(즉 공유된 감정의 불꽃 혹은 상호 간의 육체적 쾌락의 불꽃이 튀는 것이다). 그리고 바로 그 점은 아무리 본드와 대결하는 임무를 부여받았다 하더라도 그런 여성들의 마음속 가장 깊숙한 곳에서는 결국 본드의 남성적인 매력을 결코 거부할 수 없게 되어 있다는 사실을 보여준다.

이러한 요부의 환상은 매우 만족스러운 것이어서, 영화마다 본드는 자신을 파멸시키고자 하는 아름다운 여인들과 계속해서 한 쌍을 이뤄 등장한다. 여성이 이룬 진보에 부응하여, 아름다운 여첩보원들은 더욱 교활해지고 더욱 강력해지며 더욱 남성적이 된다. 그러나 본드는 여전히 즐겁게 그녀들과 잠자리를 같이하고, 그러면서도 매번 그녀들을 따돌린다. 사이렌이 노래할 때 돛대에 몸을 묶어놓을 필요가 없는 현대판 오디세우스가 마침내 등장한 것이다. 밀랍으로 귀를 막지도 않고 (대부분의 경우) 손도 묶이지 않은 상태에서, 그는 자신만만하게 위험의 바다로 항해해 들어가, 지고한 쾌락을 경험하고 나서는, 무사히 탈출하는 것이다.

없다. 여전히 그는 스스로에게 그녀는 "어린 소녀로 변장한 어떤 불사(不死)의 악령과도 같은 형체"를 하고 있으며, 그런 까닭에 자신의 몸속에 있는 모든 신경 세포 하나하나마다 가득 채워져 있는 육체적인 열망은 전부 그녀 때문에 발산되고 있는 것이라고 말한다. 그런 식의 합리화는 이브나 판도라의 시대라면 납득할 만하게 여겨졌을지도 모른다. 그러나 오늘날을 살고 있는 여린 가슴의 소유자인 험버트가 롤리타를 시간을 초월하여 존재하는 무정한 망령으로 바라보려고 아무리 노력을 해도, 그는 자신을 그녀에게로 이끌어간 그 사악한 마음이 자신의 영혼 깊숙한 곳에 자리 잡고 있

> 그녀는 존재 그 자체로 유혹한다. 그녀는 요부이지만, 그것은 단지 그가 그녀를 요부로 만들기 때문이다. 그는 자신의 걷잡을 수 없는 욕망이 소녀에게 내재된 악마적 유혹의 힘 때문이라고 믿는다.

다는 사실을 알고 있다. 그녀가 험버트보다 훨씬 더 냉혹한 소아 성애자인 퀼티의 품으로 도주하게 된 것은 결국 험버트 자신이 그 원인을 제공한 것이나 다름없는 셈이다.

롤리타가 음탕한 퀼티의 품으로, 그리고 그 다음에는 가난하지만 정직한 한 남편의 품으로 도망쳐 갔을 때조차도, 여전히 그녀는 험버트의 공상 속에서 영향력을 유지한다. 그는 결코 자신의 님펫을 향한 사랑을 깰 수가 없다. 그녀가 부르면 그는 달려갈 것이고, 원하면 도움을 줄 것이며, 그러고도 대가는 전혀 바라지 않을 것이다. 그러나 그

는 이미 그녀에게서 너무 많은 것을 가져온 셈이다. 우연찮게 요부가 되어버린 그녀는 험버트가 퀼티를 총으로 쏘고 그 죗값을 치름으로써 어느 정도 보상을 받는다. 그러나 롤리타의 어린 시절을 그녀에게 되돌려줄 수는 없다. 마치 더러운 잉크 얼룩처럼 롤리타라는 현실은 애너벨에 대한 험버트의 환상을 온통 엉망으로 만들어버린다. 젊은 시절의 사랑을 되살려보려는 그의 동경은 아마도 꿈의 세계에 그대로 남겨두는 편이 더 좋았을 것이다.

≫ 1960년대는 피임약이 개발된 직후이자 여성운동이 대두되기 직전의 시기이다. 당시는 다양한 성적인 실험을 해볼 수 있는 전에 없던 기회의 시대였으며, 여성이 권력을 차지할 준비가 되어 있다고 말할 수 있는(아직은 그렇게 커다란 의미를 지닌 것은 아니었지만) 그런 시대였다. 그 시대의 남자들은 어느 쪽으로 요부의 이미지가 구현되는 것이 가장 즐거울 것인지 알아보기 위해, 그리고 수용 가능한 유혹적인 환상의 한계는 어디까지가 될 것인지 찾아내기 위해, 어린 요부의 모습도 그려보고 나이 든 요부의 모습도 그려보면서 요부의 이미지를 가지고 놀 수 있는 기회를 누렸다. 그러나 그리 오래지 않아 뒤이은 몇십 년 동안 여성들이 거둔 성과는 다시 한 번 남자들의 혈압을 상승시켰고, 따라서 요부들의 삶은 좀 더 고달프게 되었다.

Chapter 11
The Ultimate Bitch
진실 외에 모든 것을 가진 악녀

20세기 후반 여권이 크게 신장되면서, 남성들의 위기 의식은 자신들의 목숨까지 위협하는 궁극의 악녀 이미지를 양산해냈다.

1960년대에 히피족과 자유연애 풍조가 돌연히 등장하고 난 후에, 여권운동가들은 여성들의 권익을 향상시키기 위해 집중적인 노력을 기울였다. 1963년에 미국 연방법은 연방 공무원 업무에

• 왼쪽 : 영화 〈원초적 본능〉에서 샤론 스톤이 열연한 냉혹한 여인 캐더린 트러멜이 담배를 피우기 위해 라이터를 켜고 있다. 그녀는 피워서는 안 되는 장소에서 담배를 피우고, 속옷도 입지 않은 채로 일부러 속살을 훤히 드러내 보임으로써, 사회적 규약에 대한 자신의 경멸감을 노골적으로 표출한다.

관하여 여성과 남성이 동등한 보수를 받도록 규정했다. 그리고 1964년에 채택된 공민권 법안(Civil Rights Act)은 직업상의 성적 차별을 금지했다. 1974년에 최초로 여성 주지사가 당선되었고, 1981년에는 여성이 사상 처음으로 연방 대법원 판사에 임명되었다. 1992년에는 미국 역사상 그 어느 때보다도 많은 여성들이 정치 선거에 출마하여 당선되었다. 세계의 다른 곳에서도, 이를테면 UN은 1975년부터 1985년까지의 기간을 '여성을 위한 10년(Decade for Women)'으로 선포했다. 그 후로 10년이 지난 1995년에 유엔은 중국 베이징에서 여성문제에 초점을 맞춘 인권신장 회의를 개최하였다. 20세기에서 21세기로 넘어가는 과정에서도 진보는 계속되었다. 여성들은 승진상한선을 깨뜨렸고, 남성과 동등하거나 아예 그들을 능가하는 높은 교육 수준을 성취하기 시작했다.

남성들의 우려는 종종 이러한 여성 진보의 장막을 찢고 마치 대못처럼 삐죽하게 돌출해 나오곤 한다. 그런 두려움의 절정은 간혹 아내들에게 전통적인 원래의 자리로 돌아갈 것을 요구하는 극히 보수적이거나 혹은 종교적인 형태의 사회적 움직임으로 나타나곤 한다. 그들은 여자가 집안으로 들어가 남자의 뒷자리로 확실히 물러서 있을 것을 원하는 것이다. 예를 들어 1990년에 출범한 남성들만의 종교운동 단체인 '약속 지킴이들(Promise Keepers)'은 남자들이 가장으로서의 본래적인 자기 위치를 재탈환하기를 권고한다. 그러한 움직임들을 통해 부각된 남성들의 광범위한 우려 가운데 빙산의 일각이 반영된 분야가 바로 영화인데, 1970년대에서부터 20세기 말에 이르는 시기에 나타난 그런 류의 영화에는 소름끼치는 새로운 유형의 요부, 이른바 궁극의 악녀(ultimate bitch)가 주인공으로 등장한다. 그 최고의 악녀는 지적인 데다가 훌륭한 교육을 받아 성공을 거두었지만, 도덕적으로나 성적으로는 통제 불능의 여성이다.

영화 〈원초적 본능(Basic Instinct)〉에서 샤론 스톤(Sharon Stone)은 잔인한 요부 캐더린 트러멜을 연기했다. 영화는 오르가슴의 순간에 도달한 은밀한 정사 장면을 보여주는 것으로 시작한다. 이제 곧 희생자가 될 남자는 가장 취약한 상태가 된 바로 그 순간에 자신을 그런 절정에 이르게 해준 상대편 나체의 여인에게 얼음송곳으로 난자당해 죽게 된다. 놀랄 일도 아니지만, 두 사람은 여성 상위의 체위를 즐기고 있다. 지금껏 남자들이 줄곧 두려워해왔던 최악의 악몽은 바로 이것, 즉 궁극적으로 자기 파멸의 행위가 될지도 모르는 아름답지만 위험한 여자와의 정사이다. 이 장면은 또한 19세기 정액 이론의 훌륭한 예증이기도 하다. 그 이론은 남자가 체내에 생성할 수 있는 정액의 양에는 한계가 있으며, 저장된 정액이 소진되면 남자가 약해진다고 가정한다. 피살된 희생자의 정액이 솟구쳐 나올 때, 그의 피 또한 솟구친다. 빅토리아시대의 사람들이 우려했듯이, 사정할 때마다 남자에게 죽음의 그림자는 점점 더 가까워진다.

1940년대의 필름 느와르와 마찬가지로 〈원초적 본능〉의 남자 주인공 역시 법과 질서를 수호하리라 맹세한 의기넘치는 남성이다. 마이클 더글러스(Michael Douglas)가 얼음송곳 살인사건을 수사하는 샌프란시스코 경찰국 소속 형사 닉 커랜 역을 연기한다. 〈이중배상〉에서 네프는 자기 일을 충실히 잘하기는 했지만 그 업계에서 아주 빼어난 업적을 쌓은 사람은 아니었다. 〈원초적 본능〉에서 닉은 좀 더 확실한 결함을 지닌 사람이다. 그는 알코올과 약물 중독으로 치료를 받았을 뿐 아니라, 과도한 총기 사용으로 직무상의 곤경을 치른 인물이다. 캐더린은 닉의 총격을 받고 사망한 부부 관광객 사건의 내사 과정에서 혹시 경찰 내부의 의도적인 은폐 기도가 있었던 것은 아닌지 그간 몰래 조사해왔으며, 닉은 자기가 일하고 있는 부서에서 남자 동료들과 심각한 갈등을 겪고 있는 중이다. 질서 잡힌 남성세계의 주변부를 공략하는 고전적인 요부의 방식을 수행하게 될 캐더린은 자신의 목적을 위하여 닉의 약점과 부서 내부의 긴장감을 이용하게 될 것이다.

〈원초적 본능〉에서 여성의 육체적 자태가 전달하는 충격파는, 마치 뜨개질의 풀려나간 첫 올처럼 남자들의 세계라는 천 조각을 완전히 풀어버릴지도 모를 만큼 무서운 기세로 일련의 사건들을 유발한다. 캐더린은 훤칠한 키에 수려한 외모를 지닌 금발의 미녀이다. 그녀는 자신의 외모가 남자들에게 미칠 효과를 영리하게 자각하고 있으며,

또한 그런 상황을 즐긴다. 그녀는 살인사건을 조사하는 형사들 앞에서 자신의 관능미를 한껏 과시하고, 그들에게 자신이 이번 사건의 희생자와 과거에 얼마나 즐겁게 섹스를 나누었는지도 스스럼없이 이야기한다. 각기 다른 두 번의 기회에 걸쳐서, 닉은 어둠 속에 몸을 숨긴 채 그녀가 옷을 벗고 알몸으로 자기 집 두꺼운 통유리 창문 앞에 서 있는 광경을 바라본다. 영화가 시작되고 얼마 지나지 않아 등장하는 그 유명한 심문 장면에서, 자리에 앉은 그녀는 천천히 그리고 의도적으로 다리를 꼬았다가 풀고 다시 반대로 꼰다. 그리고 짧고 꽉 끼는 스커트 속에 아무것도 입지 않았다는 그 놀라운 사실을, 당혹해서 어쩔 줄 모르는 그들 법 집행자들에게 슬쩍 보여주면서 내내 미소를 머금는다.

    캐더린은 자신에게 섹스란 감정적 결연의 관계라기보다 육체적인 만족을 얻기 위한 행위라는 점을 분명히 한다. 이러한 태도는 남자들이 여성에 관해 듣게 되는 모든 이야기들을 정면으로 거스르는 것이다. 그것은 주로 남자가 섹스를 바라볼 때의 관점이지, 감수성 예민하고 조심성 많은 여성들이 품을 만한 태도는 아닌 것이다. 캐더린은 지극히 여성적인 성적 매력을 갖고 있지만, 동시에 성적 행위 자체를 평가할 때는 지극히 남성적인 성격을 띤다. 마음속으로 그녀의 이러한 정반대의 특징들을 서로 어울리게 만들려고 노력할 때 생겨나는 긴장감이 닉을 더욱 흥분시킨다.

팜므 파탈처럼 캐더린은 닉의 성적인 충동과 본능적인 경쟁심을 사건 속에 끌어들인다. 그녀는 자신의 육체를 과시함으로써 닉이 자신을 원하게 만들고, 그 다음에는 그의 마음을 사로잡음으로써 그에게 자신을 손에 넣으라고 강요한다. 닉은 그녀의 미끼에 걸려들고 만다. 그 자신도 알고 있다시피 그의 임무는 자기만의 개인적인 쾌락을 위해서 남자들을 갖고 노는 한 여자를 전통적인 남녀 관계에 기꺼이 이바지할 사람으로 바꾸어놓는 것이다. 그는 자신이 그 일을 할 수 있다고 확신한다. 그가 모르고 있는 점은 그의 확신조차도 그녀가 짠 거대한 계획의 일부라는 사실이다.

캐더린은 닉이 그녀를 자신의 연인으로 생각하도록 만드는 것이 얼마나 중요한지를 잘 알고 있다. 심문실 안에서 그녀는 특별히 그를 선택해 그의 주의를 끌고자 한다. 그리고 자기와 사랑을 나누는 방법은 아주 많이 있다고 넌지시 일러줌으로써 그의 상상력에 발동을 걸어준다. "나는 어떤 규칙도 만들지 않아요, 닉." 그녀가 말한다. "그저 물 흐르듯 따라갈 뿐이죠."

그녀의 미끼를 덥석 문 닉이 그녀는 남자가 손으로 애무해주는 것을 좋아하는 것 같다고 슬쩍 언급하자, 그녀는 한술 더 뜬다. 그녀는 예전에 피살자가 손을 사용해 애무해주었을 때 아주 좋았다고 말한다. 이제 닉은 자신이 그녀와 섹스를 나눈다면 지금껏 자기가 해온 방식 그대로 그녀에게 쾌락을 제공하게 될 매우 특별하고도 유일한 존재가 되리라는 사실을 알게 된다. 낚싯바늘이 단단히 물려 있도록 확실하게 일을 꾸미기 위해, 캐더린은 계속해서 닉으로 하여금 자기와 사랑을 나눌 구체적인 시나리오를 상상해보게 만든다. "코카인을 흡입하고 그 짓 해본 적이 있나요, 닉?" 그녀가 묻는다. 그에게 그런 가능성을 잠깐 동안 생각해볼 시간을 벌어주기 위해 다시 한 번 도발적으로 다리를 바꿔 꼬고 난 후에, 그녀는 직접 결론을 내려준다. "끝내준답니다."

캐더린은 자신에게 섹스란 감정적 결연의 관계라기보다 육체적인 만족을 얻기 위한 행위라는 점을 분명히 한다. 지극히 여성적인 성적 매력을 갖고 있지만, 동시에 성적 행위 자체를 평가할 때는 지극히 남성적인 성격을 띤다.

캐더린은 닉이 자신을 소유할 만한 가치가 있는 포획물로 생각하게 되기를 원한다. 그녀는 자신이 원하는 언제 어디서든 섹스를 즐길 수 있다는 사실을 형사들에게 주지시킨다. 살인이 일어났던 날 밤에 누군가와 함께 있었느냐는 질문에 그녀는 혼자 있었다고 답한다. 그러나 그 이유는 단지 그날 밤에 별로 기분이 내키지 않아서였을 뿐이라고 덧붙인다. 그녀는 확실히 선택권을 가진 여성이다. 그녀가 용이하게 섹스 상대를 구한다는 사실은 닉과 그의 동료 형사 거스의 암울한 성생활과 대조를 이룬다. 그들은 성욕을 해소하고 싶을 때 자위행위나(닉의 경우), 파란 머리의 할망구들(거스의 경우)에 의존하는 수밖에 없다고 투덜거린다. 두 형사는 제대로 연애라도 하려면 죽어라고 일을 해야 하지만, 캐더린의 경우에는 남자나 여자 할 것 없이 모두가 마치 불꽃을 향해 날아드는 나방들처럼 그녀에게로 몰려든다.

이 20세기 후반의 요부는 두려울 정도의 지적 능력을 가졌으며, 그런 능력을 입증하고도 남을 교육 수준을 갖춘 여인이다. 그녀는 버클리대학교를 최고의 성적으로 졸업하면서 두 개의 학위를 함께 취득하였다. 하나는 심리학이고, 다른 하나는 문학이다. 그녀는 남자의 육체뿐 아니라 마음까지도 뒤죽박죽으로 만들어놓을 수 있는 지식과 욕망을 가지고 있다. 처음에 닉은 캐더린이 살인을 저질렀다고 믿지만, 그녀와 잠자리를 같이하고 난 후에는 마음을 바꾼다. 둘도 없는 동료 거스에게는 닉이 마음을 바꿨다는 사실이 도저히 이해되지 않는다. "그 여자의 사타구니에 끼워져 있는 그 빌어먹을 우등졸업장이 네 머리를 완전히 돌게 만들었어." 닉은 거스가 틀렸다고 확신한다.

캐더린은 남자들이 여자들의 삶을 지배하기 위해 만들어놓은 보잘것없는 규칙 따위는 초월해 있다고 생각한다. 그녀는 그런 것들을 철저히 무시하기도 하고(경찰국 내 금연 구역인 취조실에서 심문을 받으면서도 담배에 불을 붙이는 행위 등을 서슴지 않고 할 때처럼), 멋지게 우회하기도 하고(거짓말 탐지기를 거뜬히 속일 때처럼), 또는 그런 것들에 관한 지식을 역으로 이용하여 자기가 원하는 방향으로 사건들이 전개되게끔 유도하기도 한다(결국에 가서 거스가 살해당한 뒤 그 사건의 용의자가 전혀 다른 여자라고 형사들이 믿게 만들 때처럼).

모든 상황을 주도면밀하게 통제하는 그녀는 자신이 오를 수 있는 최고의 경지에 이를 때까지 자신의 경험을 극한으로 몰고가는 간 큰 여자이다. 미친 듯이 차를 모는 그녀는 캘리포니아의 꼬불꼬불한 산길 위에서 벌어지는 아슬아슬한 추격전에 닉을 초대한다. 트럭과의 정면충돌을 간신히 피하고 났을 때 닉의 배짱도 마침내는 바닥을 드러낸다. 그리고 그는 목숨을 버리느니 차라리 추격을 포기하고 그녀의 차를 놓치고 마는 편이 더 낫겠다고 판단한다. 그러나 그 자동차 추격전은 좀 더 은밀한 스릴을 즐기기 위한 전초전에 불과하다. 닉과 캐더린이 처음으로 사랑을 나눌 때, 그녀는 피살사건의 희생자가 그랬던 것과 똑같은 방법으로 닉의 양팔을 침대 난간에 묶는다. 그것은 일종의 담력 시험이다. 그녀의 살인 혐의를 의심하고 있는 그가 과연 자기에게 하는 그녀의 행동을 허락할 것인가? 그녀는 그의 마음속에서 어떤 생각이 오갈 것인지 정확히 알고 있고, 그의 공포심이 그의 오르가슴을 더욱 강렬하게 만들어주리라는 것도 안다. 실제로 그렇다. 황홀경에 빠진 닉에게 그것은 그야말로 '세기의 섹스'가 된다. 그들이 사랑을 나눈 후에도 얼음송곳이 출현하지 않자, 닉은 자기가 적수를 꼼짝 못하게 만들었고 그래서 결국은 살아남았다고 믿는다.

영화의 마지막 장면에서, 거스를 살해한 캐더

린은 닉이 자신의 범죄를 의심하지 못하도록 확실히 일을 마무리하기 위해 닉의 아파트를 찾아간다. 그녀는 절망과 곤궁의 느낌을 섬세하게 연출함으로써 닉의 마음을 완전히 녹여낸다. 그리고 그녀는 닉이 기다려온 것은 바로 이런 순간이었다는 사실을 너무나 잘 알고 있다. 그녀의 연약함과 그녀가 자기를 필요로 하고 있다는 사실을 믿어 의심치 않은 닉은 자신이 그녀의 고통을 덜어줄 수 있음을 보여주기 위해 그녀와 사랑을 나눈다.

캐더린은 닉에게 이제 둘 사이의 관계가 어떻게 되는 것인지 묻는다. 그때 그녀는 혹시라도 그동안 자기가 그를 어떤 식으로 조종해왔는지 그가 조금이라도 알고 있는 듯한 기미를 보이면 언제든 얼음송곳을 손에 쥘 준비가 되어 있다. 그러나 닉의 반응을 보면 그로서는 털끝만큼도 그녀를 의심할 여지가 없음이 분명하다. 닉은 자신의 따스한 손길이 그녀의 마음속 깊숙한 곳에 존재하는 연약한 부분을 어루만지고 있으며, 이에 호응하여 그녀 역시 지금까지 갖고 있던 세상에 대한 뿌리 깊은 반목을 기꺼이 내버리고 이제는 한 남자의 만족스러운 동반자가 되려 할 것이라고 순진하게 믿어버린다. 카메라가 침대 밑에 숨겨놓은 얼음송곳을 한참 동안 비춰주고 나서도, 심지어 제3자인 우리 관객들조차 과연 진실은 무엇인지 쉽게 확신하지 못한다.

1990년대식 필름 느와르 〈원초적 본능〉에서는 이런 비슷한 유형의 이전 영화들에 비해서 남자는 좀 더 결함이 많고 여자는 좀 더 독립적인 존재로 표현된다. 그녀가 그를 필요로 하는 이유는 돈이나 권력 때문이 아니다. 그녀는 이미 그런 것들을 충분히 갖고 있다. 1970년대와 1980년대에 연출된 양성 간의 싸움은 남자들에게 여자의 궁극적인 목표가 과연 무엇인지 깊은 의혹을 남겨놓았다. 여성들은 교육과(캐더린의 우등 졸업 학위) 경력과 (작가로서 성공한 캐더린의 직업) 그리고 사회적 지위(캐더린의 막대한 재산)라는 각 측면에서 남성과의 동등성을 이룩해왔다. 그럼에도 남자들은 여자들이 아직도 배고파한다는 느낌을 지우지 못한다. 과연 여자들은 그 이상 무엇을 더 원할 수 있을 것인가?

복잡하게 얽힌 파멸의 계획을 꾸미고 있는 캐더린 트러멜의 정신병적인 성격이 그 질문에 대한 한 가지 답변이 될 수 있다. 여기에 자신이 남성보다 더 우월하다고 생각하는 한 여성이 있다. 그리고 무슨 일이 일어나는지 보라. 집 안에 틀어박혀 책을 쓰는 정도로는 그녀의 성에 차지 않는다. 그녀는 밖으로 뛰쳐나가 주변 사람들의 삶에 혼돈을 창조해야만 한다. 그녀는 궁극의 악녀이다. 그녀가 성공한 이유는, 닉이 자기 곁을 지켜줄 믿을 수 있는 여자와 자기를 배신할 위험한 여자 사이에서 선택을 해야만 할 때, 적어도 영웅이라면 위험천만한 여인 쪽을 추구하지 않을 수 없게 되어 있다는 사실 때문이었다. 두 여자 모두 아름답고 섹시하지만 오로지 한 여자만이 위험한 냄새를 풍긴

• 오른쪽 : 몸에 착 달라붙는 짧은 드레스와 육체의 밀착은 엔진을 뜨겁게 달굴 수 있는 두 가지 확실한 수단이다. 이 순간 남자는 자신의 손끝이 그녀의 몸을 더듬으며 애무하게 될 부분에 더 마음이 쓰인다. 그의 나머지 인생 전체가 위기에 처할지도 모르는데 말이다.

영화 〈원초적 본능〉에 출연한 샤론 스톤과 마이클 더글라스.

다. 그리고 그 위험한 여자를 손에 넣는다는 것은 세상에다 자신을 알려야 할 필요가 있는 남자에게 훨씬 더 의미하는 바가 클 것이다.

그 궁극의 악녀는 자기가 누를 수 있는 버튼이 달린 남자를 찾는다. 그녀는 그의 반응을 빈틈없이 예측한다. 그래서 마치 그 남자는 그녀가 줄을 당겼다 풀며 갖고 노는 꼭두각시 인형처럼 보인다. 그녀의 실체를 좀 더 분명하게 꿰뚫어볼 수 있었던 거스는 닉이 만일 캐더린과 오래오래 행복하게 살게 되리라고 생각하고 있다면 그야말로 "머리가 완전히 새대가리가 된 것"이라고 경고한다.

위험한 정사 | Fatal Attractions

　페미니스트들이 20세기 후반에 남성적 특권의 성역을 침식해 들어가면서, 남성의 우려와 수용적 태도 사이에 격변이 일어났다. 다음 세 편의 영화는 여성 정신병질자의 행동 추이를 그리고 있다. 이러한 유형의 여성 이미지는 남자들이 각 분야에서 이루어진 성공적인 여성적 발전을 수용하게 되면서 이내 사라져갔다.
　영화 〈어둠 속에 벨이 울릴 때(Play Misty for Me)〉(1971년)와 〈위험한 정

사(Fatal Attraction)〉(1987년)에서는, 겉으로 봐서는 다소곳하고 멀쩡해 보이는 여성의 내면에 말 그대로 광적인 그 무언가가 들어앉아 있음을 보여준다. 〈어둠 속에 벨이 울릴 때에서〉에서 클린트 이스트우드(Clint Eastwood)가 배역을 맡은 남자 주인공인 라디오 디스크자키는 그저 하룻밤 정사를 원하는 것이겠거니 생각하고 한 아름다운 여인에게 현관문을 열어준다. 그가 그녀의 구애에 콧방귀를 뀌자, 그녀는 살인에 손을 댄다. 〈위험한 정사〉에서 마이클 더글라스가 연기한 남자 주인공은 더 이상의 추가적인 조건 따위는 없으리라 착각하고는 모르는 여자와 하룻밤의 무제한적인 정사를 즐기기 위해 제 발로 거미집에 걸어 들어간다. 글렌 클로스(Glenn Close)가 연기한 악랄한 여자 주인공은 자기가 차지하고 싶은 남자를 향해 폭력적이고 잔악무도한 집착을 드러낸다. 두 영화에서 모두, 한때의 잘못을 저지른 남자들은 변치 않는 사랑을 간직한 오랜 연인의 도움으로 사악한 요부의 마수에서 극적으로 벗어난다. 이런 영화들은, 어떤 여자들은 규칙을 어길 수도 있으나 한결같은 진실한 여자들 덕분에 남자들이 '적어도 아직까지는' 버틸 수 있는 것이라고 제안한다.

영화 〈최후의 유혹(The Last Seduction)〉(1994년)에 이르러서는, 남자들이 현실세계에서 남성적 특권과 여성적 특권 사이의 간격이 빠르게 메워지고 있다는 사실을 깨달음으로써, 문제가 더욱 더 사악한 방향으로 전개된다. 이 영화에서 여자가 원하는 것은 남자가 아니라, 자기를 위해 그 남자가 열어줄 수 있는 권력에의 길이다. 여기서는 남자를 위한 보상 따위는 존재하지 않는다. 이 치명적인 여인은 너무나 사악하고, 너무나 계산적이며, 너무나 악마같이 영악해서 그 누구도 막을 재간이 없다. 린다 피오렌티노(Linda Fiorentino)가 연기한 그 여인은 〈원초적 본능〉의 캐더린 트러멜과 함께 20세기 후반의 남성들에 보내는 일종의 경고 메시지가 되었다. 일단 여자에게 남자로부터 독립할 수 있을 정도의 힘이 쥐어지게 되면, 그런 여자들은 단지 자기들이 원하는 것을 얻기 위해서 남자들을 유혹하고, 그런 다음에는 그들을 모조리 없애버린다는 것이다.

그러나 닉은 귀 기울여 들으려고 하지 않는다. 그는 그녀를 사로잡는 일에 푹 빠져 있고, 그녀가 자기에게 곧 넘어오리라고 믿을 정도로 자신감이 넘친다. 그런 닉이야말로 그녀가 주목해볼 만한 완벽한 목표물인 셈이다.

≫ 1990년대의 이러한 경고성 이야기는 그동안 상당히 지위를 개선해온 여성들을 향한 남성들의 두려움을 반영한다. 그러한 여성들은 여전히 더 많은 것을 원하기 때문에, 도저히 신뢰할 수가 없는 대상이다. 남성적 우월성의 범위는 심각하게 위축되고 있다. 그 어느 때보다도 지금의 시기는 양측이 결코 진정으로 동등해질 수는 없다는 사실을 분명히 해놓는 것이 중요하다. 영리하고, 성공적이고, 아름다운 여인이란 실로 너무나 빼어난 존재이기 때문에 역으로 진실한 존재는 결코 될 수 없다고 남자들은 경고한다. 그녀의 배반을 꿰뚫어 보았다고 생각하는 사람들은, 이를테면 방음 유리창 뒤에서 온갖 손짓 발짓으로 유리창 너머에 있는 남자들에게 진실을 알려주려 애쓰는 꼴이 된다. 너무 늦기 전에 자신들의 경고 메시지가 그들에게 꼭 전달되기를 헛되이 희망하면서 말이다.

Chapter 12

Women on Top
성적 권능의 정상에서

성적 독립과 자유 속에서 요부의 이미지는 점차 일상화되고, 요부라는 환상을 만들어내는 주체 역시 남성에서 여성으로 옮아가고 있다.

• 왼쪽 : 매 웨스트는 잘 꾸며진 여성의 형상이 남성의 공상에 미치는 효과를 확신했던 여인이다. 몸에 꼭 끼는 그녀의 드레스는 그녀의 풍만한 가슴선과 푸짐한 엉덩이의 윤곽이 잘 드러나도록 재단되었다. 사진 속 그녀의 모습은 마치 하얀 거품이 이는 파도를 타고 등장한 사이렌의 형상을 연상시킨다.

전통적으로 요부 이야기를 떠벌려온 사람들은 남자들이었다. 남자들은 그들의 환상과 그들의 두려움을 반영하는 이야기들을 꾸며왔다. 남자들은 자기들을 파멸시킬 수 있는 힘을 가진 여성, 자기들이 정복할 수 있는 여성, 그리고 자기들이 늘 찾으려 하지만 결코 쉽게 발견할 수 없는 여성 등을 상상해왔다. 점차로 여성들은 자기들만의 목소리를 갖게 되었고, 자신의 관능미를 남자들 앞에서 과시할 수 있는 나름의 방법을 찾게 되었다. 이렇게 능력 있는 여성들 가운데 대다수는 무대 위에서 빼어난 연기로 유혹의 환상을 펼쳐 보인 연예인들이었다. '요부 이야기'에서 여성의 자율성을 주창한 초창기의 그녀는 1930년대에 광포한 할리우드가 그녀의 정상 길목을 차단하고 나서기 전까지 미국 전역에 걸친 주요한 무대들에 올라 자신의 끼와 재능을 마음껏 뽐내며 십 대 시절과 이른바 '광란의 20년대(the Roaring Twenties)'를 보낸 여인이었다.

성적 독립을 보여준 시대 아이콘
매 웨스트 | Mae West

굴하지 않는 정신력의 소유자인 매 웨스트는 열세 살 때부터 무대경력을 쌓기 시작하였다. 그녀는 그 이후로 25년의 세월을 익살극(burlesque)과 보드빌 전문 연기자로 보냈고, 그러다 거의 한물 갔다고 말할 수 있는 나이인 38세가 된 1932년 여름에 마침내 할리우드를 강습하게 되었다. 영화배우가 되었을 무렵의 그녀는 몸에 꼭 끼는 드레스, 특대형의 보석들, 이국적인 깃털 장식 등으로 강조한 육감적인 관능성의 구도를 완성해낸 상태였다. 그녀의 연극 《섹스(Sex)》를 보고 한 비평가는 "그녀에게서 라인석의 광휘와 여러 병의 향수를 뒤섞어놓은 듯한 강렬한 향기가 방사된다"고 적었다. 할리우드에 입성했을 때, 그녀는 자신의 드레스를 재단하는 여성에게 이렇게 말했다. "난 아주 꽉 끼는 게 좋아요, 알겠죠." 십 대 때부터 팔십 대가 되어서까지도 한결같이, 그녀는 마음껏 즐길 수 있는 쾌락의 대상으로서의 성적 매력을 찬양하는 역할, 달리 말하자면 모든 선택권을 자기 손에 쥐고 있는 여인의 역할을 전문적으로 연기하였다.

'번쩍거리는 도시(Tinseltown, 할리우드의 애칭—옮긴이)'에 입성하기 전에, 웨스트는 자신이 직접 대본을 쓰고 주연으로 출연한 연극 《섹스》 때문에 톡톡히 곤욕을 치렀다. 그 연극을 본 한 경찰관이 그녀의 연기가 외설적이었다고 고발함에 따라 열흘 동안 구치소 신세를 졌던 것이다. 그 경찰관은 "그녀의 몸통 한가운데에서 동쪽에서 서쪽으로 출렁이는 무언가를 보았다."고 증언하였다. 전혀 기가 죽지 않은 그녀는 감옥에서 보낸 9일(수감 태도가 좋아서 하루를 감형받았다)이 자기로서는 그간 상당히 부족했던 휴식의 시간이 되었으며 또한 앞으로 사회의 어두운 단면에 관한 연극들에서 다룰 생생한 소재들을 체험할 수 있는 기회가 되었다고 기자들에게 말했다. 그녀가 다루는 연극의 주인공은 언제나 일상생활의 도덕적인 표준을 무시하며 남자들에게 넉넉한 애정을 베풀지만 인격적인 품위와 정정당당함에 관해서는 그 나름의 확고한 신념을 끝까지 고수하는 그런 여자들이다. 웨스트의 작품세계에서 남성은 언제나 여자가 손쉽게 다룰 수 있고, 또한 기꺼이 그러한 여성의 매력에 굴복하는 대상으로 등장한다.

웨스트는 자신의 육체를 노출시키는 것이 대단한 위력을 지니고 있다는 믿음을 결코 잃지 않았다. 그녀의 초창기 무대 공연 작품 중 하나는 여러 개의 부채를 이용해 자신의 나신을 교묘하게 가리고 춤을 추는 것이었다. 그 이후에 그녀의 공연은 시미(Shimmy, 몸을 떨면서 추는 재즈 댄스의 일종—옮긴이) 춤으로 발전하게 되는데, 그것은 그녀가 흑인들의 사교 클럽에서 조금씩 몸에 익혀 무대 공연 작품으로까지 승화시킨 것이었다. 1917년 시카고의 마제스틱극장(Majestic Theater)에서의 공연 중에는, 흥이 오를 대로 오른 그녀가 무대 위에서 너무 격렬하게 몸을 흔드는 바람에 꽉 조인 드레스의 단추들이 떨어져나간 적도 있었다. 웨스트는 성적인 느낌을 표출하기 위해 굳이 관능적인 몸짓을 취할 필요가 없었다. 이듬해 브로드웨이 슈베르트 극장(Schubert Theater)의 무대에 올랐을 때, 그녀는 단지 무대 위를 걸어다니는 것만으로도 그곳의 인기를 독차지하였다.

노골적인 단어들 또한 그녀에게는 불필요했

다. 《섹스》 때문에 재판을 치를 때, 그녀의 연극에서 단 한 줄의 음란한 표현도 찾을 수 없었던 검사는 이렇게 주장하였다. "웨스트 양의 개성, 외모, 걸음걸이, 버릇 그리고 몸짓들 하나하나가 그녀의 대사와 몸동작을 모두 성적인 암시를 지닌 것으로 만들어버렸습니다." 뉴욕에서 발행되는 『이브닝 텔레그램(Evening Telegram)』지의 안목 있는 기자 레너드 홀(Leonard Hall)은 그녀의 연극 《다이아몬드 릴(Diamond Lil)》을 보고 난 후에, 단지 웨스트가 모습을 드러냈다는 사실만으로도 남자들에게는 "뜨거운 불이 프라이팬 위의 비엔나소시지를 달구고 있는 느낌"을 전해주기에 충분했다고 취재하였다. 할리우드에 들어섰을 무렵, 그녀는 엉덩이에 손을 올린 채 나른하게 걷는 자신만의 걸음걸이를 완성함으로써 자신의 허스키한 대사 전달능력을 보완하였다.

웨스트는 종종 자신의 예술은 박자, 타이밍 그리고 음조의 변화에 의존한다고 말하곤 하였다. 특히 할리우드의 검열관들이 그녀의 가장 심한 성적인 대사들을 삭제하고 나서는 바람에 격돌이 빚어졌던 1930년대 초에는, 어쩔 수 없이 웨스트로서도 관객을 은근히 부추기는 암시의 예술에 크게 의존할 수밖에 없었다. 웨스트는 기대감이 가득 담긴, 매우 의미심장한 일시 동작 중지의 기법을 수행하였고, 그러다 마침내 그녀의 입에서 대사가 흘러나올 때 그 대사의 한마디 한마디는 대단히 강렬한 성적인 느낌을 발산하였다. 배우 안소니

• 위 : 매 웨스트는 도가 지나칠 정도로 화려했다. 그녀에게는 더 많이 번쩍거리는 것이 더 좋은 것이었다. 그녀는 자신의 의상과 자신의 재치 있는 문답에 반짝거리는 '보석'들을 흩뿌려 놓음으로써 사람들을 유혹하기도 하고 아연실색하게 만들기도 하였다.

퀸(Anthony Quinn)은 그의 자서전 《원죄(The Original Sin)》에서 이런 일화를 밝히고 있다. 그가 1940년에 어느 명망 있는 무대 공연에 참가하고 싶어 오디션을 보러 갔을 때, 그녀가 "어떻게 할 거죠?(What do you do?)"라고 물었다는 것이다. 그 때 퀸에게는 간단한 네 단어로 이루어진 그 물음이 최소한 "네 가지 다른 차원"의 의미를 담고 있는 것으로 들렸다고 한다. 웨스트는 가장 순진무구해 보이는 대사들에다 성적 유인의 힘을 잔뜩 충전시키는 그녀만의 비상한 능력을 결코 잃지 않았다. 『버라이어티(Variety)』지는 그녀에 대해 "자장가를 불러도 섹시할 수밖에 없는" 여자라고 전하였다. 그리고 공연활동을 접을 때가 되어갈 무렵쯤에는, 그녀는 '차와 토스트를 대접할 때'에조차도 마치 빈정대는 듯 쉿소리가 나는 목소리가 들린다는 평판을 듣게 되었다.

1932년 할리우드에 도착했을 때, 웨스트의 위압적인 외모는 영화계에 지각변동을 일으켰다. 그녀는 당시 할리우드에서 유행하던 눈에 확 띄는 금발머리로 염색을 하고, 영화 일에 나설 채비를 하였다. 한 비평가는 그녀가 등장한 특유의 장면을 이렇게 묘사하였다. "놀랄 만큼 폭발적이었다. 얼간이들의 무리 속에 그야말로 폭탄이 떨어진 것 같았다. …… 금발머리에 풍만한 육체를 가진 왁자지껄한 매 웨스트, 그녀는 소시지처럼 매끈한 드레스에 반짝이들을 주렁주렁 붙이고 은막을 가로지르며 미끄러지듯 활보하였다."

웨스트는 할리우드 미녀들의 가녀린 표준형 몸매를 경멸하였다. 그녀는 안소니 퀸이 "현기증이 난다."라고 표현했을 만큼 대단한 가슴을 갖고 있었지만, 정작 본인은 자신의 엉덩이를 가장 자랑스럽게 생각했다. 그녀는 언젠가 식이요법을 통해서 몸무게를 46킬로그램까지 줄인 적이 있었지만, 전체적인 몸매가 전혀 마음에 들지 않자 원래의 굴곡이 도로 살아나게끔 다시 살을 찌웠다. 키가 150센티미터가 간신히 될까 말까 했던 그녀는 다리가 좀 더 길어 보이는 굽 높은 하이힐을 선호했고, 몸매의 모든 굴곡이 확연하게 드러나도록 가슴이 깊게 파이고 보석이 주렁주렁 달린 긴 드레스를 즐겨 입었다. 한 비평가는 그녀의 실루엣

이 마치 "달걀 담는 그릇에 천을 뒤집어 씌워 놓은 것"처럼 보인다고 묘사하였다. 그러나 그런 것이야말로 웨스트에게는 여성이 갖추어야 할 모든 것이었다. 1919년에 『버라이어티』지는 그녀의 드레스가 "대단히 풍류가 있다."고 표현하였다. 언제나 극단적인 것을 추구하기를 좋아하는 웨스트를 묘사하는 데 그런 점잖은 단어들이 사용된 것은 그때가 처음이자 마지막이었다.

웨스트는 즐기기 위한 섹스에 확고한 믿음을 가지고 있었다. 한번은 그녀가 이렇게 선포한 적도 있었다. "나는 세상의 신망을 잃어버렸지만 결코 그것을 그리워하지 않는 그런 여자랍니다." 그녀는 여자가 섹스를 부추긴다고 해서 문제될 것은 아무것도 없다고 생각하였다. 그리고 그녀는 "남자란 자기가 필요로 하는 여인에게서 …… 어떤 영감을 받아야만 비로소 자신이 어떤 능력을 갖고 있는지 알게 된다."고 믿었다. 이성에 대한 자기자신의 반응에 대해서 그녀는 이렇게 적었다. "어떤 남자에게 끌릴 때, 나는 마치 전장에 나선 아마존의 여전사와 같다. 나는 모든 방향으로 공격을 시도한다." 그녀는 남성지배적인 영화산업계가 자신의 개방적인 시각을 공유하기는커녕 자신의 사생활에 제약을 가하려 한다는 사실이 몹시 불만스러웠다. 그래서 그녀는 이렇게 쏘아붙였다. "영화 속에서라면, 그들은 나를 한 남자의 무릎에만 앉히지는 않았을 테죠. 그리고 실제로 난 손수건 위에보다 남자들의 무릎 위에 훨씬 더 많이 앉아본

거구요."

　웨스트는 자기가 발굴해낸 소재를 가지고 직접 집필하고, 연출하고, 연기하면서 생애의 대부분을 보냈다. 그녀는 웨스트라고 하는 페르소나를 대중에게 선보이는 최고의 방법을 알고 있는 사람은 오직 자신뿐이라고 확신했다. 그러한 신념 그리고 그녀의 스포트라이트를 나누어 받고자 경쟁했던 다른 사람들을 짓밟아버리는 그녀의 버릇 때문에, 사람들 사이에서 그녀는 종종 함께 일하기 어려운 골칫덩어리로 인식되곤 하였다. 로웰 셔먼(Lowell Sherman) 감독은 끊임없이 대본을 수정해야 했던 각색가 존 브라이트(John Bright)에게 이렇게 양해를 구했다. "정말로 미안하네. 그렇지만 세트장에서는 나도 어쩔 수 없이 그 돈 되는 여자를 잘 다뤄야 한다네."

　자기만의 규칙을 스스로 설정하는 여성이었던 웨스트는 상대 연기자들에게서도 그에 상응하는 호연을 기대했다. 함께 공연하는 배우들이 그녀의 연기를 돋보이게 해줄 적절한 배경의 역할을 제대로 해낼 수 있을지 점검하기 위해서 그녀는 그들의 체격과 무대 매너를 늘 유심히 관찰하였다. 그녀는 또한 인간적인 차원에서도 일정 수준의 열정을 기대하였다. 그녀가 연기했던 극중의 인물인 티라는 이렇게 공언한 적이 있었다. "중요한 것은 당신 삶 속의 남자가 아니라, 당신의 남자와 함께 하는 삶이에요." 소문에 의하면 웨스트의 개인적인 성적 욕구는 매우 게걸스러웠으며, 그녀는 잦은 섹스를 건강 유지의 필수 요건으로 생각했다고 한다. 그녀가 자유의 여신상처럼 포즈를 취하고 『베니티 페어(Vanity Fair)』의 표지사진을 찍었을 때, 비평가 조지 진 네이선(George Jean Nathan)은 이렇게 촌평하였다. "그녀는 차라리 리비도의 여신상에 더 가깝게 보인다." 그러나 웨스트는 자기가 기대하는 방식의 삶을 솔직하게 향유하는 남자들과는 아무런 문제가 없었다. 영국 공군의 조종사들이 자신들이 입는 구명조끼를 '매 웨스트'라고 명명했을 때, 그녀는 그 별명이야말로 "실용적인 방식으로 나의 성적인 매력에 찬사를 보낸 것"이라고 자랑스럽게 선언하였다.

조금은 지나친 면도 있었지만, 언제나 실용주의적인 태도를 잃지 않았던 웨스트는 현실과 예술 사이에는 역시 간격이 존재한다는 점을 인정하였다. 그녀의 연극 《예카테리나는 대단했다(Catherine Was Great)》의 주연을 맡았을 때, 그녀는 이렇게 말했다. "예카테리나는 위대한 여제였다. 또한 그녀는 삼백 명의 애인을 두었다. 나는 두어 시간 동안 내가 할 수 있는 최선을 다했다." 그녀는 그리 큰 어려움 없이 일생 동안 끊이지 않고 연인들을 사귀었던 것 같고, 더군다나 나이가 들어서도 여전히 민감하게 섹스에 흥미를 느꼈던 것으로 보인다. 1960년대에 남성 연예인들을 위해 열린 한 파티에 참석한 그녀는 일흔의 나이가 되어서도 이렇게 한마디 하였다. "오 이런, 내가 제일 좋아하는 관객들이로군. 자리를 꽉 메운 남자들 말이야."

전 생애를 통틀어 무대 위에서나 무대 밖에서나 늘 웨스트는 자신을 받쳐주고 숭배하는 역할을 맡아줄 근육질의 남자들을 주위에 끌어들였다. 대개의 여자들이 남자가 던지는 추파를 수줍게 받아들이는 반면, 웨스트는 적극적이고도 태연자약하게 역으로 남자들에게 추파를 던졌다. 그녀가 창조한 극중의 인물 티라가 〈나는 천사가 아니에요(I'm No Angel)〉에서 늠름한 곡예사 애인을 유혹하며 이야기한 것처럼, "나는 그를 가슴 아프게 할 생각이 없어요. 난 다만 그의 근육을 느껴보고 싶을 뿐이죠." 티라는 할리우드의 검열관들이 그녀의 성적인 암시에 거부감을 느끼고 가위질을 해대기 전까지 "체스터필즈(Chesterfields, 미국의 애연가들이 좋아하는 순한 담배 상표—옮긴이)보다 더 많은 단골 고객들을 만족시켰던 유일한 여자"로 기록되게 된다.

결국은 웨스트가 새로운 매체를 적극적으로 활용한 기간은 불과 2년에 그치고 말았다. 비록 성도덕은 의심스럽지만 마음만은 아름다운 생각들로 완전히 충만해 있는 그녀의 여성상을 그려내는 데 필수적인 요소였던 음란한 풍자와 암시적인 상황들을 검열관들이 삭제하면서 그녀의 활동에 제동이 걸리기 시작했던 것이다. 제아무리 혈기왕성한 웨스트라도 결국에는 체면을 중시하는 사회 흐름에 맞서 더 이상 버틸 수가 없었다. 그러한 사회 풍조는 웨스트의 매력을 즐거운 마음으로 공유했던 뻔뻔스럽고 불량한 여자들을 일소했고, 그

대신에 필름 느와르에서 흔히 볼 수 있는 것처럼 빗물 흥건히 고인 침침한 골목길에서 남자를 살해하려는 차가운 음모를 꾸미고 있는 음울하고 교활한 미모의 여성들을 등장시키게 되었다.

웨스트가 자신의 성적 욕구에 솔직했던 것과는 대조적으로 보통의 여성들은 그렇지 않다고 흔히 간주되곤 하지만, 웨스트는 여자들도 남자들처럼 섹스를 즐기고 만족을 얻고 싶어한다는 사실을 분명히 밝히는 것이 전혀 잘못되지 않았다고 생각했다. 여성들을 오랜 세월 동안 응접실에 가둬온 사회를 향한 그녀의 대항 수단은 무대 위에서 여느 남자 못지않은 대담한 모습을 선보이는 것이었다. 그녀의 이야기들에서 상황을 주도하는 여주인공은 절대로 남자가 무언가를 강요하도록 놔두지 않았고, 오히려 자기가 원하는 대로 남자들을 가지고 놀기를 좋아한다. 그 여인은 독립성에 큰 가치를 부여하며 결혼생활은 그저 '최후의 수단' 정도로만 여길 뿐이다. 그녀는 그녀의 친구로, 혹은 그녀의 품에 안겨서, 혹은 그녀의 침대에서 몇 시간을 보내는 특권을 누리기 위해서라면 줄이라도 길게 늘어설 정도의 한결같은 마음을 가진 일군의 열렬한 추종자 무리를 보유하였다. 그녀가 스스로 가장 자신 있게 생각하는 것은 다른 사람을 매료시키는 자신의 능력이다. 영화 〈다이아몬드 릴(She Done Him Wrong)〉에 나오는 극중 인물 루 양은 이렇게 말한다. "일단 내 손아귀에 들어오면, 그는 결코 그 맛을 잊을 수가 없게 되지요." 그리고 그녀는 결코 자신을 싸게 팔아넘기지 않는다. 티라는 연인이 되고 싶어하는 한 남자에게 이렇게 확인해준다. "무언가 색다른 것을 찾는다면 비용도 더 들겠지만, 그럴 만한 가치는 있는 거겠죠." 다른 누군가가 자기는 절대로 그녀를 잊지 못할 거라고 말하자, 그녀는 그 말을 의심하지 않는다. 그리고 이렇게 대답한다. "당신이라고 다를 리는 없겠죠."

비록 웨스트가 연인들 앞에서 공격적으로 행동할 때는 마치 전통적인 남성의 방식을 따르고 있는 것처럼 보이기도 했지만, 그녀는 또한 여성의 전통적인 유혹의 행위들을 실행할 줄 아는 능력도 있었다. 물론 웨스트가 하는 일이 다 그랬듯이, 그러한 행동조차도 너무 극단적이었다는 것이 문제이지만 말이다. 그녀와 많은 영화에 함께 출연했던 캐리 그랜트(Cary Grant)는 이렇게 공언한 바 있었다. "일찍이 나는 매 웨스트처럼 '여성스러운' 배우와 함께 일해본 적이 없었다." 그리고 1937년에 그녀를 위해 집필된 한 라디오 극본에서, 작가인 아치 오볼러(Arch Oboler)는 웨스트에게 에덴동산의 아담뿐만 아니라 그 뱀마저도 유혹해버리는 이브의 역할을 주었다.

웨스트는 또한 그럴 만한 대상에게 그럴 만한 대접을 해주는 것이라고 믿었다. 남자들에게 성적인 호의를 베푸는 것을 무척이나 즐겼던 그녀는 자기로 하여금 그런 일을 하도록 만드는 것은 남자들의 마음속에 언뜻 보아서는 그 바닥이 보이지 않는 무궁무진한 욕망의 우물이 존재하기 때문이라는 사실을 깨달았다. 그녀는 그러한 욕망을 충족시켜줄 수 있는 여건을 기꺼이 제공하였고, 즐거운 마음으로 자신의 본능에 충실했다. 〈나는 천사가 아니에요〉의 한 등장인물이 "도대체 어떤 남자든 당신을 사랑하게 만드는 방법이 뭔지 모르겠군요."라고 말하자, 그녀는 이렇게 응수한다. "내가 그들에게 해주는 건 아무것도 없어요. 그들이 스스로 그렇게 하는 것이죠." 자신의 성적인 매력에 최고의 자신감을 갖고 있던 그녀는 자기와 함께 시간을 보낼 수 있다면 어떤 남자도 감사해 마지않을 것이라고 장담했다. 〈다이아몬드 릴〉에서 그녀의 운전기사가 그녀의 내실이 마치 천국처럼 보인다고 언급하자, 그녀는 망설이지 않고 이렇게 대답한다. "그게 바로 당신이 여기까지 계단을 올라와야만 했던 이유랍니다."

웨스트는 자신의 모든 작품들을 대단히 즐겼다. 성적인 희롱을 즐기며 스스로를 거부할 수 없는 매력의 소유자로 생각하는 그녀의 믿음은 급기야 로웰 셔먼 감독으로 하여금 그녀를 "미국의 몽정"이라고 부르도록 만들었다. 그러나 이러한 특징들은 사람들 사이에서 한편으로는 모욕과 불쾌감을 불러일으켰고, 훗날 85세의 팍삭 늙은 할머니가 되어서도 젊은 사이렌 역을 맡겠다고 고집을 피웠을 때에는 마침내 사람들의 조롱거리가 되고 말았다. 많은 남자들은 웨스트의 의욕이 견딜 수 없을 만큼 지나친 데다, 그녀의 방식이라는 것도 이제는 조야하기 그지없는 것이라고 생각하게 되었다. 남자가 여자를 갈망하는 것은 마땅히 수용할만하고 능히 기대되기도 하는 일이지만, 1930년대의 남자들은 그럴 때 여자들의 답례가 있으리라고는 기대하지 않았다.

남자들은 웨스트가 자신들의 전문 영역을 침범해 들어오는 방식에 점차 불편을 느끼게 되었다. 그리고 1940년대가 다가오고 팜므 파탈의 이미지가 만들어지고 있을 때, 사람들은 이제 그녀를 정말 여자라고 할 수도 없다며 킬킬거리기 시작했다. 그녀는 좋게 봐서 기껏해야 "역사상 최고의 여성 분장가"에 지나지 않으며, 나쁘게 보자면 "말할 때 코맹맹이 소리가 섞여 나오고, 힘들여 애써 걷는 걸음걸이는 꼭 발이 까져서 그런 것처럼 보이는, 호방하고, 온화하지만, 조금은 무르게도 느껴지는, 초특급 금발머리가 물결치는 여인이자, ······ 품행은 관두고서라도, 어쨌거나 예술에 대해서만큼은 큰 위협이 되는" 그런 여인이라는 것이다. 자기자신의 기쁨을 위해 그리고 자기자신의 세계관에 따라서 자신이 원하는 방식으로 성을 묘사해왔던 그 여인은, 남자들의 눈에 적당하다고 생각되는 딱 그 정도만큼 섹시한 여성들에게 배역을 줄 수 있도록 자신들의 목소리를 되찾고 싶어하는 남성들에 의해 밀려나기 시작했다.

스스로 선택하라, 맘껏 변신하라
마돈나 | Madonna

두 차례의 세계대전이 벌어진 그 중간 시기에, 서구사회는 잠깐 동안 강인하고 독립적인 여성들에 대한 생각을 떠올리며 즐거워했다. 그리고 매 웨스트는 그녀가 여성의 성적 독립을 표방하는 지나치게 강경한 여인으로 남성들에게 인식되기 전까지 매우 커다란 활약을 펼쳤다. 자신감 상실과 혼란의 확산으로부터 남자들을 구원하기 위해 마침내 할리우드의 검열관들이 매 웨스트를 제지하고 나섰다. 웨스트의 후계자들인 훤칠한 몸매의 멋들어진 팜므 파탈들은 스핑크스와 같은 불가사의한 존재로 인식되어 일상의 세계에서 퇴출되었고, 남자들은 다시 한 번 자유롭게 자신들의 두려움과 욕망을 반영하는 요부들을 새로이 창조하게 되었다. 쌀쌀맞은 요부, 그 다음엔 어린애 같은 요부가 등장했고, 상쾌한 순수함을 지녔거나 혹은 세속적인 영악한 머리를 지닌 요부들도 등장하였다. 그녀들이 궁극적으로 제 분수를 알게 되는 여인들이건, 혹은 남성의 영역을 파고들어가 더 많은 지분을 빼앗아낼 수 있기를 갈망하는 여인들이건 상관없이, 남자들은 그런 여인들을 통제할 수 있었다.

• 오른쪽 : 마돈나는 지나간 요부들이 대중화시켰던 이미지들을 한편으로 업신여기면서도 그들 선배의 잔영을 또한 어떻게 활용해야 하는지를 잘 알고 있다.

〈마돈나, 진실 혹은 대담(Madonna-Truth or Dare)〉의 한 장면.

여성들이 20세기 후반에 성적인 독립을 향한 장족의 일보를 내딛고 있을 때, 또 한 명의 대담하고도 뻔뻔스러운 여성이 중앙 무대에 발을 들여놓고 있었다. 엄격한 가톨릭 집안인 한 미국 이민자 가정에서 엄한 교육과 통제를 받으며 자라난 마돈나 루이스 치콘느(Madonna Louise Ciccone)라는 가수가 1980년대에 대중의 환호를 받게 된 것이다. 매 웨스트가 성적인 페르소나를 채택하여 나이가 늙어서도 그 이미지를 완고하게 고수했던 반면, 마돈나는 무대를 누비면서 끊임없이 변화하는 일련의 도발적인 성적 역할들을 차례로 선보였다. 매 웨스트는 초지일관 매 웨스트였지만, 마돈나의 시대에 이르러서 여성은 자신의 목적과 분위기에 맞는 페르소나를 선택할 수가 있었다.

그녀의 의상 가방 안에 들어 있는 다양한 페르소나들 중에서, 전통적인 남성적 환상들(여학생, 여성권력자)은 그녀를 흥분시킬 수도 있고, 또는 그렇지 않을 수도 있을 것이다. 그것은 그녀의 선택이며, 그녀의 권한이자, 그녀의 기쁨이었다. 1970년대 뉴욕의 전위 예술계에서 전례없이 다채로운 성적인 선택의 자유를 경험하게 된 그녀는 1980년대 초 모든 이미지를 스스로 창조하면서 대중 음악계에 혜성처럼 등장하였다. 그녀는 어떠한 상황에서든 자기 앞에 펼쳐진 무수히 많은 연극적 가능성들 중에서 한 가지를 골라 다른 차림새로 바꾸기만 하면 완전히 또 다른 이미지의 여인으로 변신할 수 있다고 생각하였다.

경력 초기에 마돈나는 전통적인 독자적 영역들을 뒤섞어놓음으로써 특히 많은 사람들의 관심을 끌었다. 그녀는 성적인 차별, 인종적인 차별을 무색하게 만들었고, 종교와 섹스를 뚜렷하게 중세적인 기백으로 결합시켰다. 그녀는 '물질적인 여자(Material Girl)'이자, '소년의 장난감(The Boy Toy)'이었고, 갱의 정부이자, 자위하는 숫처녀 신부였다. 그녀는 머리를 거칠게 풀어헤치기도 하고, 또 완전히 뒤로 넘겨 묶고 나오기도 하였다. 그녀의 속옷은 겉옷이 되었다. 그녀는 매춘부처럼, 여신처럼, 남자처럼 옷을 입었다. 그녀는 이렇게 말했다. "나는 한 가지 생활방식만을 고집하지 않습니다. 다만 한 가지를 묘사할 뿐이죠." 언제나 마돈

• 오른쪽 : 마돈나는 과거의 이미지들을 수용하고 거기에 자기자신의 개성과 스타일이 담긴, 매우 현대적으로 변형된 또 다른 이미지를 가미하는 방법도 잘 알고 있다.

〈금발의 야심 투어(Blonde Ambition Tour)〉, 일본, 1991년.

　나는 자신이 채택할 이미지들을 직접 관리하였고, 순회공연의 일정을 조율하는 일과 무대에서 선보일 댄스의 안무도 직접 맡아 하였다. 매 웨스트가 그랬던 것처럼, 그녀 역시 남성 무용수들을 체면치레 정도나 하는 위치로 떨어뜨려버렸다. 그들은 그저 마돈나의 짜릿한 무대 공연이 한층 더 돋보이도록 배후에서 그녀의 춤을 보조해주는 역할만을 할당받을 뿐이다.

　마돈나에게 세상은 하나의 거대한 성적인 슈퍼마켓과도 같았다. 그녀는 역사적인 유혹의 장면들이 죽 늘어서 있는 슈퍼마켓의 진열대를 훑어서, 그 중에 자신의 공상을 사로잡는 항목들을 끄

집어낸 다음, 자기만의 고유한 비법으로 그것들을 잽싸게 요리해낼 수 있었다. 그녀의 주된 메시지는 권력과 통제와 근육이었다. 그녀의 메시지는 강인하고 방약무도한 성적인 욕구였다. 그것은 여성들로 하여금 자신들이 지닌 성적인 위력을 각성하도록 만들고, 또한 여성들이 어떠한 방식으로든 자기에게 가장 알맞은 방식으로 그러한 힘을 신봉할 것을 조장하는 메시지였다. 그녀는 거리낌 없고 유연한 여성의 성적 욕구를 향해 나아가는 문을 열고 있었고, 그것은 여성들이 삶의 다른 영역에서 성취한 발전과도 보조를 함께할 수 있는 것이었다.

진 할로우가 백금발의 미녀라는 애칭으로 불리고, 마릴린 먼로가 몸을 비비꼬는 걸음걸이와 천진난만한 시선을 완성해냈을 때, 요부의 이미지는 고정된 인위적인 형태를 띠고 있었다. 20세기에 페미니스트들이 이룩한 성과의 궤적을 뒤쫓아온 마돈나는 같은 세대의 다른 여자들이 이제 막 배우려는 것을 벌써부터 강력하게 주장하고 있었던 셈이다. 즉 여성의 성적인 본성이 더 이상 고정적일 필요가 없다는 것이었다. 여성들은 사이즈가 하나밖에 없는 판에 박힌 이미지를 굳이 받아들일 필요가 없다. 그녀들이 직접 골라서 선택할 수 있는 것이다. 여성들은 더 이상 이브가 되거나 마돈나가 될 필요가 없었다. 또는 원한다면 둘 다 될 수도 있다. 한 번씩 차례대로 되어봐도 좋고 한 번에 둘 다 해봐도 좋을 것이다. 이제 여자들은 자신들이 직접 만든 각자의 고유한 일정표에 따라서 자신들의 특징을 강조하기도 하고 자신들의 명암을 깊게 만들기도 하는 그런 자유로운 존재로 살 수 있게 되었다. 새롭게 성취한 자유로움으로 무장한 여성들은 자신들의 일상생활 속에서 자신들이 직접 공상해낸 자신들만의 요부의 환상을 주장하기 시작하였다.

일상까지 파고든 요부의 힘

21세기 초에 양성 간의 평형상태는 비교적 안정을 유지하고 있다. 이것은 힘의 균형이 평등해졌다거나, 이제 미래에는 남자들이 공황상태에 빠지지 않을 것이라는 이야기가 아니다. 그것은 바로 지금 우리가 살고 있는 이 세상에는 그나마 새로운 실험을 시도해볼 수 있는 공간과 자유롭게 숨을 내쉴 수 있는 여지가 존재한다는 뜻이다. 여성들, 특히 나이든 여성들은 그 나이쯤이면 비교적 얼굴이 두꺼워진다는 사실을 잘 활용하고 있다. 여성의 성적 만족에 관한 주제들이 대낮의 텔레비전 대담 프로그램에서 공공연하게 토론되고 있다. 2002년 9월호 『모어(More)』지의 사진 모델로 포즈를 취한 제이미 리 커티스(Jamie Lee Curtis)는 오로지 스포츠 브라와 스판덱스 소재의 짧은 팬츠만을 입고 조명 기사들, 분장사들, 에어브러시 전문가들이 손을 대기 이전 원래 모습 그대로의 중년의 몸매란 과연 어떤 것인지를 사람들 앞

브리트니 스피어스 | Britney Spears

20세기 말에 브리트니 스피어스는 이제 막 성숙해지려고 하는 수많은 어린 소녀들에게는 이른바 선망의 대상이었다. 그녀의 도발적인 의상은 새천년의 전환기에 사람들이 선호하는 젊은 여성의 체형이란 어떤 것인지를 잘 드러내주었다. 즉 세련미 넘치는 가슴, 딴딴한 엉덩이 그리고 배꼽고리가 액세서리로 달린 근육질의 복부가 그것이다. 그녀의 가슴은 외팔보(한쪽만 고정된 캔틸레버 건축방식. 하워드 휴스 감독이 제인 러셀을 위해 고안한 브래지어의 별칭으로도 유명하다―옮긴이)처럼 튀어나와 있지도 않고, 갇혀 있지도 않았다. 그녀의 복부 윤곽은 고래수염처럼 뻣뻣하거나 고무처럼 물렁한 것이 아니라 식이요법과 운동을 통해서 형성된 단단한 근육질의 몸매를 자랑하는 것이었다. 벌거벗은 여인의 맨살을 보는 것에 익숙해져 있는 시대이긴 하지만, 거의 엉덩이에 걸쳐진 셈인 그녀의 허리띠는 사람들의 눈길을 사로잡기에 충분한 것이었다. 흥에 겨운 이 소녀에게서 모성애라고는 찾아볼 수가 없다. 풍만한 가슴이나 다산을 상징하는 푸짐한 엉덩이의 만곡도 없다. 단지 순수하고 때 묻지 않은 한 소녀의 권능만이 존재할 뿐이다. 비록 스피어스가 보여준 페르소나가 철저하게 현대적인 태도를 지닌 젊은 여성들의 대담한 자기 확신을 발산하는 것이었다고는 하지만, 그녀의 이미지를 관리하는 사람들은 여러 세대에 걸쳐 존재했던 요부들이 남겨놓은 유산을 잊지 않고 있었다. 2001년 MTV 뮤직 비디오 시상식에서 보여준 것처럼, 비단뱀을 어깨에 두른 채 춤을 추거나 호랑이 위에 걸터앉는 식의 무대 매너는 그녀의 페르소나가 예로부터 전해 내려온 이브나 포식적인 여성성의 초상에 의존하고 있음을 잘 보여주는 것이었다. 그럼으로써 그녀는 자신이 실은 위력적인 성적 매력을 감추고 있으며 그러한 매력을 기꺼이 포용할 자세가 되어 있음을 넌지시 암시하였다. 우리 눈에 보이는 바 그대로, 그녀는 노래를 부르고, 맨살을 드러내며, 그리고 준비가 되어 있다. 의문은 이것이다. 그녀는 도대체 누구의 욕망을 만족시키려 하는 것인가? 자신의 인생을 직접 책임질 준비가 되어 있는 자유분방한 젊은 여성들인가, 아니면 뜨거운 정열을 가지고 또 다른 자극을 찾아 나선 젊은 남성들인가? 아니면 양쪽 모두를 위한 것일까?

에 마음껏 뽐냈다. 2000년 1월호 『레이디스 홈 저널(Ladies' Home Journal)』지에 실린 「결혼생활에서 섹스의 즐거움을 높이는 101가지 방법」이라는 제목의 취재 기사는 아내가 침실을 '좀 더 뜨겁게 달굴' 수 있는 방법들을, 아내의 입장에서 논의하였다.

남자들에게 좋은 소식은, 여성의 성적 욕망에 관한 솔직한 토론이 매 웨스트나 마돈나 같은 공연 예술가들에 의해 안출된 성적인 권능의 이미지와 결합함으로써 새로운 요부의 환상을 창조한다는 것이다. 사회의 가장자리에 거주하는 여인들에게 투사되는 환상의 이미지나 혹은 남자들이 이야기만 들었을 뿐 결코 경험하지는 못한, 오로지 신화 속에만 존재하는 원형적인 이미지들 대신에, 남자들의 오랜 동반자인 여자들의 마음속에는 섹시한 요부라는 새로운 시각이 형성되었다. 그리고 남자들의 바로 눈 앞에 펼쳐진 사적인(혹은 그리 사적이라고 할 수 없는) 공간에서 그 이미지는 실제로 구현되고 있는 중이다.

십 대들의 어머니들이 지금이야말로 스스로를 좀 더 여성적으로 느끼기 위해서 자신들의 육체(이제껏 다른 사람들을 위해 바쳐졌던)가 할 수 있는 일이 무엇인지 탐험해볼 때라고 결심했을 때, 요부의 풍취가 물씬 풍기는 벨리 댄서의 굽이치는 육체의 파도는 북아메리카의 주민회관을 가득 채우고 있었다. 21세기에 들어서면서 할리우드에서 여배우 셰일라 켈리(Sheila Kelley)가 초심자들을 위해 개최한 폴 댄싱(pole dancing, 봉을 붙잡고 추는 스트립 춤의 일종—옮긴이)과 랩 댄싱(lap dancing, 남자의 무릎 위에서 추는 스트립 춤의 일종—옮긴이) 강좌는 늘 만원사례를 이루고 있다. 그녀의 공개 강연장은 할리우드에 있는 그녀의 저택 안에 마련되었는데, 그 집에서 애를 보고 있던 그녀의 남편은 삼십 대와 사십 대의 여성들이 가정에서 남편을 유혹하는 비법을 하나씩 숙달할 때마다 내지르는 열광적인 환호성과 휘파람 소리를 들을 수 있었다. 켈리가 스트립에 흥미를 갖게 된 것은 2000년에 그녀가 출연한 영화 〈블루 이구아나(Dancing at the Blue Iguana)〉에서 자신이 맡은 배역을 연구하기 시작하면서부터였다. 그리고 그녀는 남편을 상대로 집에서 사적으로 공연을 해본 후에 공개강좌에 관한 아이디어를 생각하게 되었다. 그녀는 원래 남편을 기쁘게 해주려고 한번 해본 스트립쇼를 통해서 오히려 자신이 훨씬 더 커다란 만족을 얻었다는 사실을 도저히 믿을 수 없었다.

토니 벤틀리(Toni Bentley)는 전통적인 교육을 받은 무용가이자, 《살로메의 자매들(Sisters of Salome)》이라는 책의 저자이기도 하다. 이 책은 20세기 초에 '살로메의 일곱 베일 춤(Salome's Dance of the Seven Veils)'을 나름대로 해석했던 여러 무희들을 탐구한 책이다. 그 책을 집필하면서 그녀는 여자가 옷을 벗을 때 발생하는 권능과 노출 사이의 균형에 폭발적인 위력이 잠재되어 있다는 사실에 호기심을 갖게 되었다. 책을 쓰기 위한 사전 연구의 일부로 그녀는 뉴욕의 한 밤무대를 찾게 되었고, 그곳에서 그녀는 돈을 지불한 낯선 사람들 앞에서 옷을 벗고 나선다는 것이 어떤 느낌인지를 직접 체험해볼 수 있었다. 그녀는 딱 달라붙는 세련된 검은 색 벨벳 의상에 굽이 아주 높은 하이힐을 신고서 무대에 오르기로 결정했다.

여성의 성적 욕망이 공공연하게 표출되는 시대 분위기는 대중매체가 만들어낸 성적인 권능의 이미지와 결합하여 새로운 요부의 환상을 만들어냈다. 가정과 학교에서 우리는 스스로 매력적인 요부가 된 이러한 여자들을 어렵지 않게 볼 수 있다.

레너드 코헨(Leonard Cohen)이 음산한 목소리로 노래하는 〈기적을 기다리며(Waiting for the Miracle)〉가 흘러나오자 그 음악에 맞추어, 벤틀리는 맨몸에 걸친 검은 드레스를 벗어 내린 다음, 다리를 곧게 펴고 천천히 몸을 구부려 손으로 바닥을 짚었다. 그녀의 몸에 남아 있는 것이라고는 손톱에 칠해진 붉은색 매니큐어와 굽 높은 신발밖에 없게 되자 그녀는 잠시 동작을 멈춘 다음 발치에 흘러내려져 있던 어두운 드레스 뭉치에서 발을 빼며 천천히 걸어 나왔다. 그녀는 등을 활처럼 뒤로 제치고 손을 머리 위로 들어올린 채 사람들 앞에 멋지게 나섰다. 그녀와 객석 사이에는 완전히 몰입된 관객들의 시선이 창조하는 에너지 말고는 그 어떤 것도 전혀 존재하지 않았다. 그 순간 그녀는 승리감을 맛보았다. 왜냐하면 그들의 시선을 동여매고 있는 동안만큼은 그 방에 모인 모든 남자가 오로지 그녀 자신만의 소유물이라는 사실을 깨달았기 때문이다. '우아하면서도 음란한 의도'로 가득했다고 그녀 자신이 묘사한 바 있는 그 공연을 치르던 내내, 그녀는 날아갈 듯한 자유의 느낌을 만끽하였다.

성적인 느낌으로 충만한 행동을 선보이고 나서 오랫동안 지워지지 않을 권력에의 감각을 느낄 때도 있지만, 그 힘이 때로는 가장 그럴 법하지 않은 장소들에 은밀히 숨어 있으면서 누군가에 의해 노출되기를 기다리고 있는 경우도 있다. 2002년 9월 12일에 출시된 연재만화 〈나인 칙위드 레인(9 Chickweed Lane)〉에서는, 점잖게 옷을 차려입은 여자 주인공이 십 대인 자신의 딸 에더에게 이렇게 털어놓는다. "내가 이 옷 속에 방울뱀 무늬의 속옷을 입고 다닌다는 건 정말 아무런 쓸모가 없는 일인 것 같아." 그러자 에더는 엄마의 남자친구가 앉아 있는 소파 곁을 지나치면서 한마디를 불쑥 내뱉는다. "당신은 한참 뭘 모르시는군요, 헐렁이 반바지 아저씨."

그것이 아무나 할 수 있는 손쉬운 것은 아니지만, 어쨌거나 남자가 결정해서라기보다 여자가 원하는 것으로서 성적인 페르소나가 표출되고 발산될 수 있다는 생각을 인정함으로써 여성들은 행실 나쁜 여자라는 오명을 뒤집어쓸지도 모른다는 두려움 없이 다양한 실험을 할 수 있게 되었다. 특정한 연령대의 여성들이 기존에 확립되어 있던 '하는 여자'와 '하지 않는 여자' 사이의 세대 간 경계를 제거하고 나섰을 때, 이미 요부는 그 세계의 침실 속으로 침입해 들어가고 있는 셈이다.

　한편 고등학교의 교실과 복도에서는 일군의 어린 소녀들이 너무 짧아 입은 것 같지도 않은 티셔츠와 엉덩이에 간신히 걸친 꽉 끼는 청바지 사이로 맨살을 훤히 드러내고 있다. 그들의 배 위에는 배꼽을 뚫은 고리와 징, 눈물방울처럼 생긴 남자 음경모양의 장식이 주렁주렁 달린 묘한 분위기의 체인 따위가 어지럽게 어우러져 있다. 남자들은 이 다음 세대의 소녀들과 무슨 일을 하게 될까? 오랜 세월 동안 매스컴을 통해서 꽤나 많은 가슴계곡과 배꼽과 허벅지를 접해봤던 중년의 한 신문 칼럼니스트는 갓 사춘기를 지나서 아직도 솜털이 뽀송뽀송한 소녀들의 허리띠가 위험천만하게도 자신의 남성 호르몬과 깊이 관련된 이른바 귀환불능의 지점 가까이까지 내려가 있는 아찔한 광경을 경악을 금치 못하는 심정으로 쳐다보고 있다고 인정한다.

　그 어린 소녀들은 부끄러움을 타지 않는 것일까? 그 아이들은 현대의 문화에 완전히 세뇌되었기 때문에 과도한 성적인 존재로 스스로를 포장하는 길 말고는 자신들에게 다른 선택권이 없다고 생각하게 된 것일까? 아니면 그 아이들은 그 누구도 손쉽게 차지할 수 있다는 보장이 전혀 없는 자신들의 속살을 마음껏 노출시킴으로써 주변의 남자들을 당혹스럽게 만드는 데서 기쁨을 찾는 것일까? 이들 어린 소녀들은 대중문화에 의해서 자기들도 모르는 사이에 그런 식으로 만들어진 것인가, 아니면 그 아이들은 자기 육체에 관한 자기자신의 통제권을 주장하면서 자신들의 육체를 자신들의 눈에 멋지게 비치는 바 그대로 사람들 앞에서 자랑스럽게 과시하고 있는 것인가? 그들은 자유분방한 가정의 스트립 댄서들의 뒤를 잇는 차세대의 물결인가, 아니면 여성들이 특정한 방식으로 스스로를 꾸며주기 바라는 남성들에 의해 조작된 이미지들에 철저히 현혹되곤 했던 그러한 여성들의 계보를 잇는 그 다음 물결인가?

≫ **요부의** 미래는 양성 간의 힘의 균형에 달려 있다. 만일 여성들이 더 많은 권리를 공격적으로 주장하고 나선다면, 과도하게 방어적인 남자들은 요부의 환상에 대한 여성의 기여를 거부하게 될 것이며, 사악한 요부들은 다시 한 번 남자들의 꿈속으로 파고들어갈 것이다. 만약 남자들이 성공적으로 자신들의 입지를 재정립하게 된다면, 그들은 여성적인 욕망의 환영을 떨쳐버리고, 자기들에게 위안이 되어줄 수 있는 편안한 환상을 제조하게 될 것이다. 그러나 만일 남자들이 평등한 사회를 향한 여성의 진보를 수용한다면, 여자의 성적 욕구를 탐험하기로 결정한 부류의 여성들은 앞으로도 계속해서 요부가 선보일 수 있는 그 나름의 멋진 환상을 남성들에게 제공하게 될 것이다. 그런 경우의 요부라면, 그녀는 남자들이 쉽게 접근할 수 있고 그들의 관심을 크게 부추기는 그런 존재

가 될 것이다. 다른 말로 하자면, 그녀는 남성과 여성의 욕망을 모두 아우르는 하나의 조화로운 환상이자, 최종적으로는 누구든 쉽게 다가갈 수 있는 대단히 매력적인 여인이 될 것이다.

참고문헌

Abbott, Ellzabeth. *A History of Celibacy*. Toronto: Harpercollins, l999.
Ackerman, Dlane. *A Natural History of Love*. New York: Random House, l994.
Aesop. *Aesop's Fables*. London: Heinemann, 1912.
Alexander, Gemma, ed. *The Mammoth Book of Heroic and Outrageous Women*. London: Robinson, 1999.
Aristophanes. *Volume III, Birds, Lysistrata, Women at the Thesmophoria*, trans. Jeffrey Henderson. Loeb. Classical Library Series No. 179. Cambridge, Mass.: Harvard University Press, 2000.
Aurelius Victor, Sextus. *De Viris Illustribus*. London: n.p., 1759.

Bade, Patrick. *Femme Fatale: Images of Evil and Fascinating Women*. New York: Mayflower Books, 1979.
Baudelaire, Charles. *Baudelaire: Poems*. Everyman's Library Pocket Poets. New York: Knopf, 1993.
Bentley, Toni. *Sisters of Salome*. New Haven, Conn.: Yale University Press, 2002.
Browne, Porter Emerson. *A Fool There Was*. New York: The H.K. Fly Company, 1909.
Buskin, Richard. Blonde Heat: *The Sizzling Screen Career of Marilyn Monroe*. New York: Watson-Guptill, 2001.

Cameron, Julla Margaret. *Illustrations to Tennyson's "The Idylls of the King" and Other Poems*. London: Henry S. King and Company,1875.
Chandler, Charlotte. *The Ultimate Seduction*. Garden City, N.Y.: Doubleday, 1984.
Corti, Egon Cäsar Conte. *Ludwig I von Bayern*. Munich: Bruckmann, 1937.

Dijkstra, Bram. *Evil Sisters: The Threat of Female Sexuality and the Cult of Manhood*. New York: Knopf, 1996.
Dljkstra, Bram. *Idols of Perversity: Fantasies of Feminine Evil in Fin-de-Siecle Culture*. Oxford: Oxford University Press, 1986.

Eisler, Riane. *The Chalice and the Blade: Our History, Our Future*. New York: HarperColiins, 1987.
Eisler, Riane. *Sacred Pleasure: Sex, Myth, and the Politics of the Body*. New York: HarperCollins, 1995.
Evans, J.M. *Paradise Lost and the Genesis Tradition*. Oxford: Oxford University Press, 1913.

Ferenczi, Sandor. *Thalassa: Theory of Genitality*. New York: W.W. Norton, 1968.
Flores, Angel, ed. *The Medieval Age*. Laurel Masterpieces of World Literature. New Yerk: Dell, 1963.

Goethe, Johann Wolfgang von. *Italian Journey, 1786~1788*, trans. W.H. Auden and Elisabeth Mayer. New York: Penguin, 1992.
Golden, Eve. *Vamp. The Rise and Fall of Theda Bara*. Vestal, N.Y.: Emprise, 1996.
Grant, Michael. *Cleopatra*. London: Weidenfeld & Nicholson, 1972.

Hardwick, Mollie. *Emma, Lady Hamilton: A Study*. London: Cassell, 1969.
Harlow, Jean. *Today is Tonight*. New York: Dell, 1965.
Harvey, James. *Movie Love in the Fifties*. New York: Knopf, 2001.
Head, Edith. *The Dress Doctor*. Boston: Little, Brown, 1959.
Hesiod. *The Homeric Hymns and Homerica*, trans. Hugh G. Evelyn-White. Loeb Classical Library Series No.57. Cambridge, Mass.: Harvard University Press,1936.
Hickman, Tom. *The Sexual Centry*. London: Carlton, 1999.

Homer. *The Odyssey*, trans. Samuel Butler. New York: Barnes and Noble Books, 1994.
Hughes-Hallett, Lucy. *Cleopatra: Histories, Dreams and Distortions*. London: Bloomsbury, 1990.
Ibanez, Vicente Blasco. *Mare Nostrum*. London: Constable, 1920.

Jordan, Ted. *Norma Jean: My Secret Life with Marilyn Monroe*. New York: William Morrow, 1989.

Keats, John. *Lamia, Isabella, the Eve of St. Agnes, and Other Poems*. Banbury, U.K.: Woodstock Books, 2001.
Keay, Julia. *The Spy Who Never Was. The Life and Loves of Mata Hari*. London: Michael Joseph,1987.
Kipling, Richard. *The Complete Verse*. London: Kyle Cathie, 1990.
Kobal, John. *People will talk*. New York: Knopf, 1985.

Leaming, Barbara. *If This Was Happiness: A Biography of Rita Hayworth*. New York: Viking, 1989.
Leider, Emily Wortis. *Becoming Mae West*. New York: Farrar Straus & Giroux, 1997.
Leon, Vicki. *Uppity Women of Medieval Times*. Berkeley, Calif.: Conari, 1997.
Leonard, Maurice. *Mae West: Empress of Sex*. Secaucus, N.J.: Carol, 1992.
Lewald, Fanny. *Zwölf Bilder nach dem Leben*. Berlin: Janke, 1888.
Lofts, Norah. *Emma Hamilton*. London: Michael Joseph, 1978.
Loos, Anita. *Kiss Hollywood Good-bye*. New York: Viking, l974.
Lucan. *Pharsalia*, trans. Jane Wilson Joyce. Masters of Latin Literature Series. Ithaca, N.Y.: Cornell UniverSity Press, 1993.
Ludwig I. *Gedichte*. Bayerisches Hauptstaatsarchiv, Munich, Abteilung III, Geheimes Hausarchiv.

McElvaine, Robert S. *Eve's Seed: Biology, the Sexes, and the Course of History*. New York: McGraw-Hill, 2001.
Montreynaud, Florence. *Love: A Century of Love and Passion*. Evergreen Series. Köln: Benedikt Taschen Verlag, 1998.
Mordden, Ethan. *Movie Star: A Look at the Women Who made Hollywood*. New York: St. Martin's, 1983.
Morris, Desmond. *The Human Sexes: A Natural History of Man and Woman*. New York: St. Martin's, 1997.

Nabokov, Vladimir. *Lolita*. New York: Putnam, 1958.
Newman, Bernard. *Inquest on Mata Hari*. London: Robert Hale, 1956.
Norrls, Pamela. *Eve: A Biography*. London: Macmillan, 1998.

Olmer, Georges. *Salon de 1886*. Paris: L. Baschet, 1886.
Ovid. *The Metamorphoses*, trans. Allen Mandelbaum. San Diego, Calif.: Harcourt, 1993.

Pagels, Elaine. *Adam, Eve, and the Serpent*. New York: Random House, 1988.
Petersen, James R., et al. *The Century of Sex: Playboy's History of the Sexual Revolution, 1900~1999*. New York: Grove, 1999.
Phillips, John A. *Eve: The History of an Idea*. San Francisco: Harper & Row, 1984.
Pliny. *Natural History, Vol. III, Books 8~11*. trans. H. Rackham. Loeb Classical Library Series No. 353. Cambridge, Mass.: Harvard University Press, 1940.
Plutarch. *Makers of Rome*, trans. Ian Scott-Kilvert. Harmondsworth, U.K.: Penguin, 1965.
Plutarch. *Plutarch's Lives*, trans. John Dryden. New York: The Modern Library, 2001.
Propertius. *The Poems, Book III*, trans. W.G. Shepherd. Harmondsworth, U.K.: Penguin, 1985.

Quinn, Anthony. *The Original Sin: A Self-Portrait*. London: W.H. Allen, 1972.

Ringgold, Gene. *The Films of Rita Hayworth: The Legend and Career of a Love Goddess.* Secaucus, N.J.: The Citadel Press, 1974.

Robers, Alexander, and James Donaldson, eds. *The Ante-Nicene Fathers: Translations of the Writings of the Fathers Down to A.D. 32*, vol. 4. Buffalo: The Christian Literature Publishing Company, 1857.

Rosen, Marjorie. *Popcorn Venus: Women, Movies, and American Dream.* London: Peter Owen, 1973.

Scott, Evelyn F. *Hollywood When Silents Were Golden.* New York: McGraw-Hill, 1972.

Selznick, Irene Mayer. *A Private View.* New York: Knopf, 1983.

Seymour, Bruce. *Lola Montez: A Life.* New Haven, Conn.: Yale University Press, 1996.

Shelley, Percy Bysshe. *Posthumous Poems of Percy Bysshe Shelly*, ed. Mary W. Shelley. London: John and Henry L. Hunt, 1824.

Skretvedt, Randy. *Laural and Hardy:* The Magic Behind the Movies.°§Potomac, Md.: Moonstone Press, 1987.

Stanton, E.C., S.B. Anthony, and M.J. Gage, eds. *History of Women's Suffrage*, vol. 1. New York: National Woman Suffrage Association, 1881.

Steinhauer, Gustave. *Steinhauer: The Kaiser's Master Spy As Told By Himself,* ed S.T. Felstead. London: John Lane, 1930.

Stenn, David. *Bombshell: The Life and Death of Jean Harlow.* New York: Doubleday, 1993.

Stenn, David. *Clara Bow: Running Wild.* New York: Doubleday, 1988.

Stern, David, and Mark Jay Mirsky, eds. *Rabbinic Fantasies: Imaginative Narratives from Classical Hebrew Literature.* Yale Judaica Series. New Haven, Conn.: Yale University Press, 1998.

Stoker, Bram. *Dracula.* New York: New American Library, 1965.

Taylor, G. Rattray. *Sex in History.* London: Thames & Hudson, 1953.

Tennyson, Alfred, Lord. *Idylls of the King*, ed. J.M. Gray. New Haven, Conn.: Yale University press, 1983.

Thomson, Basil. *Queer People.* London: Hodder and Stoughton, 1922.

Thuliez, Louise. *Condemned to Death.* London: Methuen, 1934.

Walker, Alexander. *Sex in the Movies: The Celluloid Sacrifice.* Harmondsworth, U.K.: Penguin, 1968.

West, Mae. Goodness *Had Nothing to Do with It.* New York: Manor Books, 1976.

Wheelwright, Julie. *The Fatal Lover: Mata Hari and the Myth of Women in Espionage.* London: Collins & Brown, 1992.

Wilde, Oscar. *Salome.* Boston: John W. Luce, 1907.

Wolf, Naomi. *The Beauty Myth.* New York: William Morrow, 1991.

Wollstonecraft, Mary. *A Vindication of the Rights of Women.* New York: W.W. Norton, 1988.

Yalom, Marilyn. *A History of the Breast.* New York: Ballantine, 1997.

Yalom, Marilyn. *A History of the Wife.* New York: Harpercollins, 2001.

Zolotow, Maurice. *Marilyn Monroe.* New York: Harcourt Brace, 1960.

Zukor, Adolph, with Dale Kramer. *The Public Is Never Wrong.* New York: Putnam, 1953.

그림 및 사진 저작권

10, 14 Amsterdam, Van Gogh Museum (Vincent Van Gogh Foundation).
13 Everett Collection.
19 Kunsthistorisches Museum, Vienna, Austria / Bridgeman Art Library.
22 Color litho. Bibliothèque des Arts Decoratifs, Paris, France / Archives Charmet / Bridgeman Art Library.
27 www.rowenaart.com.
32 Atkinson Art Gallery, Southport, Lancashire, U.K.
38 Malterer Tapestry detail, *Aristotele's Fall*, fourteenth century. Augustiner Museum, Freiburg im Breisgau. Germany.
42-43 Sistine Chapel Ceiling (1508~12). Fresco (post-restoration). Vatican Museums and Galleries, Vatican City, Italy / Bridgeman Art Gallery.
44 www.spiderwebart.com.
46 Oil on mahogany panel. Wallace Collection, Londonr. U.K. / Bridgeman Art LIbrary.
50 www.borisjulie.com.
56 Color litho. Illustration from *Aesop's Fables*, 1912. Private Collection / Bridgeman Art Library.
59 Félicien Rops Museum, Namur, Belgium. Photograph by Luc Schrobiltgen, Bruxelles.
62-63 Oil on Canvas 100.0X201.7cm. Purchased 1891. National Gallery of Victoria, Melbourne, Australia.
66 Frederic Leighton(1830~96). *The Fisherman and the Syren: From a Ballad by Goethe*, c. 1856-58(cropped) Bristol City Museum and Art Gallery, U.K. / Bridgeman Art Library.
68 Bronze sculpture. Loggia dei Lanzi, Florence, Italy / Lauros / Giraudon / Bridgeman Art Library.
74 Oil on Canvas. Victoria Art Gallery, Bath and North East Somerset Council, U.K. / Bridgeman Art Library.
78 Oil on Canvas. Dahesh Museum of Art, New York, U.S.A. / Bridgeman Art Library.
82-83 Oil on Canvas. Louvre, Parls, France / Bridgeman Art Library.
85 Engraving. Private collection / Ken Welsh / Bridgeman Art Library.
93 Cleopatra© 1917 Twentieth Art Library. All rights reserved / Everett Collection.
95 Lucas Cranach the Elder(1472~1553), *Hercules and Omphale*, 1537(detail). Herzog Anton Ulrich-Museum, Braunschweig, Germany, Kunstmuseum des Landes Niedersachsen Museumsfoto B.P. Keiser.
97 Everett Collection.
102 Oil on canvas. Wallraf Richard Museum, Cologne, Germany / Bridgeman Art Library.
106 Enamel on copper. Wallace Collection, London, U.K. / Bridgeman Art Library.
110 Hand-colored etching. Published by Hannah Humphrey. Courtesy of the Warden and Scholars of New College, Oxford, U.K. / Bridgeman Art Library.
119 Julia Margaret Cameron(1815~1879), *Vivien and Merlin*, c. 1870. In Cameron, *Illustrations to Tennyson's "The Idylls of the King."* Courtesy the photographer and George Eastman House, Rochester, U.S.A.
122 Mueunchener Stadtmuseum, Munich, Germany.
124 Library of Congress, Washington, D.C., U.S.A., LC-USZ62-108416.
127 Library of Congress, Washington, D.C., U.S.A., LC-USZ62-112186.
132 Postcard. Private Collection / Brigdeman Art Library;
135 Reproduced in Olmer, Salon de 1886.
137 Illustration for Wilde, *Salome*.
142 Photo: AKG London. Paul-Albert Rouffio(1885~1911), *Samson et Dalilah*, 1894. Musée des Beaux-Arts, Marseille, France / Archiv fuer Kunst;
151 Photo. Roger-Viollet / Private Collection / Bridgeman Art Library.

162 Oil on canvas. Leeds Museums and Galleries(City Art Gallery), U.K. / Bridgeman Art Library.
167 Everett Collection.
169 Everett Collection.
172 John Singer Sargent(1856~1925), *Lady Agnew of Lochnaw*, n.d. (cropped). Oil on canvas. National Gallery of Scottland, Edinburgh, Scotland / Bridgeman Art Library.
175 Everett Collection.
177 Everett Collection.
180 Everett Collection.
186 Everett Collection.
188 Clara Bow in *Hoopla*, 1933. Everett Collection.
191 Everett Collection.
196 Everett Collection.
198 Imperial War Museum, London, U.K.
203 Everett Collection.
207 Charles Ricketts(1866~1931), *Oedipus and the Sphinx*, 1891(cropped) Tullie House Museum and Art Gallery, Carlisle, U.K.
209 Everett Collection.
216 Everett Collection.
219 Everett Collection.
220 Brigitte Bardot in *And God Created Woman*, 1956. Everett Collection.
223 Marilyn Monroe. Everett Collection.
225 Everett Collection.
230 Dominique Swain in Lolita, 1997. Everett Collection.
234 Everett Collection.
243 Everett Collection.
245 Pierce Brosnan and Sophie Marceau in *The World is Not Enough*, 1999. Everett Collection.
250 Everett Collection.
261 Everett Collection.
262 Jessica Walter in *Play Misty for me*, 1971. Everett Collection.
266 Everett Collection.
271 Everett Collection.
282 Everett Collection.
284 Everett Collection.
287 AFP Photo / Timothy A. Clary.

찾아보기

007 245

|ㄱ|

고르곤 64~65, 67, 69, 239

그레빌, 찰스 프랜시스 108~111, 114

|ㄴ|

넬슨, 호레이쇼 105, 107, 114~117, 133

님펫 6, 242, 246

|ㄷ|

다이아몬드 릴 270, 278~279

델릴라 142~143, 145, 157, 160, 197

디트리히, 마를렌 171, 174, 177, 198, 206, 208

|ㄹ|

라도, 조르주 152~154

러셀, 제인 225, 287

래크햄, 아서 55, 57

로빈슨 부인 231~240

로트레크, 툴르즈 134

롤라 롤라 106, 171, 174, 178, 198~199, 208

롤리타 231, 240~244, 246~247

롬니, 조지 109

롭스, 펠리시앙 58

루빈슈타인, 이다 173

루소, 앙리 45

루트비히 1세 105, 124~129, 133

루퍼오, 폴 알베르 142

리스트, 프란츠 123, 127

릴리트 5, 33~37, 40, 70

|ㅁ|

마돈나 26, 281~286, 288

마타 하리 / 젤러, 마가레타 133, 141, 145~159, 160, 162, 181, 197

매클라우드, 루돌프 146~147

맥케넬, 에드가 버트램 58

먼로, 마릴린 193~194, 215, 217~219, 222~224, 226, 285,

멀린 119, 145

메두사 5, 64~65, 67~70

몬테즈, 롤라 105, 118, 120~129, 133

무후(측천무후) 104

미켈란젤로 37, 42

|ㅂ|

바르도, 브리지트 220~221

바예호, 보리스 50
밤셀 6, 7, 179, 182, 188, 193~194, 214, 217
뱀프 6, 98, 161, 168, 170~173, 176, 181~182, 193, 198~199, 206~207, 214, 217, 245
번-존스 필립 164
베르나르, 사라 173
벤틀리, 토니 289~290
보니, 앤 18
보들레르, 샤를 163
보디히트 6, 12~13, 17
보우, 클라라 188~189, 191
브라운, 포터 에머슨 166, 168
브룩스, 로메인 173
블루 엔젤 171, 174~178
비비안 119, 145
비어즐리, 오브리 137~138

| ㅅ |

사이렌 5, 8, 55~66, 204, 238, 241, 245, 267, 280
사전트, 존 싱어 172
살로메 133~141, 144, 157, 160, 167, 197, 289
성 시메온 47
성 안토니우스 46, 48

성 제롬 48
성 힐라리온 46
섹스 키튼 6, 22~23, 194, 207, 214~215, 217~218, 224, 227, 245
스톤, 샤론 251~252, 261
스튜어트, 미란다 18
스피어스 브리트니 287
스핑크스 5, 207, 281

| ㅇ |

아담 33~37, 40~42, 51, 54, 278
아리스토텔레스 38~39
아리스토파네스 71
아틀라스 67~68
악티움해전 91, 93
안토니우스 76, 80~93, 95~96, 98~99
알렉산드라 47
알렉산드로스 38~39, 78, 87
어둠 속에 벨이 울릴 때 262~263
에피메테우스 50~54
오디세우스 5, 57~58, 60~65, 204, 245
옥타비아누스 80, 83, 86~96, 98~99, 102
옴팔레 5, 95
와일드, 오스카 134, 136~139

울스턴크래프트, 메리 141
워터하우스, 존 윌리엄 62
원초적 본능 6, 251~253, 259, 261, 263
웨스트, 매 21, 25, 267~282, 284, 288
위험한 정사 6, 262~263
유디트 145
이브 5, 31, 34, 37, 40~46, 50~51, 54, 70, 167, 246, 278, 285, 287

| ㅈ |

제우스 51~53, 60, 64, 67, 95
졸업 233
질다 208~214

| ㅊ |

최후의 유혹 263

| ㅋ |

카이사르, 율리우스 77~80, 87, 93, 98
칼레, 아르놀트 폰 154
캐롤리나, 마리아 112, 114
케이저, 프랜시스 148
켈리, 셰일라 288~289
콜리어, 존 33
클레, 파울 51
클레오파트라 6, 29, 73, 75~94,

95~99, 102, 110, 149, 156, 167
키르케 5, 57~58, 60~63, 116
키츠, 존 199
키플링, 루드야드 164~166

| ㅌ |

터너, 캐슬린 12~13
테니슨, 앨프레드 로드 119
테다 바라 / 굿맨, 테오도시아 93, 166~171, 181, 206
테르툴리아누스 41~42
톰슨, 바질 153~154
투드즈, 에두아르 134, 136, 140,
트라팔가르해전 115

| ㅍ |

파페티, 도미니크 루이스 46
판도라 5, 50~55, 246
팜므 파탈 6, 24~26, 171, 178, 194~195, 197~200, 202~203, 206~208, 211~214, 217~218, 224, 227~228, 245, 255, 280~281
페르세우스 64~65, 67~69
페리클레스 71
페이, 모르건 르 145
폼페이우스 77

퐁파두르 부인 104

프로메테우스 51~52

프로페르티우스 83

프톨레마이오스 12세 78~79

플루타르코스 89, 92, 94

플리니우스 84, 94

필리스 38~39

| ㅎ |

할로우, 진 / 카펜터, 할린 181, 183~187, 189~194, 217, 285

해밀턴, 엠마 105~118, 133

해커, 아서 57

허트, 윌리엄 12

헤라클레스 95

헤로디아 138, 140

헤롯 138, 140~141, 157

헤르메스 52, 60~61, 65, 95

헤시오도스 53

헤이워스, 리타 197, 208~209, 212

헬레네 145

휴스, 하워드 187, 225, 287

힐데브란트, 그레그 45